译学方法论丛书

丛书主编　黄忠廉　余承法

国家社会科学基金重大项目"中国翻译理论发展史研究"
广东外语外贸大学高层次科研人才培育项目"翻译（学）方法论研究"　资助
广东外语外贸大学翻译学研究中心

全译实践方法论

黄忠廉　余承法　等著

科学出版社

北　京

内 容 简 介

全译，即传统认同的完整性翻译。全译信守译作与原作极似的规律，包括直译与意译两大策略，遵循对应、增减、移换、分合四大机制，采用对、增、减、移、换、分、合七种手段，分别对应为对译、增译、减译、移译、换译、分译、合译七种方法。全译七法可单用、双用或多用（3—7种），以小句为中枢单位，如转万花筒，绘制出多彩的全译图景。

本书对象以从译者与习译者为主，兼及翻译教师、研究者及爱好者。

图书在版编目（CIP）数据

全译实践方法论/黄忠廉等著. —北京：科学出版社，2023.12
（译学方法论丛书/黄忠廉，余承法主编）
ISBN 978-7-03-077023-3

Ⅰ. ①全… Ⅱ. ①黄… Ⅲ. ①翻译-研究-方法 Ⅳ. ①H059

中国国家版本馆 CIP 数据核字（2023）第 220715 号

责任编辑：张　宁　张翠霞 / 责任校对：贾伟娟
责任印制：徐晓晨 / 封面设计：有道文化

科学出版社 出版
北京东黄城根北街 16 号
邮政编码：100717
http://www.sciencep.com

北京中科印刷有限公司 印刷
科学出版社发行　各地新华书店经销
*
2023 年 12 月第 一 版　开本：720×1000　1/16
2023 年 12 月第一次印刷　印张：14 1/2
字数：302 000

定价：**98.00 元**
（如有印装质量问题，我社负责调换）

总　　序

译（学）之道系统观

"译（学）之道"，即从译之道与究译之道，一直是译学研究的热点和难点。译之技、法、道三者密切关联，由技到法进而道，由道还可返回技，最终达至自由境界，从而构成循序渐进的系统。我们推出本丛书，旨在试建既有层级又具特色的翻译（学）方法论系统，将其转化为翻译实践、教学与研究的资源，推进翻译人才培养，助力中国译学发展。

一

翻译巨匠或译学大家，或自学，自我修炼，或受教，出师科班，习得或学得一定的技巧、方法与规范，方能步入自由从译或问译的境界。因此，观察成功之译法，仍是人类从译、究译、教译的最佳方式。从业的基本功，"一是具有其所研究的这门科学的基础知识；二是占有其所研究的这门科学的基本材料；三是通晓这门科学的基本手段；四是熟习对这门科学进行研究时的基本操作规程"[①]。方法与方法论是制度化专业训练的内容之一，已成为外语学科的两门基础课程之一。2020 年国务院学位委员会办公室编辑出版了《学术学位研究生核心课程指南（一）（试行）》[②]，为外国语言文学一级学科研究生核心课程提供了指南，其中翻译学的两门核心课程是"翻译学概论"和"翻译研究方法"。

维奈（Jean-Paul Vinay）和达贝尔内（Jean Darbelnet）[③]20 世纪 50 年代基于

[①] 程千帆. 治学小言[M]. 济南：齐鲁书社，1986：50.

[②] 国务院学位委员会第七届学科评议组. 学术学位研究生核心课程指南（一）（试行）[M]. 北京：高等教育出版社，2020.

[③] Vinay, J.-P. and Darbelnet, J. *Comparative Stylistics of French and English: A Methodology for Translation*[M]. Translated and edited by Juan C. Sager and H. Marie-Josée. Amsterdam, Philadelphia: John Benjamins Publishing Company, 1995: 30-50.

法英文体对比，提出了"翻译方法论"，但未建立方法论体系。当下恰逢中西文化交流和文明互鉴的黄金时代，既需高质量译作，也需一流译学研究成果。然而，"中国思想在方法论上一直是弱项，一直没有建立一个普遍有效的方法。这就是说，中国思想的内容很丰富也很深刻，但建构性的方法论却是一个弱项"①。这或许受到老子的"道可道，非常道"的影响。前"道"意为"方法、规律"；中"道"意为"言说、论说"；后"道"意为"恒常不变之'道'"，即世间万物的本源及其派生原则。"常道"虽不可"道"，但庄子还是"道"了。不能道却要道，关键在于如何道！"如何"便是方式方法，乃道之艺术。

二

译（学）之"道"在此涉及本源、本体、道路、道理、规律、规范、方法等。《庄子·天下》有"道术""方术"之分，道术"无乎不在"，方术则"百家众技"。古有"由技进道"之说，其实"并非因为追求'道'而否定技艺，而是因为高超达到炉火纯青境界的技巧本身就最好地体现了'道'"，"卓越的技艺仿佛'道'的化身，是'道'的最佳体现"②。

方法越高妙，越难言说，越不易传授。中国译学传统不爱泛论方法，却常以治学经验给人以方法启示。经验或缺乏"理论深度"，但其研究价值并不低于系统理论，将其体系化，定会促进翻译实践及其理论研究。方法论是对方法理论认识的系统化，有共性，更来自个性。正是无数先哲时贤的个性化翻译实践方法及其研究方法，才汇成了翻译（学）方法的共性；方法论往往能提供更多潜在视角，于疑难时释疑，在困惑处解惑。因此，要习译法，但不可迷译法，更不可偏执于法、僵化守法，而要灵活用法。20世纪末，随着译学的逐渐独立，译学方法论在国外也渐成热门。斯奈尔-霍恩比（M. Snell-Hornby）等③借鉴与吸收语言学派和文艺学派译论的长处，基于格式塔理论、场景-框架语义学、原型学等，提出了翻译研究综合法，预测且展望了翻译研究作为独立学科的前景。

三

道，乃中国哲学特有的基本范畴，而由技进道，是中国传统的哲学理念，一直深刻地影响着中国翻译传统。《庄子》中的"庖丁解牛"生动地描绘了"技"

---

① 赵汀阳，张志强，吴飞，等. 当代中国哲学五人谈——从《历史·山水·渔樵》说起[J]. 船山学刊，2021，（3）：1-26.

② 李建中，高文强. 文化关键词研究（第二辑）[C]. 武汉：武汉大学出版社，2016：168-169.

③ Snell-Hornby, M., Pöchhacker, F., Kaindl, K., et al. *Translation Studies: An Interdiscipline*[M]. Amsterdam, Philadelphia: John Benjamins Publishing Company, 1994.

"道"关系。道,本指"道路",后转指行走应遵循的目的、方向、步骤、过程等,升至中国哲学范畴后,不再实指行走之路或过程,也不限指操作方法,"留下的只是对于该'先做什么,后做什么,再做什么'这种步骤性活动的本质特征的把握"[①],仿佛从 1+2=3、3+5=8 等抽象出 $x+y=z$,至此形成了特定的方法,跃升为"技"之上的"道",然后"道生一,一生二,二生三,三生万物"。

"道"是翻译实践及研究所积累智慧的至高境界。译(学)之"道"客观地存在于求"道"过程。依"技"求"道",需由翻译实践而孜孜体认,方可渐入佳境。可道之"道",本非最终之"道",而是求"道"的门径,是趋向于"道"。本丛书所"道"的程式、规则、规律等是求"道"途中训练的章法,一旦运用自如,游刃有余,则可忘技入道。真正入"道",便是在翻译实践及其研究中无形地掌握合乎事物本性的方法。

四

如何译、如何教、如何评、如何管、如何研,分层渐次构成了翻译实践方法论、译学应用方法论和译学研究方法论三大子系统,三者上下分层,彼此构成上升与下推的互动关系。如何译,是翻译实践方法论的基本问题,围绕它可形成多侧面的第三级具体方法论,包括全译实践方法论、变译实践方法论、口译实践方法论、机译实践方法论等。如何教、如何评、如何管,是译学应用方法论的三大支柱,依次形成翻译教学方法论、翻译批评方法论、翻译管理方法论。如何研,是译学研究方法论的核心,具体涉及译学基础研究方法论、译学应用研究方法论、翻译历史研究方法论。

国内外暂无系统论及译(学)之道的系列著作,因此本丛书力求突出三大特点。第一,位居翻译(学)方法论系统底层的基础性方法论突出实践性。方法论源于实践,全译实践方法论是根本性方法论,是翻译实践方法论的基石;变译实践方法论是较复杂的方法论,基于并高于全译实践方法论;口译实践方法论是前两种方法论与口头特殊形式结合的产物;机译实践方法论是前三种方法论结合机器优势的人机互动的产物。第二,位居系统中层的方法论强调应用性。翻译教学方法论是对一般翻译方法论与教学结合以及口笔译和机译教学自身方法的系统化;翻译批评方法论是对前述各种翻译展开批评的方法的理论化;翻译管理方法论是对翻译各相关方面管理方法的系统化。第三,位居系统高层且具有更强指导性的研究方法论追求理论性。译学基础研究方法论是对翻译实践方法论和译学应用方法论的进一步研究,译学应用研究方法论是对译学理论应用方法和应用翻译方法的综合研究,翻译历史研究方法论旨在研究翻译和译作及其理论研究的历史。三层三大特点如图1所示。

---

① 陈凡,朱春艳. 技术哲学思想史[M]. 北京:中国社会科学出版社,2020:8.

```
┌─────────────────────────────────────────────────────────────────┐
│  译学基础研究方法论    译学应用研究方法论    翻译历史研究方法论  …… │
└─────────────────────────────────────────────────────────────────┘
                                ⇧
┌─────────────────────────────────────────────────────────────────┐
│   翻译教学方法论      翻译批评方法论       翻译管理方法论     …… │
└─────────────────────────────────────────────────────────────────┘
                                ⇧
┌─────────────────────────────────────────────────────────────────┐
│  全译实践方法论  +  变译实践方法论 → 口译实践方法论 → 机译实践方法论 …… │
└─────────────────────────────────────────────────────────────────┘
```

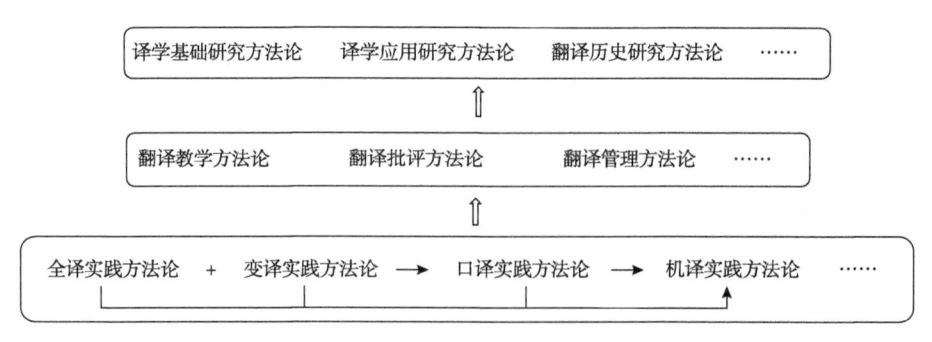

图 1　翻译（学）方法论系统

五

  一门学科能否被认可，除对象是否明确之外，还取决于是否有成熟的方法论体系，因此各层各类方法论是否分类研究，是否形成系统，是衡量学科发展的理论标准。翻译研究发展到一定阶段，学科意识增强，开始自我反思，译学方法论则应运而生。译学方法论呈现为复杂系统，并非方法的简单组合，而是各层各类方法论的系统整合。对已有具体方法进行理论阐释，向上归纳总结走向方法论，向下演绎展开，再推演出可操作的技巧，纵横交错，错落有致，既下接地气，具有实践操作性，又上接天际，具有理论建构性，形成并完善译学方法论的三层系统，借此填补译学方法论系统建构的某些空白。译学方法论系统研究有助于奠定翻译学的坚实基础，与其他翻译学科共建翻译学科体系，促进翻译学乃至外国语言文学的学科建设，服务于中外文化交流。

  方法论系统构建的宗旨之一是服务翻译实践、译论研究与应用。译学研究方法论能决定研究者从什么角度、以什么方式提炼出什么观点或提出什么假设，以及在什么条件下得出什么结论。翻译教学方法论成果可为各类翻译实践教学、译学理论教学和教材编撰提供依据，将科研成果转化为教学资源，进一步丰富翻译教学理论，助力翻译学人成长和翻译学子成才。

  服务翻译实践是本丛书的根本宗旨。翻译欲登堂入室，必先找到门径。翻译实践方法论对具体翻译方法加以充分描写与系统论证，属于译学本体研究，既指导具体的翻译实践，又是翻译研究的起点。本丛书可提供翻译实践方法和/或译论研究训练方法，以培养合格的实践型翻译人才和优秀的研究型译学人才，使译学方法论研究产生多重规模效应。

黄忠廉　余承法
2021 年初冬

序

全译实践　方法为本

作为翻译的两大基本范畴之一，全译是力求完整保留原作信息的语际转化行为，是解决"一义多言"与"一义多形"式矛盾而进行同义选择的艺术实践。"工欲善其事，必先利其器"[①]，全译之"器"即为全译实践方法（简称"译法"），对其所作的理性认识、深入研究和系统掌握构成全译实践方法论。

译法是译者运用的工具、确定的过程、选择的手段和方式，向上可抽象为宏观的处理策略，向下可具化为微观的操作技巧，策略、方法和技巧依次分层构成全译实践方法论的核心内容。译法贯穿全译实践的始终，与全译教学方法（教法）、全译学习方法（学法）、全译批评方法（评法）、全译研究方法（研法）密切相关：教法和学法主要围绕译法展开；评法基于文本对比和译法比较，赏析译作效果和译者风格等多方面；研法涵盖面更广，但其中的应用研究仍然离不开译法。因此，译法是教法、学法、评法和研法的前提和基石，在全译方法论体系中具有突出地位。

全译实践，方法为本，其中"本"蕴含三义。

含义之一，"本"为"本源"，即方法是全译实践的起点和源头。每次翻译活动的开展，每项翻译事件的发生，都是译者采取恰当翻译策略和方法的结果。首先，译者需要从本源上界定其翻译行为的范畴——完整性翻译（全译）还是非完整性或变通性翻译（变译），明确翻译行为的目的——处理微观的形义矛盾还是宏观的供需矛盾。其次，译者需要采取相应策略，如全译实践是尽可能保留还是灵活变换原作形式，是尽可能保留还是变换甚至放弃原作的文化意象？最后，译者需要根据策略灵活运用有效的方式方法。因此，方法是全译行为的起点、过程的中枢和完成的途径。

[①] 孔子. 论语[M]. 威利译. 北京：外语教学与研究出版社，1998：202.

含义之二，"本"为"根本"，即方法是全译实践的核心部分。全译实践涉及何人、在何时何地、为何目的、对何对象、运用何工具、采取何方式、有何动作、产生何结果等诸多要素，其中的目的、工具、方式都与动作密切相关，起始并归结于方法。"在探索的认识中，方法也就是工具，是主观方面的某个手段，主观方面通过这个手段和客体发生关系……"①全译译者运用的工具包括各种语文与非语文符号，采取的手段包括对应、增减、移换、分合等，目的是联系译者与原作及其作者、译者与译作及其读者，以及译作与原作、译语世界与原语世界。因此，全译方法贯穿全译过程的始终，是联系主体与主体、主体与客体、客体与客体的中介和桥梁，是全译实践的根本和核心。

含义之三，"本"为"范本"，即某种译法可能成为借鉴或效仿的对象，进而确立为某种标准。译者采取的某种全译方法，可成为其本人后续如法炮制的先例，也可成为他人照葫芦画瓢的样本。中外翻译史上的劣译、漏译和误译比比皆是，但佳译、妙译和"化境"译作也可信手拈来，如：钱锺书将"吃一堑，长一智"译为"a fall into pit, a gain into wit"，既在整体上采用对译（保留原文的句式结构），又在局部上采用换译（将"吃""长"分别换作 fall 和 gain）和增译（增加带有动态意味的介词 into），同时创造性地运用英语尾韵（pit 和 wit）。钱氏灵活运用三种全译方法，创造出的妙译"不但有形美，还有音美，使散文有诗意"②。翻译大师的这类译法值得读者细品、译者效仿，为其树立"虽不能至，心向往之"的典范，而且他们在品味和模仿高妙译法的过程中，潜移默化地获得译感、提高译艺，助其译作逐渐由误译改为正译，由劣译变为优译，由粗译升至精译，正所谓："取法于上，仅得为中；取法于中，故为其下。"③因此，全译实践方法的丰富例析、系统阐述和体系建构为从译者提供实践指南，为讲译者提供讲解范例，为译评者参建评分模式，为究译者开拓思考空间。

业界对翻译本质、范畴和方法的认识，经历了一个由浅入深、由模糊到清晰、从感性到理性、由个别到体系的过程。笔者最初基于翻译求"似"的层次，提出了"全译"和"变译"一对范畴，将翻译策略相应地分为全译策略与变译策略，进而确立全译策略系统，明确了直译与意译为两大全译策略，以及对译、增译、减译、转译、换译、分译、合译为七大全译规律，后来构建了包含四级范畴的全译方法论体系。随着对翻译内涵和本质的深入理解，我们通过合著章节讨论

---

① 列宁. 哲学笔记[M]. 中共中央马克思恩格斯列宁斯大林著作编译局译. 北京：人民出版社，1974：236.
② 许渊冲. 忆锺书师[A]//丁伟志主编. 钱锺书先生百年诞辰纪念文集[C]. 北京：生活·读书·新知三联书店，2010：129.
③ 李世民. 帝范·卷四[A]//吴玉贵，华飞主编. 四库全书精品文存3[C]. 北京：团结出版社，1997：135-138.

了全译方法论①，整书系统建构了包含五个层级的全译方法论体系②，调整了全译七法的命名，并强调全译方法论主要是指全译实践方法论③。

全译实践是一切变译实践的起点，一切变译方法都有可能或有必要用到全译方法，全译方法因此成为翻译的前提和基石，全译实践方法研究归根结底是翻译方法研究乃至翻译研究的根本。鉴于此，《全译实践方法论》定位于综述性专著，基于已有的《科学翻译学》（2004）、《翻译方法论》（2009）、《应用翻译学》（2013）、《全译方法论》（2014）、《翻译方法论（修订本）》（2019）等著作以及系列相关论文，尤其注重比较、分析和吸收国外学者对特定全译方法的例析与论述，坚持"从实践中来，到实践中去"，贯通理论与实践，旨在为翻译实践提供指南，为翻译研究奠定基础。

全书总体上采取"总—分"的逻辑顺序。前言开宗明义，勾勒全译实践的一条规律、二种策略、四个机制、七种方法；绪论围绕全译方法论体系建构，明确全译、策略、方法、技巧等基本概念。这两部分为后续各章提供框架。第一章阐述全译之矛与盾的内涵和外延，指出全译矛盾的解决之道是寻求译语和原语之间新的形义和谐。第二章阐述以转化为核心的全译观，侧重分析"化"的内涵和形式。第三、第四章分别总论全译极似律与七法体系，为后面各章的分论做好铺垫。第五章从机制与实操两个层面论述全译对应论，落脚于对译的概念界定、过程剖析和方法体系。第六至八章采用"总—分"结构处理小节之间的关系，每章第一节为总论，从哲学高度和逻辑层面论述某种机制及其下属两个概念的对立（应）关系，第二、第三节分别从界定、理据、过程和方法体系阐述相应的全译方法，如第六章第一节讨论增减机制与增减关系论，第二、第三节详述增译和减译两种全译方法。

全书以英汉互译为主，适当辅以其他语对，为对接国家"走出去"战略需求，适当增加汉英译例，且兼顾普通话、方言和古汉语，还适当增加机器翻译、方言英译的案例。全书以笔译为主，但为显示笔译过程的独特性，适当比较口译、机器翻译与笔译过程、方法的异同。译例选取范围广泛，覆盖多体裁、多文类、多模态，如图片、地铁播报、转写语音、公示语等，以突显译例的典型性、趣味性与丰富性。所用译例未标明出处者系作者自译。本书既对翻译爱好者、外语（或翻译）专业学生和一线从译者展示全译的规律、机制和方法论体系，也为翻译研究者和翻译教师提供全译的批评对象、研究框架和教学案例。

本书是集体智慧、学术传承的结晶。黄忠廉、余承法总体谋划、全程把关，

---

① 黄忠廉，方梦之，李亚舒，等. 应用翻译学[M]. 北京：国防工业出版社，2013.
② 余承法. 全译方法论[M]. 北京：中国社会科学出版社，2014.
③ 黄忠廉，等. 翻译方法论（修订本）[M]. 上海：华东师范大学出版社，2019.

联袂六位翻译实践能力突出、译学训练扎实的高校中青年骨干教师，经过选题定题、阅读文献、收例析例（书中未标出处的用例多为作者自译）、讨论纲目、规范体例、分头写作、集中讨论、交叉修改、继续完善、主编审校等十道严格工序，历时三载，终于付梓。全书既通力合作，又分工协作，具体如下：黄忠廉（广东外语外贸大学）负责前言、第一章；余承法（湖南师范大学）负责绪论、第二章；李海军（长沙学院）负责第三、第四章；王小曼（深圳大学）负责第五章；庄义辉（郑州航空工业管理学院）负责第六章第一、第二节；郑剑委（福州大学）负责第六章第三节；濮阳荣（宁波大学）负责第七章；郭薇（中南大学）负责第八章。

余承法

2023 年初冬

前　言

全译，简言之，就是完整性翻译，指力求全面转移原作信息的翻译行为。本书将按一条规律、两种策略、四个机制、七种方法的思路（表 1）展开论述，以求知其译，更知其所以译，讨论全译之道，力求说清全译的理论依据。

表 1　全译实践方法体系

体系	规律	机制	手段	策略	方法	技巧
具体内容	极似律	对应	对	直译	对译	多达几十种
		增减	增		增译	
			减		减译	
		移换	移	意译	移译	
			换		换译	
		分合	分		分译	
			合		合译	

一、规律一种

无论是人译还是机译，初稿之后的反复修改，均是追求与原作的极度趋近。面对同一原作，无论是一人复译，还是众人复译，既彰显了译的多样性，又反映了原作发掘的无限性。总之，全译过程是译作无限逼近原作的过程，力求准确传达原作的一切信息，却又难以企及，永远在路上，只求得"极似"。其背后的驱动力便是"全译极似律"，即译作极力、极度地相似于原作。全译中译作与原作的关系如同反比例函数（$y=1/x$）关系（图 1），译作如曲线，原作如 x 与 y 轴构成的坐标系，曲线无限接近两条轴，却无相交的可能。

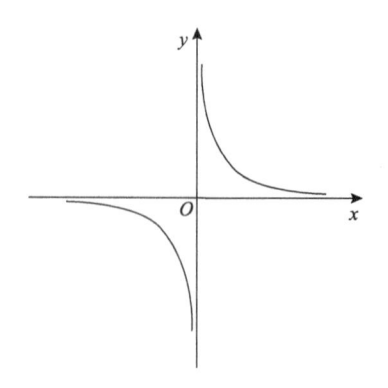

图 1　译作与原作的反比例函数关系

二、策略二分

　　全译极似律如何呈现？可考察的特征有二：其一是外在语形变化，其二是内在语义变化。形、义构成了一对矛盾，相互博弈，完成了全译的交际意图。译作形义上力求与原作一致者多为直译，尽量传达原义且顾及形式者多为意译。直译与意译便是全译的两大策略，亦是全译的两大基本类型。

三、机制四类

　　全译极似律外化为两大全译策略，所凭借的是全译机制。具体而言，直译与意译既有别又关联，其间充盈着译语手段与原作形义的矛盾，为此需要采取对应、增减、移换、分合的行为，因而产生了对应机制、增减机制、移换机制与分合机制，正是这四大机制在具体操控全译活动过程。

四、全译七法

　　为追求全译极似律，对应、增减、移换、分合机制向下可分化为对、增、减、移、换、分、合七种手段，继而对应为对译、增译、减译、移译、换译、分译、合译七种方法（简称"全译七法"）。全译七法或单用，或双用，或多用（3—7种），以小句为中枢单位，如转万花筒，编织出多彩的全译图景。

目　录

总序
序
前言
绪论 …………………………………………………………………… 1
　一、全译 …………………………………………………………… 1
　二、全译方法及其相关概念 ……………………………………… 2
　三、全译实践方法体系 …………………………………………… 4
第一章　全译矛盾论 …………………………………………………… 6
　第一节　全译之矛 ………………………………………………… 6
　　一、语文符号 …………………………………………………… 6
　　二、非语文符号 ………………………………………………… 7
　第二节　全译之盾 ………………………………………………… 8
　　一、原文之形 …………………………………………………… 8
　　二、原文之义 …………………………………………………… 9
　　三、原文之用 …………………………………………………… 11
　第三节　全译形义矛盾 …………………………………………… 13
　　一、符际形义矛盾 ……………………………………………… 13
　　二、符内形义矛盾 ……………………………………………… 14
第二章　全译转化观 …………………………………………………… 15
　第一节　转化：全译之轴 ………………………………………… 15
　　一、转移原作之义 ……………………………………………… 15
　　二、化解形义矛盾 ……………………………………………… 17
　第二节　化：全译之魂 …………………………………………… 19
　　一、化的内涵 …………………………………………………… 19

二、化的外延 ... 23

第三章 全译极似律 ... 27
第一节 相似律层次与结构 ... 27
一、似与极似 ... 27
二、极似的层次 ... 28
三、极似的结构 ... 30
第二节 全译过程求极似 ... 33
一、原语理解求极似 ... 33
二、译语表达求极似 ... 34

第四章 全译七法论 ... 36
第一节 全译策略 ... 36
一、直译 ... 36
二、意译 ... 37
第二节 全译七法体系 ... 39
一、全译七法单用 ... 39
二、七法组合 ... 55

第五章 全译对应论 ... 59
第一节 对应论 ... 59
一、对应机制 ... 59
二、对应理据 ... 63
第二节 对译论 ... 64
一、对译界定 ... 65
二、对译过程 ... 67
三、对译方法 ... 70

第六章 全译增减论 ... 75
第一节 增减论 ... 75
一、增减机制 ... 75
二、增减关系论 ... 77
第二节 增译论 ... 80
一、增译界定 ... 80
二、增译理据 ... 80
三、增译过程 ... 85
四、增译方法体系 ... 95
第三节 减译论 ... 104

　　　　一、减译界定 ………………………………………………………… 104
　　　　二、减译理据 ………………………………………………………… 105
　　　　三、减译过程 ………………………………………………………… 106
　　　　四、减译方法体系 …………………………………………………… 108

第七章　全译移换论 ……………………………………………………… 117
第一节　移换论 …………………………………………………………… 117
　　　　一、移换机制 ………………………………………………………… 117
　　　　二、移换关系论 ……………………………………………………… 118
第二节　移译论 …………………………………………………………… 119
　　　　一、移译界定 ………………………………………………………… 119
　　　　二、移译理据 ………………………………………………………… 119
　　　　三、移译过程 ………………………………………………………… 121
　　　　四、移译方法体系 …………………………………………………… 122
第三节　换译论 …………………………………………………………… 137
　　　　一、换译界定 ………………………………………………………… 137
　　　　二、换译理据 ………………………………………………………… 137
　　　　三、换译过程 ………………………………………………………… 140
　　　　四、换译方法体系 …………………………………………………… 140

第八章　全译分合论 ……………………………………………………… 167
第一节　分合论 …………………………………………………………… 167
　　　　一、分合机制 ………………………………………………………… 167
　　　　二、分合关系论 ……………………………………………………… 168
第二节　分译论 …………………………………………………………… 169
　　　　一、分译界定 ………………………………………………………… 170
　　　　二、分译理据 ………………………………………………………… 172
　　　　三、分译过程 ………………………………………………………… 174
　　　　四、分译方法体系 …………………………………………………… 176
第三节　合译论 …………………………………………………………… 193
　　　　一、合译界定 ………………………………………………………… 193
　　　　二、合译理据 ………………………………………………………… 196
　　　　三、合译过程 ………………………………………………………… 196
　　　　四、合译方法体系 …………………………………………………… 197

参考文献 …………………………………………………………………… 209

全译方法，论法全译 …………………………………………………… 215

绪 论

全译即完整性翻译，旨在化解原作与译语之间的"一义多言/形"式矛盾，实现原作语义的精准传递和语用的完整再现。全译方法通常指全译实践方法（译法），是全译实践的重要内容，是全译教学、实践、批评和研究等各种方法的基础和前提，在全译方法论体系中占有突出地位。全译行为遵循极似律，采用直译与意译两种策略，执行对应、增减、移换、分合四种机制，采用对译、增译、减译、移译、换译、分译、合译七种方法，每种方法可细化若干具体技巧，从而构成层级丰富、灵活多变的全译实践方法体系。

一、全译

在人类翻译史上，既有忠实、完整的正统翻译，也有不忠实、不完整的翻译变体。人们通过观察林林总总的翻译现象，对翻译的认识经历了一个由浅入深、由表及里的过程。

《中国译学大辞典》对"全译"作通俗定义："整段整句地将全文译完。"（方梦之，2004：123）。黄忠廉（2000a：225）最初以"求似"为依据，认为全译是不对原作内容和形式进行根本性改造的翻译，是"窄式翻译定义的外延"。他后来按照保存原作完整性的程度，将翻译方法分为全译和变译（黄忠廉，2000b：Ⅵ）。黄忠廉、李亚舒（2004：3）以保持原作的完整性为标准，将翻译划分为一对新范畴——全译和变译，指出全译是"译者将原语文化信息转换成译语文化信息以求得风格极似的思维活动和语际活动"。随着机器翻译的逐渐普及和日益受到重视，黄忠廉等（2009：3）将译者从"人"扩大到"人或机器"，认为全译是"人或机器将甲语文化信息转化为乙语以求风格极似的思维活动和语际活动"。黄忠廉（2012）后来从哲学高度透视翻译的变化本质，即全译求量变、变译求质变，将"风格"调整为"信息量"，并依据机器的活动属性和处理的符号类型，将全译重新定义为"人或/和机器用乙语转换甲语文化信息以求信息量极似的智能活动和符际活动"。黄忠廉和袁湘生（2017）进一步考察翻译观，对"转换"进行具体阐述，将全译定义扩充为"人或/和机器通过对、增、减、移、换、分、合七大策略用乙符转换甲符文化信息以求信息量极似的智能活动和符际活动"。

黄忠廉等（2019：5）在修订《翻译方法论》时，对全译作出"质言""简言""具言""细言"的繁简表述不同的四种界定，其中"具言"的定义是"人或/和机器用乙语转化甲语文化以求信息量极似的智能活动和符际活动"。该新定义有助于人们从主体、方式或工具、行为、客体、结果、目的、类属七个方面对全译（乃至翻译）行为的内涵获得更加完整、全面、科学的认识。

全译的主体是"人和/或机器"，细化为人、机器、人和机器，由此可将全译分为人工全译、机器全译、人机合译（细分为机助人译、人助机译、机译人校、机译人编、人机互译等）。

全译的方式或工具是"符号"，最常见、最重要的符号是语言文字符号。全译就是将一种语言文字符号反映的文化信息用另一种语言文字符号再现出来的行为，具有很强的工具性和符号性（或语言文字性）。

全译的行为是"转化"，转化包括转移和求化，转的是文化信息，化的是原作与译语形式之间的"一义多言/形"式矛盾。转化的核心和精髓即为"化"，是对原作形义渐化、译作形式化生的量变过程，包括采取七种手段即对、增、减、移、换、分、合，对原作形式进行操作。

全译的客体或对象是原语文化信息，即原作的外在形式（语形）、内在含义（语义）和表达意蕴（语用），多表现为三者的有机统一。

全译的结果是译作，即用乙种语言文字符号（乙语或乙文）再创造出来的话语（口译）或文本（笔译）。

全译的目的是追求译作与原作的"信息量极似"，内涵上包括近似和胜似，外延上分为形似、义似及其有机统一体的风格似（或神似）。

全译的类属是人类的一种符际交流活动，包括智能活动和符际活动：人类具有思维能力，创造出具有某种智慧的机器，人和机器的活动属于"智能活动"；全译主体需要运用主要包括语言文字在内的各种符号，其行为属于"符际活动"。在人类的符际交流中，"译"即"易"，"易"即"变化"："变"体现为质变，是变译的本质；"化"体现为量变，是全译的本质。

二、全译方法及其相关概念

（一）策略、方法、技巧

译者为了追求译作与原作信息的极似，需要选择恰当的全译策略，运用合适的全译方法，采用具体的全译技巧。

"策略"相当于英语的 strategy，原指根据形势发展而制定的行动方针和斗争方式，泛指善于灵活运用适合某种情况的斗争方式和方法，强调整体的布局和谋划，向上服务战略，向下统领方法。"方法"相当于英语的 method，原指量度方形的法则，现指为达到某种目的而采取的门路、程序、途径、手段、方式等，具有六种特性：目的性、工具性、对象性（客体性）、过程性、规律性、实践性。"技巧"相当于英语的 skill 或 technique，表现在工艺、美术、体育等方面的巧妙技能，强调具体技术的运用程序或某种专门技能，偏向实践操作，是方法的细化和具化，可称为"方法之下的方法"。因此，策略统领并体现为方法，方法细化并体现为技巧，三者分属宏观、中观、微观三个层次，越来越具体，越来越靠近实践，越来越易于操作。

（二）全译策略、全译方法、全译技巧

全译策略、全译方法和全译技巧主要针对全译实践而言。

全译策略是指译者为了追求译作和原作的信息极似，化解语际内容和形式之间的"一义多言/形"式矛盾，针对具体语境从整体上谋划的计策和运用的手段。就处理语言差异而言，基于对原作语言形式的保留或改变，全译策略分为直译和意译：直译在传递原作语义的前提下保留语形，意译在传递原作语义的前提下，如不能兼顾其语形，就需要作出灵活改变。绝对的直译和意译在全译实践中并不多见，二者兼顾才是全译策略的主体。

全译方法通常指全译实践方法，是译者为处理译语与原作的形义矛盾而选择的手段和方式，是全译实践最核心、最关键的问题。直译策略的手段是对应，采用的全译方法是对译；意译策略的手段包括增、减、移、换、分、合，相应的全译方法是增译、减译、移译、换译、分译、合译，合称"全译七法"。增译、减译是运用原因相同、语言方向相反的一对全译方法，侧重原语单位的增减；移译、换译往往是相伴而生、相辅相成的一对全译方法，包括语言单位的移动和表达方式的互换；分译、合译是对原文结构处理的原因相同、语言方向相反的一对全译方法，侧重对原文结构的切分与合并。如：

[例 0.1]不幸的是，①科学家跟科学大不相同，②科学家像酒，③越老越可贵，④科学像女人，⑤老了便不值钱。

原译：Unfortunately, there is a world of difference between a scientist and science. A scientist is like wine. The older he gets, the more valuable he is, while science is like a woman. When she gets old, she's worthless. （珍妮·凯利、茅国权 译）

试译：Unfortunately, there is a difference between a scientist and science. A scientist is like wine——the older he gets, the more valuable he is, whereas science is like a woman——when she grows old, she is worthless.

例 0.1 原文为四重复句：①与②③④⑤构成解说式并列复句（第一重），②③与④⑤构成对照式并列复句（第二重），②与③、④与⑤分别构成解说式并列复句（第三重），③为紧缩型复句，属于"越……越……"之类的条件倚变句（第四重）。原译运用了 6 种全译方法：第一，分译，先整体上将原文复句一分为三，再继续切分每个复句内部；第二，合译，将④与③合并为一个复句；第三，减译，将短语"不幸的是"减译为副词 unfortunately；第四，增译，增译冠词 a、系动词 gets 和 is、代词 he 和 she，并将单句⑤中"老了"增译为时间状语从句 when she gets old，从而将整个单句增译为复句；第五，换译，将①中作主语的名词短语"科学家跟科学"换译为作状语的介词短语 between a scientist and science，将充当谓语的形容词短语"大不相同"换译为充当主语的名词短语 a world of difference，将动宾短语"不值钱"换译为形容词 worthless；第六，移译，运用 there be 句型，将原文①中的主语和谓语分别换译为译文句中的状语和主语，并进行移位。为了更精准地传达原文语义，并考虑译文的连贯和对照，如试译，可先将原文的②与③、④与⑤进行合并，再用破折号表示各自内部的解说关系，然后用 whereas 将合并后的两个复合句再次合并。

全译技巧是全译（实践方法）的细化和具化，着眼于具体操作全译单位。"全译单位是以小句为中枢，语素、词、短语、复句、句群和语篇为脉络的有机体系"（余承法，2014：19）。基于对全译单位的实际操作，可将每种全译方法细化为具体的技能或技艺，如：对译通常在词、短语、小句、复句、句群等全译基本单位上加以操作，因此可分为词对译、短语对译、小句对译、复句对译和句群对译，词对译还可根据音、形、义的对应，细分为音对、形对和义对。其他全译方法可进行类似的技巧划分。

三、全译实践方法体系

如上所述，全译实践方法是全译主体对客体（即原作）进行操作时运用的某种工具和采用的某种手段，归属的范畴是与变译相对的全译，遵循全译极似律，向上抽象和聚拢为全译策略即直译与意译。这两组全译策略分别用于处理语言差异和文化差异，最终落脚在对原作语言形式的处理，执行相应的四种机制：对应、增减、移换、分合。对应机制指将原作和译作的语言单位一一对应，采用对译的方法；增减机制指将原作的语言单位进行数量的增减，采用增译和减译的方法；移换机制指对原作的语言单位进行位置移动和方式交换，采用移译和换译的方法；分合机制指对原作的语言单位在结构上进行切分与合并，采用分译和合译的方法。

全译实践可在语素、词、短语、小句、复句、句群和语篇等不同层面进行操作，细分为相应的技巧。全译实践方法体系可自上而下分为五个层级：与变作相对的全译（一级范畴）、直译与意译两组基本策略（二级策略），对应、增减、移换、分合四种机制（三级机制），对译、增译、减译、移译、换译、分译、合译七种方法（四级方法），每种方法下相应的若干技巧（五级技巧）。直译与意译策略相对而立，相容共存，有时相得益彰；四种机制实施于全译实践，对全译单位进行或隐或显的操作，对全译方法产生或大或小的机理操控；七种方法或单用或合用，最终落实在处理语言单位时的各种具体技巧，构成层层推进、步步细化、逐级下移的全译实践方法体系（表0.1）。

表0.1　全译实践方法体系

一级范畴	全译						
二级策略	直译	意译					
三级机制	对应	增减		移换		分合	
四级方法	对译	增译	减译	移译	换译	分译	合译
五级技巧	词对译 短语对译 小句对译 复句对译 句群对译 ……	语素增译 词增译 短语增译 小句增译 ……	词减译 短语减译 小句减译 复句减译 ……	语素移译 词移译 短语移译 小句移译 ……	词类换译 成分换译 句类换译 动静换译 肯否换译 主被换译 ……	词分译 短语分译 小句分译 复句分译 ……	短语合译 小句合译 复句合译 句群合译 ……

第一章 全译矛盾论

全译旨在用译符力求完整地再次表达原作的信息。"力求"暗含受阻,阻力来自译符与原作信息的矛盾。如何破解这对矛盾,构成全译矛盾论。

第一节 全译之矛

全译之矛可视为译符,即用作翻译手段的各种符号。相对于盾而言,矛指用于翻译原作的符号手段,即攻克原作之盾的工具。语言文字是翻译最常用的符号,二者之外还有其他符号,它们与原作共同构成一对矛盾。

一、语文符号

在翻译中,"语文"在语言文字、语言文学、语言文化等简称中取第一种,是翻译中用得最多的符号或工具。语言有语音、词汇、语法三要素,是词汇按语法构成的语音表义系统,其物质外壳是声音符号。与其相应,文字是记录语言的工具,是语言的显像符号,成为工具的工具。

汉英互译就是运用两种语言及其相应的文字进行相互转换。汉字是意音文字,由表义的象形符号和表音的声旁组成,由表形文字进化而成。英语是表音文字,用26个字母组成单词,记录语言的语音进而表义。翻译,尤其是西方语言译成汉语,有时操作在文字或由其组构的语言单位上。例如,法国历史学家亨利·科尔班(Henry Corbin,1903—1978)就用首字母大写的 Histoire 代表历史事实,用首字母小写的 histoire 代表历史学家对历史事实的反映和对历史资料的研究;美国学者菲利浦·巴格比(Philip Bagby,1918—1958)主张用定冠词和不定冠词以示区别,即 the history 代表历史事实,a history 代表历史学家通过事实的反映和研究形成的历史(李士坤,2017:16)。

成功的英汉双向全译就是两种语言之间音、形、义之间的正确转化。若不正确,常出笑话。譬如,据施燕华(2013:42)回忆,有一次外事活动,上了一道热菜,叫"罐焖鸭子",装在精致的小砂锅,外宾拿起菜单吓一跳。翻译家冀朝铸对她说:"小施啊,罐焖鸭怎么受伤了?"原来,她将"焖"的 braised 误打成了 bruised(受伤),因眼误而相差一个字母,闹了个国际笑话。因疏忽而无意出错,好在未出大事。还有一种翻译故意拿语音或文字幽人一默,如:

[例 1.1]

> Mandy, you could always make more money.
> But you could never make more time.
> 神翻译
> 美帝,你总是搞出很多猫腻,但是你永远造不出茅台。

本例利用谐音汉译产生了幽默。故意将 Mandy 译为"美帝",同理 money—猫腻,more time—茅台。有趣的是,more 与 money 搭配,意为"更多",而与 time 搭配,则未拆分,译出双音节,以与名酒"茅台"天然巧合,构成谐音。神了,真可谓"神翻译"!

二、非语文符号

符号分信号与象征符,象征符又可分语言符号和非语言符号,语言符号见前述,非语言符号在当下的多模态翻译中运用得越来越多,如特殊符号、标点符号、数学符号、旗语、体态语等。

有的非语言符号若是各民族已经通用,则可不译。若未通用,或正在通用途中,则多半要转化。如 I ❤ you 可译作"我爱你",也可译作"我❤你"。再看例 1.2。

[例 1.2]毛泽东思想
原译:Mao Tse-tung's Thought
改译:Mao Tse-tung Thought

在毛泽东时代,外事翻译常提及"毛泽东思想",形成中国的政治话语。开始译作 Mao Tse-tung's Thought（当时尚未启用汉语拼音），即"毛泽东的思想"。该译法引起质疑，热议之后请示周恩来。他指出毛泽东思想不是毛泽东一个人的发明，而是"中国革命经验的总结，是以毛泽东为代表的革命领导人集体智慧的结晶"（施燕华，2013：47）。这一分析一针见血，终稿 Mao Tse-tung Thought 一锤定译！改译与原译之间就一个符号之差，内涵的揭示与传达却有质的不同。细节决定成败，亦如西谚所言"魔鬼藏于细节"。

第二节 全译之盾

若是将翻译工具或手段（即符号）比作矛，那么它所译的对象即原作便可比作"盾"。一篇/部原作是符号织出的产品，含有语表和语里，也有语值。"表""里""值"三个概念借自邢福义（1996：439-442），分别是语表形式、语里意义和语用价值的简称，也对应为现代语言学的语形、语义与语用三个概念，进而缩为形、义、用。三者在全译过程中作用各异，与译符形成不同程度的矛与盾。

一、原文之形

原文之形，即原作的形式，可称作"语形"或"形"。原文之形包括音位、词素、词、短语、小句、复句、句群、段、篇、章节、书。每种单位在全译的理解、转化、表达过程中均可能成为翻译单位，其中以小句为中枢单位。

最小的单位是音位，几个音位构成音节，对应一个词或字；与此同时，原文的词形也会成为译中选用的形式理据。如 cool 表达惊喜、赞美、羡慕等强烈感情色彩时，增加了新义，汉语音译为"酷"。最初由港台中文媒介译作"酷"，20 世纪 90 年代中期传入内地（大陆）意为"真棒""好极了""帅气""漂亮""真了不起"等。cool 的英式读音为[ku:l]，美式读音为[ku:l]，与汉语 kù 正好相近，这是语音上相似。在语义上二者也相关，cool 本义涉及温度，本有"凉快，凉爽"之义，炎炎夏日喝杯清凉饮料，感觉自然很"酷"了。此外，cool 作为俚语，始于美国黑人土语，经由美国爵士乐 cool jazz 而传开，较之于美国 20 世纪 30 年代流行的摇摆乐具有轻淡冷漠的风格。如此一来，音与义双汇于"酷"字，也许就成了译者选择汉语之音与义的缘由。

语法上的词法和句法是显得最明显的语形要素，原作的言语形式有时可以如实全译，有时则不能，若照搬形式，要么形成翻译腔，要么不成句，本来想成为文化的沟通者，却成了文化的拦路虎。施燕华（2013：152）曾回忆翻译联合国安理会文件时遇到的困境。regret 与 deplore 均表示"遗憾"，后者程度更深，可译作"深感遗憾"。有一次，一位代表觉得 deplore 程度不够，要加码，要在其前添加 deeply，体现一种政治态度。可是汉语无法加重这份情感，因为汉语不可在"深感遗憾"之前再加"深感"，所以，她听见同传室传来了"这没法翻，都是深感遗憾！"的慨叹。

如果说上例涉及短语的翻译，遇到了原作之形无法转化为汉语，那么在小句以上的语境中也会遇到这种超常搭配，但是可以创造性转化过来。

[例 1.3]Man will eventually step onto the surface of Mars —— but not merely to plant a flag and come back home.

原译：人类最终将踏上火星的表面——但不仅仅是插上一面旗子，就回到地球。（汪福祥、伏力用例）

试译：人类终将踏上火星，但不能种下国旗就返回。

例 1.3 原文选自科普短文"Your Future Is Space"之下 Mars and beyond 小节。例中 plant a flag 的 plant 本是隐喻性表达，本义为"种植，栽种"，宾语是 flag，是一种超常搭配，因为只有"树"等才可种，在此与 flag 搭配，实义为"插"。若是译作"插"，有了本义，却没有隐喻义，失却了作者的形象义。凡旗必有杆，正是利用杆与树外形的直与圆柱形的相似性，作者联想到树，所以就启用了动词 plant，译作"种"也无妨。如：老舍《离婚》就有"老李把自己种在书摊子前面"的说法，"种"将老李比拟一棵幼苗，埋在泥土里且生长，写出了老李稳稳地定在书摊前的专注神态。另外，"地球"是返回到的地方，读者由语境可以补出，原文也因语境省略，译文自不必多言。"表面"也可省，登上火星，肯定落地，自然要踏上火星的表面。

这种语形的差异不仅存于东西方语言之间，就连亲属语言之间也难以避免。如海德格尔名作 *Sein und Zeit*（《存在与时间》），据李河（2014：39）分析，英译本通常译作 *Being and Time*。有识者批评说，动名词 Being 过于"名词化"，很难表达 Sein 所含的生命性和流动性二义，或恰当译作 to be。不过，*To Be and Time* 在英语语法上显得不伦不类。

二、原文之义

原文语义，即原文语形所承载的内容，大脑所反映的客观世界，可称作"原义"或"义"。语际转化常涉及义项、义丛、表述、义段等四种语义单位：义项是由语素、词、固定短语表示的概括性语义单位；义丛是用一般短语表示的语义单位，由若干义项自由构成；表述是由小句和复句表示的语义单位；义段是由句群表示的语义单位。全译也涉及义素，它是构成义项的语义成分，但很少成为转换单位。

翻译常常涉及国家形象，比如"中央人民广播电台"曾如实译作 The Central People's Broadcasting Station，国外听众反馈说英译名含义不清，颇似发射台，后经讨论改为 China National Radio，既达意显示了机构的功能，又标明了国别与级别，效果双优，既传达了自己的意思与意图，又兼顾了受众的接受效果。再如：

[例 1.4]推进煤电油气产供储销体系建设，提升能源安全保证能力。

We continued to build up the the production, supply, storage, and marketing systems for coal, petroleum, natural gas, and electricity, and enhanced our capacity to ensure energy security.

本例取自 2021 年两会期间的《政府工作报告》。在 2020 年的《政府工作报告》中也有"煤电油气"，译作"coal, electricity, oil, and gas"。两相比较，发现语序有变：以 petroleum 代 oil 更专业，为 gas 加 natural 更准确；最关键的是，electricity 后移，显得更精致妥帖。殊不知，"煤油气"同属燃料，宜拢在一起；"电"另有所属，得靠边站了。看似微调，只为合乎逻辑，能更显国家队的翻译水准！

全译常用单位有词、短语、小句、复句、句群，积词可成语，积语可成小句，积小句可成复句，积句可成句群。可见，小句居中，是全译的中枢单位，所对应的语义单位是表述。句义包括逻辑义、语法义和语用义。逻辑义含实词义和实词之间的关系义；语法义含词语的形态、语序和虚词等语法形式所承载的意义；语用义含表达者的交际意图和交际价值。句义系统见表 1.1。全译讨论语义，多指涉逻辑义和语法义，而语用义并入语用价值讨论。

表 1.1 句义系统

句义						
逻辑义		语法义			语用义	
实词义	关系义	形态	语序	虚词	交际意图	交际价值

[例 1.5]我要给阿 Q 做正传，已经不止一两年了。但一面要做，一面又往回想，这足见我不是一个"立言"的人。

For several years now I have been meaning to write the true story of Ah Q. But while wanting to write I was in some trepidation too, which goes to show that I am not one of those who achieve glory by writing.（杨宪益、戴乃迭 译）

例 1.5 所涉及的各种原文之义见表 1.2。通过原文与译文对比，发现全译中逻辑义与语法义均可由相应的双语手段替换，以确保语义不变。语用义是由语形与语义相融而成的表达效果或交际意图，是译者所力求达到的，全译前后应该是不变的。

表 1.2 原文之义与译文之义的对应

语义类型		相应的原文单位	相应的译文单位
逻辑义	关系义	但、这……	But、which…
	实词义	阿Q、正传……	Ah Q、true story…
语法义	虚词	了、的、又……	have been、of、too…
	语序	一面……	while …
	形态	我要……	I have been meaning…
语用义	交际意图	陈述事实	
	交际价值		

三、原文之用

语用，即原文所反映的交际意图或交际价值，可称作"语用"或"用"。全译是保全行为，首先力求传达原文的交际价值，其表现主要有三。

（一）修辞值

修辞值，即原文单位运用所产生的特定修辞效果。原文辞格或其他语言单位在全译时是直译还是意译，均需要作出选择。

[例 1.6]Finally Hitler was interested, but he wanted the fighter transformed into a bomber.

原译：终于，希特勒对它发生了兴趣，但是他命令把这种战斗机改造成轰炸机。

试译：希特勒终于兴致勃发，却命令将这种战斗机改造为轰炸机。
（汪福祥、伏力用例）

希特勒何许人也？他的 want，怎一个"想"字译得！他的要求就是圣旨，只有"命令"才配得了他的分量，彰显其身份。若是原文未能表达，译者也可将这一文化语境信息补入，这也是普通词语入境后产生的修辞值，下文将专门论及。

（二）语境值

语境值，即原文单位在不同语境产生的语用价值，概言之，指何人何时何地为何对何人以何方式出何言。言内义主要来自字面，言外义则受制于语境，不同语境可能促动一句话产生不同的言外之义。如出租车前面挡风玻璃亮起"空车"时，若译作 vacant car 或 unoccupied car，则是字面忠实而实际无效，因为看似是车内空无一人，实意为"可供租用"，精准之译是 for hire。

再请看语言学家乔姆斯基最爱用的反映歧义的一例：

[例 1.7]They are flying planes.
句义 1：They/ are/ flying planes.
句义 2：They/ are flying/ planes.

原句可能导致歧义，致歧手段是 flying，若是动名词，修饰 planes，则可切分为句义 1，意为"它们是正在飞行的飞机"。若是及物动词的现在分词，受事是 planes，则可切分为句义 2，意为"他们正在驾驶飞机"。如何理解，就取决于比该例更大的语境了。

地道的语境值，要靠语言熏陶加以辨识。

[例 1.8]相信我的话吧，没错。
原译：Please believe in me, it wouldn't be wrong.
改译：Take it from me. I know what I'm talking about.（杨宪益、戴乃迭 译）

原文来自王蒙《组织部来了个年轻人》。原译字面看似不错，整体与原文对应，改译看似不对应，实际上却极为地道，是杨戴夫妇对汉语内涵真实把握与纯粹英语运用的佳译，是中西合璧在两种语言文化语境转换中的体现。

（三）文化值

文化值，即原文所承载的文化意义。因文化间性的存在，原文文化有的可以转移，有的则不能，必然变换，不仅是换形，有时还会略增略减语义。譬如，"文化大革命"期间沙博理（Sidney Shapiro，1915—2014）负责翻译《水浒传》，本将书名定为 *Heroes of the Marsh*，江青得知后认为宋江等人是叛徒，不能译作 hero。沙博理就顶着政治压力，巧妙改译为 outlaws（法外之徒），破解了难题，因为 outlaws 在英语世界是褒义词，颇似为民伸张正义的侠客，改译后更符合梁山好汉反抗不公的实质（任东升和朗希萌，2019）。这完全是逼出的智慧，歪打正着。再看例 1.9。

[例 1.9]The Police's work in New York is a complete Vietnam War.
原译：纽约市警察的表现简直糟透了。
改译：纽约市警察的表现简直象（像）越南战场，糟透了。（汪福祥、伏力用例）

越南战争对美国人是一场噩梦，更是一场悲剧，成为不愿提及的伤心事，所以他们常用来形容事件的混乱状态。这便是 Vietnam War 的文化价值。原译尽了文化翻译的基本义务，译了意，却失了味。试译既译意，又译味，才是文化翻译的最高境界，译者需要尽力而为。

笔译的时间相对充裕，可以反复斟酌。口译有时效性，也应尽可能充分地译出文化内涵。如施燕华（2013：228）回忆担任邓小平访美时翻译的故事。邓小平不仅出口带可懂的川味，有时还很生动，很口语化。有一次，他对里根说："（我们的政策是）不吃掉也不化掉台湾。"这可不是生活的"吃"，也不是一般的"化"！她根据多年为邓小平翻译时的所见所听所谈，再基于所涉及的中国和平统一的设想（台湾可以实行"一国两制"，台湾的社会制度、法律制度不变，还可保留自己的军事力量；台湾人民的生活方式不变，生活水平不会降低，等等），大胆地将"不化掉"理解为"不把大陆的社会制度强加于台湾"。她见在座的章文晋大使微微点头，才感到自己已"化"险为夷了。

第三节　全译形义矛盾

全译形义矛盾是译符与原作之间的矛盾，体现为"符际形义矛盾"和"符内形义矛盾"，前者是外部的主要矛盾，后者是内部的次要矛盾。遇到矛盾，就要找出差别，消除差异，寻求新的形义和谐，是全译的矛盾解决之道。

一、符际形义矛盾

符际形义矛盾，是符号与符号之间的形式与意义的矛盾。以语言为例，符际形义矛盾就是"义一言多"矛盾，语际全译呈现为"义一言多"的行为，即同一内容用不同的语言表达。用 M 指代意义，L 指代语言，F 指代形式，"义一言多"的行为如图 1.1 所示。

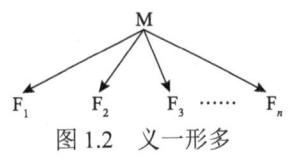

图 1.1　义一言多　　　　　图 1.2　义一形多

这种义一言多矛盾在联合国的文件翻译中非常明显：同一文本，因语种繁简程度不一而厚薄不同。一般而言，最厚的文本是俄语本，最薄的文本是汉语本。又如：

[例 1.10] 破釜沉舟

to burn one's boats

"破釜沉舟"出自《史记·项羽本纪》："项羽乃悉引兵渡河，皆沉船，破釜甑，烧庐舍，持三日粮，以示士卒必死，无一还心。"后提炼为成语，比喻"下定决心"，而 to burn one's boats 是习语，源自西方典籍。据说，恺撒将军越过卢比孔河之后，旋即将船烧毁，以示有进无退的决心。汉英成语的语源相似，形与义纯属巧合，完全可在短语层级对应译出。同样，下文中的例 1.11，原文是德语，译文 A 和译文 B 均是汉语，表达同一内容，用了德汉两种语言，分属印欧语系和汉藏语系，存在一定差别。

二、符内形义矛盾

符内形义矛盾，是符号内部形式与意义之间的矛盾。以语言为例，符内形义矛盾就是"义一形多"矛盾，即同一内容可用同一语言的不同手段表达，在诸多同义表达中需选择最确当的一种。用 M 指代意义，F 指代形式，"义一形多"的行为如图 1.2 所示。正如管新平（2020：155）通过实践得到的体悟："举一反三，用至少三种方式表达任何一句话，是外语工作者的看家本领。"再如：

[例 1.11] Es flieβen ineinander Traum und Wachen,
Wahrheit und Lüge. Sicherheit ist nirgends.
Wir wissen nichts von andern, nichts von uns.
Wir spielen immer; wer es weiWeiß, ist klug.
译文 A：梦境与清醒沆瀣一气，
真理与谎言漫然难分。
确定之事乃子虚乌有。
别人的事，我不知道，
自己的事，也不知道。
大家一直都在游戏。
知道这个才算明智。（王祖哲　译）
译文 B：梦与苏醒交融得浑然一体，
还有真实与谎言。没有准定。
我们不知他者，不知自己。
我们总在游戏，知此者聪明。（方维规　译）

本例原文是奥地利作家阿图尔·施尼茨勒（Arthur Schnitzler，1862—1931）笔下主人公帕拉策苏斯所言（方维规，2014：301）。译文 A 与译文 B 两相比较，就可发现：诗体形式上，译文 A 未完全按原诗译出，将原诗 4 行译作了 7 行；译文 B 如实译出原诗的诗行，还译成了 abab 韵，结果译文 A 与译文 B 成了同义语篇。

第二章 全译转化观

全译遵循以求化为核心的转化观，转移原作的信息内容，消解译作与原作之间的"一义多言/形"式矛盾，追求译作与原作的极似，达到译作入"化"的境地。"化"作为名词，是全译追求的最高境界和达到的最高标准；"化"作为动词，是译者得原作之意、存原作之味、成译作之形的双语转换行为，最大特征是去痕存味。

第一节 转化：全译之轴

在全译过程的三个阶段中，原语理解是前提和起点，是全译实践的必要条件；语际转化是轴心，贯穿全译行为的始终；译语表达是结果和终点，是正确理解原作和恰当语际转化的充分条件。结合全译的最新定义可知，转化作为全译行为的轴心，旨在转移原作的语义内容，保留或更换原作的语言形式，化解双语之间的形义矛盾，求得译作与原作的信息极似。

一、转移原作之义

转移原作之义指转换原作的语义内容，保留或变动其语言形式，以译语读者易于理解、习惯接受的方式对原作进行再表达、再创造。

原作是语言形式（简称为"语形"或"形"）与语言意义（简称为"语义"或"义"）的有机统一体。语形是作品外显出来的形式，包括书面文字和口头话语，具体表现为语素、词、短语、小句、复句、句群、语篇等语言单位。语义是隐含在内的关系或内容，包括上述各种语言单位的语义。语素的语义是义素，"义素是一种没有特定语音形式的抽象的意义单位"（邢福义和吴振国，2002：116），一般不会成为翻译转换单位。词的语义即词义，分为概念义（词的语音形式联系的概念内容，对客观事物的反映）、附属义（包括感情色彩、语体色彩和形象色彩）和临时义（词在运用中临时获得的意义）。短语的语义包括固定短语表达的义项和自由短语表达的义从。小句及其构成成分的语义主要表现为结构关系（主谓、动宾、偏正等）、施受关系（动作与相关人与物之间的施事、受事、用事、于事等）和意象关系（句法结构反映在表意指向类型上的语义关系）（邢福义，1996：441）。复句和句群的语义主要表现为逻辑-语法关系，包括词、短语和小句的逻辑意义以及虚词、语序和语法形态表示的意义的综合与统一。小句是全译的中枢单位，短语由词组成，小句由词和短语组成，复句和句群由小句组成，语义关系的重心是词义和（小）句义，因此全译转移的对象主要是句义及其包含的每个词的词义。

[例 2.1]"命运共同体"强调整体思维，推崇共生共荣的关系，追求持久和平和共同繁荣。

原译：The concept of a community of shared future emphasizes the virtue of holistic thinking, cosmopolitan ideals, and the pursuit of lasting peace and shared prosperity.（韩清月、蔡力坚 译）

试译：The concept of "a community of shared future" emphasizes holistic thinking, cosmopolitan ideals, and pursues lasting peace and common prosperity.

例 2.1，原文单句的词义或短语义依次对应为：命运共同体——a community of shared future，强调——emphasize，整体思维——holistic thinking，推崇——advocate，共生共荣的关系——symbiosis and common prosperity→cosmopolitan ideals，追求——pursue，持久和平——lasting peace，共同繁荣——common prosperity。"命运共同体"是一种理念，原译增添了范畴词 concept，试译则将 a community of shared future 加上引号，以强调它作为一种理念表达的整体性。三个动词中，"强调""推崇"为近义词，英译时可减省一个，用 emphasize 即可。原译认为"整体思维"是一种"美德"，所以增添了 virtue。这不仅是不必要的，反而不妥，因为整体思维和分析思维是中西两种不同的思维模式，各有利弊，不能厚此薄彼，因此试译中没有增加 virtue。"共生共荣的关系"中的"关系"为范畴词，不必英译，但将"共生"译为生物学术语 symbiosis 似乎过分强调其生物属性；"共荣"即为"共同繁荣"，若照直译出，将与后面的"共同繁荣"存在重复，因此原译将整个短语译为 cosmopolitan ideals，即这是一种普世理想。原译将"追求……"视为"强调"的宾语，整个译句只用一个谓语动词 emphasize。虽然简化了结构，但 emphasize the pursuit of 并非常见搭配，而且没有强调"追求"的动作及其产生的结果，因此试译将"追求"译为动词 pursue，且与 emphasize 并列。为了避免用词单调，试译将"共同繁荣"译为常见的 common prosperity 而非 shared prosperity。总体而言，试译主要采用对应的手段,适当运用增、减的手段,更加忠实、完整地转移了原文的词义、短语义和单句义,同时确保译文表达的简洁和通畅。

二、化解形义矛盾

原作和译作分属不同的符号系统,源于不同的思维模式,反映不同的文化背景,因此在转移原作语义时,译符之"矛"与原作之"盾"必然产生差异、隔阂甚至冲突,必然存在形义矛盾,包括"符际形义矛盾"和"符内形义矛盾"。前者是全译的主要矛盾,后者是次要矛盾,二者相互区别,相互联系,相互作用,相互转化,主要矛盾的解决规定次要矛盾的解决,而次要矛盾的解决又影响主要矛盾的解决。遇到矛盾,首先需要明确存在哪些矛和盾,其次要明确矛盾的性质,再次要找出产生矛盾的原因,最后寻求化解矛盾的道与器,实现新的形义和谐。因此,全译实践实际上是一个形义矛盾的识别、分析、化解和协调的循环往复过程。

(一)形义矛盾的识别和分析

形义矛盾首先表现在符内,即"一义多形"。若以语言符号为主,则是表现在语内,是单语内部语形和语义之间的非一一对应关系:一种语形可以表达多种语义,一种语义可借助不同的语形。听读者只能通过特定的上下文,凭借个人的认知经验,基于共享的背景知识,作出自我判断。例如,在"爸爸和妈妈的朋友在看电影"中,联合短语"爸爸和妈妈的朋友"是歧义短语,不同的结构层次产生不同的语义:若"爸爸"与"妈妈"先构成联合短语,再一起加"的",与"朋友"构成偏正短语,则这时的短语义为"爸爸和妈妈共同的朋友";若"妈妈的"与"朋友"先构成偏正短语,再与"爸爸"构成联合短语,则这时的短语义为"爸爸一个人跟妈妈的朋友"。

形义矛盾其次表现在符际,即"一义多言"。以语言文字符号为例,表现为原作语形与译语语义之间的非一一对应关系,存在两种情况:其一,原作的某种语形本身可以表达不同语义,全译时自然存在多种理解,导致不同的译语语义,再现为相应的语形;其二,原作的某种语形只表达一种语义,但译语中采取对应的语形并非表达相应的语义,而是形成所谓"假朋友"。如:

[例 2.2]eat humble pie
误译:吃低级的馅饼
正译:承认错误

例 2.2,译作与原作在语形上似乎形成一一对应,但何谓"吃低级的馅饼"?是因为贫穷吃不到"高级馅饼"吗?当然不是!习语 eat humble pie 意为 be very apologetic(按字面意思译为"非常抱歉",引申为"承认错误"),本身不存在多义或歧义，不能望"形"生"义"，而要作整体理解，这虽然首先表现为语内矛盾，但英语听读者不会误解其义，语内矛盾不是主要矛盾，而是次要矛盾。该习语在汉语中没有与之对应的语义，也无法用看似对等的语形表达出来，因此语际矛盾才是全译实践的主要矛盾，在译作语形与原作语义不对应或相冲突的情况下，只能抛弃语形而保留语义，可译成"低头认错""赔礼道歉"之类的短语。

（二）形义矛盾的化解与协调

形义矛盾的化解与协调基于准确识别和细致分析，识别是分析的前提，分析是化解的基础，协调是化解的结果。只有抓住全译实践中的主要矛盾，才可能找到解决矛盾的理据（道）和手段（器），道器结合才能推动译作与原作的形义和谐，实现译作的去痕存味。

全译力求译作与原作的信息极似，确保信息守恒、不发生增损。在准确、完整转移原作语义的前提下，如能在译语中兼顾原作语形，且为译语受众理解和接受，形义矛盾当然可以化解，可能出现两种情况。

第一，该语形在译语世界已有对应或相似的语形，二者形成某种耦合，是一种可遇不可求的理想状态。如：

[例 2.3]百川归海。
All rivers flow to the sea.

例 2.3，"百"并非实指，只是强调"多"或者"全"，相当于英语的 all。

第二，该语形在译语世界中尚无对应，即使勉强对应，在译入之初可能引起译语受众的排斥。随着时间的推移、使用者的增多，新奇、异样的表达方式可能由个体扩展到群体，由限时限地过渡到多时多地，最终成为译语中习以为常的一部分。大量的外来词、部分成语和谚语就是典型例子。如：

[例 2.4]太空人——taikonaut
[例 2.5]Juda's kiss——犹大之吻
[例 2.6]好好学习，天天向上。
Good good study, day day up.
[例 2.7]Rome was not built in one day.
罗马不是一天建成的。

既然全译中存在语内和/或语际的形义矛盾，大多数情况下就不能保留原作语形，必须加以变换，但通常不会变换其宏观形式，如体裁类型、语篇或话语等，而是变换其微观形式，如字、词、句、段等，至少包括以下六种方式：舍形取义、添形明义、移形顺义、换形达义、分形显义、合形并义。在译语中变换原作的语形，追求原作语义的准确完整表达和语用的充分有效再现，就可化解译作之形与原作之义的矛盾，协调译语与原语之间的背离与冲突，实现新的动态和谐。

第二节　化：全译之魂

作为全译轴心的转化，包括转移和化解，转移原作语义，有时也再现其语用，化解译语之形与原作的矛盾，最终落脚在"化"上。"化"是全译转换的精髓，是全译实践的灵魂，其内涵包括：文字学原解的"教行、教化"，哲学通解的"渐化"，美学专解的"物化"，翻译学新解的"去痕存味"。"化"的形式包括全译操作时运用的七种具体手段：对、增、减、移、换、分、合。

一、化的内涵

"化"的内涵指其反映全译行为的本质属性，包括它在文字学、哲学、美学、翻译学等学科领域的解释。

（一）"化"的文字学原解

"化"早见于商周时代的甲骨文——铭文，记载于周朝中晚期的"兴壶"（青铜器）、晚期的"中子化盘"（青铜器）等，也可见于战国时期齐国的刀货。在《尚书》《诗经》《左传》《孟子》《荀子》《史记》等早期古代典籍中，"化"大多单独成词，后来逐渐与其他汉字组合成双音节词，如"教化""变化""化育""化气"等，并引申出系列含义。许慎（1963：168）认为"七""化"是两个同声同切但不同义的汉字，"七，变也。从到人。凡七之属皆从七。呼跨切。""……化，教行也。从七从人。七亦声，呼跨切"。段玉裁（1998：384）注："凡变七当作七，教化当作化，许氏之字指也。今变七字尽作化，化行而七废矣。"该注疏基本上承继了许慎对"化"的释义——"教化"。徐灏（1992：148）却认为"七"的本义为"化生"："七化古今字，相承增偏旁，非有二义。……周官柞氏曰：'若欲其化也。'《乐记》曰：'和故百物皆化。'郑注：'化犹生也，引申为造化、教化之称。'"徐灏对"化"的笺注更周详、更可信，即"化"的本义为"（化）生"，引申为自然界的"造化"和人类的"教化"。

（二）"化"的哲学通解

中国哲学家最初分别探究"变""化"的含义，后来作整体考察，再论述二者作为对偶范畴的区别与联系，逐渐使它们与质变和量变的内涵相接近，逐步将其确立为中国哲学范畴发展史上的一对重要的中介范畴（张立文，1988：423）。

《论语》论"道"时有"变"无"化"，《道德经》论"道"时有"化"无"变"，《孟子》并列"变""化"并稍加区分："变"即"改变"，"化"即"教化"。《易传》着眼于自然、社会的总体现象，以明确、清晰的语言论述"变""化"，并确定二者关系："化而裁之谓之变，推而行之存谓之通。"（来知德，1990：420）这成为中国哲学中化通、变通思想的滥觞。荀子明确区分了"变""化"的内涵："状同而为异所者，虽可合，谓之二实。状变而实无别而为异者，谓之化；有化而无别，谓之一实。"（王先谦，1988：420）"化"即形异实同，是没有改变事物根本性质的"状变"。《庄子》指出"变""化"的程度差异："死生亦大矣，而不得与之变；虽天地覆坠，亦将不与之遗；审乎无假，而不与物迁，命物之化，而守其宗也。"（王夫之，1964：48）换言之，"变"是大变，蕴含质变之意，事物之"化"仍不离根本，蕴含不改变其宗的量变之意。这种区分为后世提出质变、量变奠定了基础。

张载（1978：70）继承了《易传》的变、化思想，概括了二者的本质特征："变，言其著；化，言其渐"。朱熹将事物的变化与动静、有无范畴相联系，既指出变、化互相区别、对立："'变化'相对说，则变是长，化是消""变是自无而有，化是自有而无"；又阐明二者互相联系、转化："变者，化之渐；化者，变之成。""刚柔相推而生变化，变化之极复为刚柔。"（黎靖德，1997：1694）王夫之（1975：67）借用"体用"范畴，进一步规定变、化的关系："变者，化之体；化之体，神也。"他还将变化范畴与形质范畴联系起来，注意到事物从渐化到顿变的运动过程中存在部分量变和根本性质变。

总之，在中国哲学的发展演进中，"变""化"源于辞书释义，经过日常观察和哲学思辨，由两个单一概念演变为一对对偶范畴，逐渐与质变、量变的内涵相接近，成为联系道器、有无、动静的中介范畴。"化"是一种细微、缓慢、不易察觉的量变形式和状态，是事物在度的范围内的延续和渐化，是事物自有而无、自动而静的运动过程和结果，表现为事物运动中统一、平衡和静止等状态（余承法和黄忠廉，2006）。

（三）"化"的美学专解

中国历代诗家、文评家、书法家、画家将"化"论融入"意境""境界"等理论，提出诗歌、小说、绘画、书法艺术中的"化工说""化境论"等，强调创作主体如何经过长期的艺术锤炼，才能达到炉火纯青、出神入化的地步，实现天地与我俱生、心手物融合的审美创作佳境。李贽提出了"化工"和"画工"的文艺标准，许学夷提出了"化境"概念，胡应麟将"化境"视为诗歌的最高审美境界，金圣叹提出圣境、神境和化境的"三境说"。书画之"化"起源于《周易·系辞传》中"天地 绷缊，万物化醇。男女构精，万物化生"（陈鼓应和赵建伟，2005：661）的哲学本体论，发展于庄子"物化"的审美主客论、宋元时期"身与竹化"的艺术创作论，兴盛于明清时期"笔镕墨化"的创作过程论，最终达至"化境"的审美标准论，贯穿于以"化"为核心的艺术审美追求。"化"作为文艺创作的最高境界，涵盖四个方面的要素：主体修炼具备的德、才、学、识等创作素养；主体排除外部干扰、处于一种虚静的创作心态；主客之间物我相融、浑然一体的创作状态；作品在上述创作心态和状态下所达到的"天人合一"境界。

（四）"化"的翻译学新解

钱锺书博通古今、学贯中西，从许慎关于翻译的一段训诂出发，揭示"译""诱""媒""讹""化"之间一脉相连、彼此呼应的意义，汲取中国古代哲学之"化"的精髓，将文艺之"化"与美学之"境界""不隔"等概念联姻，将"化"移植为翻译学范畴，高屋建瓴地揭示出文学翻译的最高理想："把作品从一国文字转变成另一国文字，既能不因语文习惯的差异而露出生硬牵强的痕迹，又能完全保存原作的风味，那就算得入于'化境'。"（钱锺书，2002：77）综观文字学、哲学、美学之"化"和钱氏标举的翻译学之"化"，可知全译之"化"包含以下几方面内容。

1. "化"是一种变易与不易、得失兼备的量变过程

全译中存在变易和不易的成分，包含得与失的元素，所谓"不失本便不成翻译"。变易的是原作语形，包括音、形的改变以及音、形、义结合方式的改变；不易的是原作语义，原作从一个语言世界移植到另一个语言世界，实质内容没有发生显著、根本的突变。"化"是一种"得意忘言"的量变过程，是译作对原作的"状变"而"实无别"，流失原作的形式外壳，是钱锺书提及的"形体变化"，消除译作之矛与原作之盾的冲突，保存原作的内风味或"精魂"，即钱锺书提及的"转世轮回"（钱锺书，1986：473）。因此，"化"的译学内涵是"去痕存味""变形存质"。

2. "化"包含理想之"化"与实际之"讹"

人们通常认为"化""讹"是对立范畴，"化"不能容忍"讹"，有"讹"则不是"化"。这是对钱氏"化境说"的一大误解，因为他认为"讹""化"是"一脉通连"和"虚涵数意"。"吪""讹"都包含"动"之义，这与"化"的"变化"义有关，"吪（讹）言"即"变化的言语""改变事实真相的言语"，

"化"与"吪""讹"相同,引申为"错误"之意。部分译者进行"创造性叛逆",对原作进行的某些改变可能导致"讹",这是创造性的误读误译,是译者对原作"明知故犯"的艺术再加工,这种"讹"更是另一境界之"化"。"化"是全译的高级阶段,是普通译者孜孜追求的最高境界,是翻译大师艺术修炼的必然结果;"讹"是全译的低级阶段,消极之"讹"是译者难以避免的毛病,积极之"讹"可能是翻译大师的妙手之得和创意之处,是译者迈向全译高级阶段的必由之路。因此,"化""讹"属于背出分训,两义相反相成,"化"中存"讹","讹"中显"化",二者统一于具体的全译实践。

3. "化"是"真"与"美"的有机统一

钱锺书(1986:1101)发人深思地阐明信、达、雅之间的辩证关系:"译事之信,当包达、雅,达正以尽信,而雅非为饰达。依义旨以传,而能如风格以出,斯之谓信。"他在界定"化"时指出:"译本对原作应该忠实得以至于读起来不像译本,因为作品在原文里决不会读起来像翻译出的东西。"(钱锺书,2002:77)"化"既是译作内容求信的内在需求,也是形式求美的外在要求,既解决了译作与原作内容与形式之间的言义矛盾,又解决了"信言不美"与"美言不信"的二律背反,是对原作语义保真、风格求善以及译作语形求美的结晶。因此,"化"是对"信、达、雅"的突破和发展,是原作在译语中"真"与"美"的再现,是全译艺术的理想境界和极致追求。

4. "化"兼有"师法造化"和"笔补造化"

西方造艺的"模写自然"和"润饰自然",主张各异,但钱锺书(1984:61)认为"二说若反而实相成,貌异而心则同"。移植到译艺中,更见其旨趣。造艺之"师法造化","以模写自然为主","以为造化虽备众美,而不能全善全美,作者必加一番简择取舍之工"(钱锺书,1984:60)。译艺之"师法造化",要求译者以积极态度理解自己的身份,有选择、主观能动地忠实于原作及其作者,但前提是译者须具备相当的社会阅历、敏锐的洞察力、充分的鉴赏力、取舍的功力、精湛的语言表达力。钱氏"笔补造化"的翻译美学思想,一方面指译作超过原作的可能性,翻译史上有不少佳译可以为证;另一方面,也肯定译者的主观性、积极性和创造性,译者充分发挥艺术创造力,借助灵感的神来之笔对原作进行美化,得"精"去"粗",得"义"忘"言",入乎其"内"而出乎其"外"。

5. 求"化"归根结底是为了求"极似"

基于上述分析,可将"化"定义为"译者为消除语际内容与形式之间的'一意多言'式矛盾，得原文之意、存原文之味、成译文之形的双语转换过程和结果"（余承法，2022：43）。全译之"化"与文字学之"化"的基本含义吻合，与哲学之"化"的内涵一致，与文艺之"化"的追求相同，这是由全译的性质决定的，也符合全译"求极似"的内在规律。作为全译之魂的"化"，归根结底是为了求得译作与原作的"极似"。

二、化的外延

译者在处理形义矛盾时，需要对整个全译过程尤其是语际转换阶段采取应对方案、作出选择，灵活运用对、增、减、移、换、分、合七种手段，结合宏观的文化背景、中观的语言环境和微观的语言单位，运用可操作、能验证的具体方法，并将每一方法细化为若干技巧，从而建构成完备的全译实践方法体系。

（一）对

对，指译者将原作的语形逐一对应为译语语形，以便实现译作与原作的语用趋同、语义相等，同时确保译作符合译语规范。

"对"是最直观、最常见的求"化"手段，因为译者听读原作时，最直接、最本能的反应就是在大脑中搜寻相应的译语单位，逐一对等替换。"对"必须是灵活、方便的"对"，而非机械的硬"对"。形似是前提，义似是基础，神似是核心。就操作的语言单位而言，一般采取从小到大的对应形式，即从词、短语到小句、复句，再到句群和语篇，形成逐层对应，难度依次增加，频率相应减小。如：

[例 2.8]信言不美，美言不信。

译文 A：True words are not fine-sounding; fine-sounding words are not true.（Arthur Waley 译）

译文 B：True words are not high-sounding; high-sounding words are not true.（居延安　译）

译文 C：Faithful words are not beautiful; beautiful words are not faithful.（赵彦春　译）

例 2.8，原文是一个并列的文言复句，运用顶真和对偶，言简意赅地阐述了信与美的对立关系。无论是汉学家亚瑟·威利（Arthur Waley，1889—1966）的译文 A，还是旅美 30 年的华人学者居延安的译文 B，还是知名翻译家赵彦春的译文 C，都从词、短语、小句、复句层面采用对的手段，除了增加系动词 are 之外，其他的字词完全对应，数量相同，结构对应，均为求"对"的佳译。

（二）增

增，指译者在译作中增添少量必要的语形，包括语素、词、短语、小句等语言单位，以便准确传达原作语义，确保译作结构完整。汉英双语都有特定的词类，互译时需要根据具体语境加以增补。另外，原语习惯省略的地方，却是译语必须保留的形式。如：

[例 2.9]三从四德

译文 A：three obediences and four virtues

译文 B：three obediences — to father before marriage, to husband after marriage, to son after husband's death; four virtues — morality, proper speech, modest manner and diligent work

例 2.9，"三从四德"是中国封建礼教压迫、束缚女子的道德标准之一，稍有文化的汉语使用者大多明白其具体内涵，若简单对译如译文 A，英美受众可能不明其意，则必须增添"从"和"德"的具体内容，即译文 B。

（三）减

减，指译者在译作中删减原作可有可无的语形，以便在保留原作语义的同时，确保译作简练、显豁。减与增的运用原因相同，操作的语言方向相反。汉译英时增添的语形，英译汉时需要删减；反之亦然。汉语的助词和量词在英语中缺失，英语的冠词是汉语没有的词类，全译时在不影响语义传达的前提下，通常需要删减；即使是英汉双语都有的某些介词和连词，也可视具体情况在译语中加以减省。原语的某些典故或成语，在运用中可能出现约定俗成的重复表达，全译时需要减省某些语形。如"东床"源自南朝刘义庆《世说新语·雅量》："王家诸郎，亦皆可嘉，闻来觅婿，咸自矜持。唯有一郎在东床上坦腹卧，如不闻。""东床"后来用作女婿的美称，也出现"东床快婿"的同义复语。英译时就不必保留"东床"（the eastern bed）的形式和意象，译成 son-in-law 即可。

（四）移

移，指译者在译作中移动原作的语形，以便顺畅表达原作语义，同时确保译作的语形连贯、地道。汉语定语，无论是词还是短语（包括相当于英语从句的主谓短语），通常前置，但英语的定语短语和从句往往后置，互译时就必须根据译语习惯对定语进行移位。如：

[例 2.10]电视中的暴力和暴力犯罪的关系

the relationship between violence on television and crimes of violence

（余承法用例）

例 2.10，中心词是"关系"，两个修饰语"电视中的暴力""暴力犯罪"本身都是偏正式名词短语，英译时必须根据英语表达习惯将定语后置。

（五）换

换，指译者在译作中改换原作的语形，以便准确、流畅地表达原作语义。改换包括词类、句类、语气之间的互换，以及动静表达、正反表达、主被动语态之间的互换等。如：

[例 2.11]His ten-year old daughter is completely stage-struck.

原译：他 10 岁的女儿是一个十足的演员迷。（《最新牛津现代高级英汉双解词典》）

试译：他十岁的女儿非常痴迷当演员。

例 2.11，复合形容词 stage-struck 意为 having a (too) great desire to become an actor，即"渴望当演员的"，原译将其换为名词"演员迷"，试译换为动词短语"痴迷当演员"。

（六）分

分，指译者在译作中分离原作语形，以便凸显原作语义，同时确保译作结构清晰、表达地道。英语的复句和长句汉译时，通常需要进行切分，以符合汉语流水小句的特点。如：

[例 2.12]It's miraculous how much weight you've lost!

你体重减了这么多，真出人意料！（《最新牛津现代高级英汉双解词典》）

例 2.12，原文是一个有机整体的主从复合句，采取"评+述"的结构顺序，it 为形式主语，how much 引导的主语从句为真正的主语。汉译时采取先述后评的顺序，且将述与评分开，不仅切分了复合句，还进行了移位。

（七）合

合，指译者在译作中合并原作语形，以便整体表达原作语义。合与分的运用理据相同，操作的语言方向相反，英译汉时多切分，而汉译英时多合并。如：

[例 2.13]同志们住在一起，说说笑笑，十分开心。

The comrades felt happy living under the same roof and talking and laughing together.（《现代汉语词典（汉英双语）》）

例 2.13，原文为包含三个并列谓语的单句，排列顺序是：前提（住在一起）——动作（说说笑笑）——结果（十分开心）。英译时，按照重要性排列，先叙述结果，再说明前提、分析原因（即动作），将结果作为谓语动词，前提和动作变换为-ing 分词，移至句末，将原文分开的三个并列谓语短语合为一个谓语短语及其两个状语短语。该例除了运用合的手段，还采用了移和换的手段。

  总之，"化"贯穿于全译实践过程，不仅是全译转化之魂，更体现为全译的本质，对、增、减、移、换、分、合七种手段既可灵活单用，也可巧妙合用，并细化为具体的全译方法和技巧，求得译作跟原作的"极似"，追求译作入"化"之"境"。

第三章 全译极似律

由于中外语言文化差异，译作与原作之间不存在相等律，只存在相似律。译作与原作首先追求义似，在此基础上如能实现形似，则可追求基于义似和形似的风格似。要做到译作极似于原作，首先要正确理解原作，其次要灵活运用不同的全译方法与技巧，采用地道的译语形式，力求准确完整地传达原作意义，曲尽其妙地再现原作风格。

第一节 相似律层次与结构

极似可分为近似和胜似两层，前者指译作最大程度地接近于原作；后者指译作超出或胜过原作。极似也有结构之别，可分为义似、形似与风格似。义似指译作与原作内容相似；形似指译作与原作形式相似；风格似指译作与原作文体风格相似。

一、似与极似

原作与译作相等只是主观愿望与理想追求，相似才是客观存在与现实把握。全译过程因受语言差异、文化差异、思维差异、译者主观性、赞助人要求等的影响与制约，原作信息在转换过程中必将有所损失或增益，译作必然会发生一定程度的变形与扭曲。钱锺书（2002：78）曾形象地描述："一国文字和另一国文字之间必然有距离，译者的理解和文风跟原作品的内容和形式之间也不会没有距离，而且译者的体会和自己的表达能力之间还时常有距离。……翻译总是以原作的那一国语文为出发点而以译成的这一国语文为到达点。从最初出发以至终竟到达，这是很艰辛的历程。一路上颠顿风尘，遭遇风险，不免有所遗失或受些损伤。因此，译文总有失真和走样的地方，在意义或口吻上违背或不很贴合原文。"译作与原作在形式、内容、风格等方面绝难完全相等，只能尽可能相似。学界对此有清晰的认识，如钱冠连（1997：292）认为："对翻译的可译与等值的完美性，不抱乐观态度。虽然翻译佳作的精彩之处时时给我们一个一个的惊喜，但是，要让人相信世上真有丝丝入扣的可译性与理想的等值翻译，是非常困难的。"

同一原作可能有诸多译作，这一无可辩驳的事实也可证明，译作与原作不可能相等，只能相似。理论上，译作与原作存在相等关系，只要原作相同，不同译者的译作都应相同。事实上，尤其是在文学翻译中，同一原作的译者不同，译作或多或少都会有所不同；即使同一译者，不同时空下也可能产出不同译作，几乎没有完全相同的译作（除非是完全抄袭）。如：

[例 3.1]It is a truth universally acknowledged that a single man in possession of a good fortune, must be in want of a wife.

译文 A：有钱的单身汉总要娶位太太，这是一条举世公认的真理。

译文 B：饶有家资的单身男子必定想要娶妻室，这是举世公认的真情实理。

译文 C：举世公认，一个拥有一大笔钱财的单身男人，必定想娶一个女人做太太。这已成为一条真理。

译文 D：凡有产业的单身汉，总要娶位太太，这已经成了一条举世公认的真理。

译文 E：世间有这样一条公认的真理——凡财产丰厚的单身男人势必缺太太。（马红军用例）

例 3.1 原文是《傲慢与偏见》（*Pride and Prejudice*）的开篇句，也是最精彩的一句。所选五种译文来自不同译者，一眼可见彼此差异。即使是 wife 与 single man 如此简单的词语，不同译者也译得相殊。本例充分说明，原文与译文绝对相等只是理想，尽可能相似才是现实。译文与原文互不相等，即译作很难实现与原作的相等或相同，二者之间只存在相似律，即译作与原作接近或相像的规律。

原作与译作的"似"有程度大小之分，可用隶属度表示。黄忠廉等（2019：19）将译作与原作之间的完全等值设定为 1（即为原作），完全不等值设定为 0（即为无用之译），中间分为 9 个层次的似：极似（0.9）、很似（0.8）、相当似（0.7）、较似（0.6）、有些不似（0.5）、比较不似（0.4）、相当不似（0.3）、很不似（0.2）、极不似（0.1），力图极似于原作的归于全译（0.9~1），极似之外的八个层次（0.1~0.9）归于变译。

二、极似的层次

译作与原作之"似"可分两种：一是近似，即译作不出其内；二是胜似，即译作出乎其外。近似为主，胜似为次。

（一）近似

近似指译作最大程度地接近、而非等同于原作。

英汉语存在差异，即便全译也难使译作与原作达到百分之百的相等。对此，林语堂（2009：501）见解精辟："其实一百分的忠实，只是一种梦想。翻译者能达七八成或八九成之忠实，已为人事上可能之极端。因为凡文字有声音之美，有意义之美，有传神之美，有文气文体形式之美，译者或顾其义而忘其神，或得其神而忘其体，决不能把文义、文神、文气、文体及声音之美完全同时译出。"简言之，英汉双语文化的差异决定了翻译不可能兼顾文义、文神、文气、文体、声音之美，译作不可能百分之百等同于原作，只能尽可能地近似于原作。即使将 the horse is a useful animal 译成"马是有用的动物"，也不能说译文与原文百分之百地相等，因为汉译省略了冠词 a 和 the。

译界名言"词无定译、译无定法"也是译作不能等同、只能近似原作的佐证。若译作等同原作，那么同一原作只能有一本固定的译作。现实却是复译或重译无处不在、无时不在。

[例 3.2] Freedom, Love!
These two I need.
For my love I sacrifice life.
For freedom I sacrifice my love.
译文 A：生命诚可贵，
爱情价更高。
若为自由故，
二者皆可抛。（殷夫 原译）
译文 B：自由，爱情！
我要的就是这两样。
为了爱情，我牺牲我的生命；
为了自由，我又将爱情牺牲。（孙用 重译）
试译：自由，爱情！
这两样我需要。
为了我的爱情，我牺牲生命；
为了自由，我牺牲我的爱情。

例 3.2 原文是匈牙利著名爱国主义战士、诗人裴多菲（Petőfi Sándor，1823—1849）所作诗歌的英译。20 世纪 30 年代，著名诗人殷夫的译文发表后广为传播，成为读者最熟悉的外国诗歌之一，一度引入中学语文教材。殷译虽受读者欢迎，且比较准确地传达了原义，却未极似于原文，更不能说等同于原文，因为相对于原诗，译诗的形式与内容均做了很大的改动，不是全译而是变译了。1957 年，著名翻译家孙用重译。较之于殷译，孙译无论形式还是内容都更近于原文，但不完全等于原文，如将 These two I need 译为"我要的就是这两样"，译文语序与原文相比发生了变化。因此，译文只能最大程度接近原文，而无法完全等同于原文。试译可能比殷译在形式上更似原文，但也非完全等同于原文，因为试译省略了原文中的物主代词 my。

（二）胜似

胜似指译作超出或胜过原作。

许渊冲（1993）提出翻译"竞赛论"，认为翻译是双语竞赛，文学翻译更是两种文化的竞赛。翻译若能够发挥译语优势，译作有时能够胜过原作。俄国杰出翻译家瓦西里·茹科夫斯基（Василий Андреевич Жуковский，1783—1852）认为："一个诗人在翻译诗歌时，不应当是作品的'奴隶'，而应当是'竞争者'，他甚至可能超过作者。"（黄忠廉，2000a：153）

中外翻译史上译作胜似原作的例子也不在少数。例如，法国诗人波德莱尔（Charles Pierre Baudelaire，1821—1867）翻译的美国诗人、作家爱伦·坡（Edgar Allen Poe，1809—1849）的诗歌，就被认为超过了原诗；歌德（Johann Wolfgang von Goethe，1749—1832）认为，纳梵尔（Gérard de Nerva，1808—1855）《浮士德》法译本比德语原作清晰；惠特曼（Walt Whitman，1819—1892）认为，弗莱里格拉德（Ferdinand Freiligrath，1810—1876）用德语翻译的《草叶集》也许胜过自己的英语原作（钱锺书，2002：101）。

译作胜似原作的原因可能有多种，如译者的译语本领超过作者运用原语的本领，译者发挥了译语优势，译者在翻译过程中灵感闪现等。例如，林纾的译文胜似哈葛德的原文，钱锺书（2002：100）发现自己宁可读林纾的译文，不乐意读哈葛德的原文，因为林纾的文笔比哈葛德的文笔明爽轻快。又如，《呼啸山庄》被翻译界公认是 *Wuthering Heights* 的最佳译名，是神来之笔，胜似原作书名。据杨苡回忆，该译名是某个雨夜灵感闪现的结果。例 3.3 的译文胜似原文，则是译者发挥译语优势的结果。

[例 3.3]Everything is the same, but you are not here, and I still am. In separation the one who goes away suffers less than the one who stays behind.

此间百凡如故，我仍留而君已去耳。行行生别离，去者不如留者神伤之甚也。（钱锺书　译）

三、极似的结构

就结构而言，译作与原作的似，可分为义似、形似与风格似。

（一）义似

义似指译作与原作在内容上相似。

全译的首要任务是最大限度地将原作内容信息传递给译语读者，所以义似是"似"的基础，位居"三似"之首。英汉两种语言属于不同的语系，表达方式存在很大差异。译者若受原作形式制约，所得译文可能只得其形，难得其义，达不到义似的效果。例如，2020年10月8日，备受瞩目的诺贝尔文学奖授予了美国女诗人露易丝·格丽克（Louise Glück，1943— ），理由是："Her unmistakable poetic voice that with austere beauty makes individual existence universal."国内新闻报道对该句的汉译有多种，如"她精准的诗意语言营造的朴素之美，让个体的存在获得普遍性""她用无可辩驳的诗意嗓音，以朴实的美感使个人存在变得普遍"。两句译文的语形似乎接近原文，但内容未能与原文相似。而"她诗风独特，有质朴之美，通过个人的经历解释普遍意义"和"她诗风迥异，有质朴之美，使个人的存在带有普遍意义"在语形上与原文虽有差别，却取得了义似的效果。又如：

[例 3.4]The authority of science, which is recognized by most philosophers of the modern epoch, is a very different thing from the authority of the Church, since it is intellectual, not governmental. No penalties fall upon those who reject it; no prudential arguments influence those who accept it. It prevails solely by its intrinsic appeal to reason. It is, moreover, a piecemeal and partial authority; it does not, like the body of Catholic dogma, lay down a complete system, covering human morality, human hopes, and the past and future history of the universe.

译文 A：科学的威信是近代大多数哲学家都承认的；由于它不是统治威信，而是理智上的威信，所以是一种和教会威信大不相同的东西。否认它的人并不遭到什么惩罚；承认它的人也决不为从现实利益出发的任何道理所左右。它在本质上求理性裁断。全凭这点制胜。并且，这是一种片段不全的威信；不像天主教的那套教义，设下一个完备的体系，概括人间道德，人类的希望，以及宇宙的过去和未来的历史。（王克非用例）

译文 B：科学的权威，已为近世多数哲学家所承认。此一权威，殊不同于教会的权威。科学权威，理智的力量也；教会权威，统治的力量也。人于科学权威，可以拒绝，可以接受。拒绝，无须受惩罚；接受，无须出于保身家保名誉之考虑。科学所以有权威，唯一原因，是科学有内在的足以令人折服的力量。再者，科学的权威，明一理有一理之权威，明二理有二理之权威。科学的权威，止于已明之理；不若天主教义，乃包罗万象之体系，道德准则，人生理想，甚至世界之过去与未来，无一不在此体系之内。（王克非用例）

原文出自英国哲学家伯特兰·阿瑟·威廉·罗素（Bertrand Arthur William Russell，1872—1970）的《西方哲学史》（*A History of Western Philosophy*）。译文 A 语形上尽力等同于原文，结果"顾其形而忘其神"，意义含混，读者读汉译难以真正领会原义，没能做到义似。与之相比，译文 B 语形上与原文虽未一一对应，意义却更接近原文，是典型的"得其神而忘其形"，意义更加明晰，更利于读者理解，真正做到了义似。

（二）形似

形似指译作与原作在形式上相似。

形似必须以义似为基础，即必须在求得译作与原作义似的基础上，再追求二者形式相似。切忌为了形似而失义似，这是舍本求末之举，如例 3.4 的译文 A。基于义似求形似，通常可采用直译。例如，将 spend money like water 与 to kill two birds with one stone 分别翻译成"挥金如土""一举两得"，只求得了义似。若直译成"花钱似流水""一石二鸟"，则既取义似，又得形似。

基于义似求形似，可将原作所蕴含的文化信息更好地传递给译语读者。黄少荣在一次讲座中谈自己翻译《西厢记》《穆桂英挂帅》等中国文学作品时，为传递中国文化元素，对某些词语采取直译，在义似的基础上求得形似，例 3.5 即是典型例证。

[例 3.5]你是个银样镴枪头。

You are as a silver-look spearhead that is made of wax.（黄少荣用例）

（三）风格似

风格似指译作与原作在文体风格上相似。

风格是以语言选择为手段，体现作者思想、情感与审美倾向的区别性特质（徐德荣和江建利，2017）。不同文类有不同的文体风格：文学风格肯定与科技迥异；散文的文体风格必定与诗歌和小说不同；即使是小说，科幻小说、侦探小说、历史小说、言情小说的文体风格也不尽一致。不同的诗人、作家也有不同的文体风格：同为诗人，李白与杜甫文体风格不同；同为小说家，海明威与奥斯汀文体风格迥异。全译时，译作最好能够在义似与形似的基础上实现风格似，即钱锺书（2002：77）所说的"躯体换了一个，而精魂依然故我"。如：

[例 3.6]Studies serve for delight, for ornament and for ability.

译文 A：读书可以作为消遣，可以作为装饰，也可以增长才干。（何新　译）

译文 B：读书足以怡情，足以傅彩，足以长才。（王佐良　译）

原文摘自培根《论读书》（"Of Studies"），公认其为古典文体的典范之作，短小精悍，文笔典雅简洁。译文 A 基本取得了义似与形似，但因使用现代汉语，未能传递原文的典雅简洁之美进而达到风格似。译文 B 采用文言文，不但义似形似，而且风格似。又如：

[例 3.7]"Please don't kill it!", she sobbed. "It's unfair."

Mr. Arable stopped walking.

"Fern," he said gently, "you will have to learn to control yourself."

译文 A："请不要杀它！"她眼泪汪汪地说，"这不公平。"阿拉布尔先生停下了脚步。"弗恩，"他温和地说，"你得学会控制自己。"（任溶溶　译）

译文 B："求求你，别杀它！"她泣不成声地说，"这太不公平了！"阿拉布尔先生停下了脚步。"弗恩，"他语气温和，"你得学会控制自己才行。"（徐德荣、姜泽珣　译）

原文摘自埃尔文·布鲁克斯·怀特（Elwyn Brooks White，1899—1985）的儿童文学作品《夏洛的网》（*Charlotte's Web*）。语境是女儿弗恩请求爸爸不要杀掉刚出生的小猪。译文 A 将 Please don't kill it 译为"请不要杀它"，内容与形式都与原文相似，但过于书面化，不太符合此时此地小孩说话的风格。译文 B 译为"求求你，别杀它"，意、形、风格皆与原文相似。

第二节　全译过程求极似

译作要极似于原作，译者首先要通过语法和语境分析准确理解原作，还需灵活运用恰当的全译方法与技巧，用流畅地道的译语形式精准传达原作语意，再现原作风格。

一、原语理解求极似

理解是全译过程的起点，也是全译过程最重要的一步。准确理解原作是译作取得极似的前提条件，而要准确理解，译者需要准确理解原作每个词的含义、透彻分析原作的句法结构、精确判定语用价值。否则，译作与原作难以相似。

[例 3.8]初犹烦躁，久渐自安。旦晚无事，惟趺坐捻珠。

原译：At first it was very tedious work, but by degrees he became more composed, and spent every evening in a posture of devotion, telling his beads.

改译：At first it was very tedious work, but by degrees he became more composed, and spent the whole day in a posture of devotion, telling his beads.（翟理斯 译）

原文摘自蒲松龄《聊斋志异》的《瞳人语》，"旦晚"意为"一天早晚"。翟理斯（Herbert Allen Giles，1845—1935）在《聊斋志异》（*Strange Stories from a Chinese Studio*）首版中将"旦晚"理解为"每天晚上"，译为 every evening，译文偏离原文语义，未能达"似"。第二版则改为 the whole day，准确传达了原文语义，译文与原文达到了极似。

要准确理解原作，译者还需熟悉原作语境，因为词的确切含义随上下文语境而定。同一单词 men，所处语境不同，意义不同，需要采取不同译法，才能使译文极似于原文。如：

[例 3.9A]Men and wives should be faithful to each other.

夫妻应该相互忠诚。

[例 3.9B]Men can conquer the nature.

人能胜天。

[例 3.9C]The general enhanced greatly his men's morale by an inspiring speech.

将军对士兵做了鼓舞人心的演讲，大大提升了士气。（以上均为李海军用例）

二、译语表达求极似

准确理解原文只是译作与原作极似的前提条件。但是，仅仅准确理解原作并不能确保译作与原作极似。要想实现译作与原作极似，译语表达也至关重要。译者需要灵活运用不同的全译方法与技巧，采用地道的译语形式曲尽原意，如：

[例 3.10]They are good questions, because they call for thought-provoking answers.

译文 A：它们是好的问题，因为它们需要对方作出激发思想的回答。

译文 B：这些问题问得好，要回答就要好好动一下脑筋。（思果用例）

译文 A 虽然基本准确地传递了原文语义，但没有极似于原文，因为原文通顺自然，但译文并不通顺。译文 B 采取灵活变通手段，虽形异但神似，是与原文极似的译文。又如：

[例 3.11] It is a curious fact, of which I can think of no satisfactory explanation, that enthusiasm for country life and love of natural scenery are strongest and most widely diffused precisely in those European countries which have the worst climate and where the search for the picturesque landscape involves the greatest discomfort.

译文 A：这是件我不能想出解释的事，就是正好那些天气最坏和寻找风景如画的地方最带有困难的欧洲国家是对乡村生活具有的热情和对自然景色具有的爱心最强烈和最普遍的。

译文 B：欧洲有些国家，天气坏透，那里的人要辛苦一番，才能寻找到风景如画的地方。奇怪，他们恰恰最喜欢过乡村生活，也最爱欣赏天然风景，而且这个情形也极普遍。这是实情，我怎么也提不出叫人满意的解释来。（思果用例）

译文 A 基本传达了原义，但过分拘泥于原文的语表结构，翻译腔较浓，不是地道的汉语。译文 B 不拘泥于语表结构，灵活运用分译、移译、增译、换译、减译等，表达地道，与原文极似：原文句末的状语 in those European countries ... the greatest discomfort 汉译时移至句首，且单独分译为含主谓结构的句子；原文句首的表达则移至汉译的句末；原文语表虽不见"那里的人"之形但含其义，译文为表意清楚而加以增译；原文名词 search 换译为汉语动词；据汉语重意合的特点，原文动词 involves 译者并未译出，却含其义；原文 a curious fact 汉译时做了分译处理；原文 that 引导的主语从句中，主语是抽象化的名词短语，译文增译主语"他们"，并将原文的主系表结构换译为译文的主谓宾结构，将语义表达得更为具体。

第四章 全译七法论

全译旨在完整再现原文语用价值、准确传达其语里意义，再现其风格。全译策略包括直译与意译。前者既须再现原文意义，又须保留原文形式。后者则是得原文之义、舍原文之形。全译方法主要有七种，即对译、增译、减译、移译、换译、分译和合译。全译实践中，七法可单独使用，也可任意两种或多种组合使用。

第一节 全译策略

全译有两大策略：直译与意译。两者相互对立，又相辅相成。直译与意译各有其优点。一般而言，译者不会自始至终只取一种全译策略，而是依语境选择，或适当兼顾。基本原则是：能直译，就尽量直译；直译不通时，才转而意译。

一、直译

"直译是既完整再现原文语用价值和准确传达原文语里意义又照顾其语表形式并且为译语读者接受的全译策略。"（余承法，2014：22）其中"完整再现原文语用价值""准确传达原文语里意义"是基本要求，"照顾原文语表形式"是区别性特征，例 4.1 中 catalyst 译为"催化剂"、例 4.2 中"断袖之癖"译为 the Cut Sleeve persuasion，即是典型直译。如：

[例 4.1]The policy of pacifism is a catalyst to war.

绥靖政策是战争的催化剂。（李海军用例）

[例 4.2]何生素有断袖之癖，睹之，神出于舍，翘足目送，影灭方归。

Shican was himself of the Cut Sleeve persuasion and had always had rather a predilection for boys. He gazed at the youth in breathless wonder, standing there on tiptoe and watching him disappear into the distance before returning indoors.（John Minford　译）

但是，"照顾原文语表形式"必须有度，即译作必须为译语读者接受，这是直译的必要条件。如果过度，译出翻译腔，难以让人接受，直译便成为硬译和死译。例 4.3 中译文 A 就是典型的硬译或死译，而非直译。如：

[例 4.3]No one had promised any man that life is easy here.
译文 A：没有一个人答应过任何人，这里生活容易。
译文 B：谁也没有说过这里的日子好过。（思果用例）

直译的优点是"吸收外来有益的新因素"（方梦之，2019：701），进而丰富译语的表达方式。例 4.4 的 soft landing 译作"软着陆"而非"缓慢下降"，可为汉语增加新表达。

[例 4.4]China's real estate industry will have a soft landing then rebound in 2009 thanks to the digestion of price bubble, interest cut, booming consumer purchasing power and the supporting macro policy, holds industrial analysts.
行业分析家认为，由于价格泡沫消除、降息、消费者购买力增强以及宏观政策支持，2009 年中国的房地产业将实现软着陆，随后反弹。（李海军用例）

原作的某些表达首次直译进入译语时，由于文化差异，可能给读者理解造成障碍，译者就需要适当增加注释，以方便读者理解。但是，随着文化交流不断深化，译语读者对某些直译表达会经历由陌生到熟悉的认知过程，慢慢将其吸收为译语的有机组成部分。例如，首次将 Pandora's box 直译为"潘多拉魔盒"，需要通过注释说明其意为"万恶之源"，久而久之，就可以接受直译；shed crocodile tears 译作"掉鳄鱼眼泪"时，需要增添注释"假慈悲"，时间一长就可以采用直译。

二、意译

"意译是重在完整再现原文语用价值和准确传达原文语里意义而不拘泥于其语表形式的全译策略。"（余承法，2014：23）同直译相比，意译最显著的区别性特征是翻译时"得意忘形"，即传达原语内容，但舍弃原语语表形式。如：

[例 4.5]But how many of the wealthiest citizens actually started life in the batter's box? How many started life on the first, second or third base? And how many were born crossing the home plate and inherited their way directly onto the Forbes 400 list?

但是，这些富豪中有多少是真的白手起家呢？有多少是继承了一定的财产呢？又有多少是一出生就继承财产并直接进入福布斯前 400 名呢？（李海军用例）

[例 4.6]刁猾无籍，市井凶徒。被邻女之投梭，淫心不死。

He is an unscrupulous rogue, the worst kind of street thug. Having been rebuffed by Madame Wang, his former neighbour, he was incapable of enouncing his lustful desires.（John Minford 译）

前一例将 started life in the batter's box 意译为"白手起家"，started life on the first, second or third base 意译为"继承了一定的财产"，were born crossing the home plate 意译为"生来……一步进入"；后一例将"投梭"意译为 having been rebuffed。

但是，意译须有度，须以原文内容为基础，译者"随心所欲"但"不逾矩"。意译如果过度，脱离了原文的内容，则成胡译和乱译。例 4.7，译文 A 将 umbrella 译成"上身粗大，下身细长"，属于意译过度，成了变译中的阐译。

[例 4.7]Phoebe Anna was thin and black, a very umbrella of a woman.

译文 A：安娜是一个又瘦又黑的女人，上身粗大，下身细长。简直像一把雨伞。

译文 B：安娜是一个又瘦又黑的女人，活像一把细长的雨伞。（马红军用例）

意译时还需要尽量避免套用蕴含丰富译语文化的语言表达，以免读者产生"文化错觉"。例 4.8 中，原译属于意译过度，不如试译的直译准确。

[例 4.8]In the kingdom of the blind, the one-eyed man is the king.

原译：蜀中无大将，廖化充先锋。

试译：盲人国里，独眼为王。（李海军用例）

意译的最大好处是符合译语读者的接受习惯，利于读者理解。例 4.9，如果译为"这是运煤到纽卡斯尔"，读者可能不知所云，但"纯属多此一举"就不会给读者的理解带来障碍。

[例 4.9]It is to carry coals to Newcastle.

纯属多此一举。（李海军用例）

译界对直译与意译的争论从未停止。有人支持直译，有人拥护意译，但基本达成以下共识：首选直译，不能直译就意译。换言之，直译若不影响理解，就直译；反之，则采取意译。例 4.10，fallout 意译为"后果"，而非直译为"放射性尘埃"。

[例 4.10]Controversy over years of lies, plagiarism and fabrications by a *New York Times* reporter prompted experts to ponder what could have prevented such debacle and what the fallout would be at the nation's most influential newspaper.

一名《纽约时报》记者多年撒谎、剽窃、杜撰新闻所引起的争论，促使专家思考：当初该采取什么措施就可避免？此事将给全国最有影响的这家报纸带来什么后果？（李海军用例）

最后需特别强调，直译与意译只是两种不同的全译策略，二者本无优劣之分。何时采用直译或意译，可能因人而异，因境而异。例如，有人将 to kill two birds with one stone 直译为"一石二鸟"，有人则译为"一举两得"；有人将 to spend money like water 直译为"花钱如流水"，有人意译为"挥金如土"；有人将 put all your eggs in one basket 直译为"将全部鸡蛋放到一个篮子里"，有人意译为"孤注一掷"；等等。

第二节　全译七法体系

直译和意译两大全译策略有其相应的方法。典型的直译是对译，意译包括增译、减译、移译、换译、分译与合译。七种全译方法共同构成一个体系，实践中可一法单用，可二法合用，也可多法并用。

一、全译七法单用

（一）对译

1. 对译的定义

对译指逐项对换言语单位的全译方法。具体来讲，对译是典型的直译，是在全译过程中实现语形、语义、语用三者对应的逐字/词对应，从而达到等量代换的目的。

2. 对译的原则

对译时，务必遵循三大原则，即语形对位、语义对等、语用对等。语形对位是对译的前提，语义对等是对译的基础，语用对等是对译的核心。对译不是等值、等效，更不是死译、硬译，而是译作成型、语义成活的可接受的译文。

3. 对译的方法

按语言单位从小到大的顺序，对译可分为词对译、语对译、小句对译、复句对译、句群对译。

1）词对译

词对译，指以译语词对换原文词的对译方法。词对译是最常见、最重要的对译类型，是双语在短语及更大语言单位上对译的前提和基础。具体来说，它主要包括三类对译：音对、形对、义对。其中，义对最常见；无法义对时，才考虑音对或/和形对。

音对即译语和原文的词在读音上对应。由于原文的有些词具有特定的指称意义，在译语中很难找到对应的表达，因此使用音对，既保留原文的发音，也丰富译语的语言表达。例 4.11 的译词皆与原词的发音一一对应。

[例 4.11]coca cola —— 可口可乐　bungee —— 蹦极　Harry Porter —— 哈利·波特　Manchester —— 曼彻斯特

形对即译语与原文的词在书写形式上对应。在引进新生事物的同时，形对有效增加了译语的词汇量，丰富了语言表达形式。例 4.12 或直接借用英文表达，或仿形对译，或保留字母对译。

[例 4.12]iPhone —— iPhone　PowerPoint —— PowerPoint　T square —— 丁字尺　I-column —— 工字柱　D-valve —— D 形阀　X ray —— X 射线

义对即译语与原文的词在意义上对应。例 4.13，英译的每个单词几乎与原文汉字一一对应，是典型的义对。

[例 4.13]在康河的柔波里，
　　　我甘心做一条水草。
　　　In the gentle waves of Cambridge,
　　　I would be a water plant.（许渊冲　译）

2）语对译

语对译，即用译语短语对换原文短语的对译方法。词与词对译较为简便，但词与词组配构成短语时受诸多因素控制，且不同语言的短语组配各有规律。因此，相对于词对译，短语对译的难度稍大，频率略低；短语越长，对译难度越大。如：

[例 4.14]The lunacy of modern city life lies first in the fact that most city dwellers try to live outside the city boundaries.
　　　现代都市生活的荒谬之处首先在于这一事实——大多数市民试图住在市郊。（李海军用例）

原文短语 the lunacy of modern city life、lie in、most city dwellers 和 outside the city boundaries 与"现代都市生活的荒谬""在于""大多数市民""市郊"一一对应。

3）小句对译

小句对译，即用译语小句对换原文小句的对译方法。不同语言的组句规则不同，语序存在差异，相对于词和短语，小句对译的难度更大、频率更低。小句对译基于双语在词和短语层面的语表对应和语里对等，主要适用于命题成分对等、组织结构相同的双语小句，即无歧义的核心句。如：

[例 4.15]The guests have arrived.（SV 结构）
客人已到。
[例 4.16]He has become a historian.（SVC 结构）
他已是历史学家。
[例 4.17]Nobody can answer this question.（SVO 结构）
没人能回答这个问题。

上述三例均为笔者用例，属于英语中的基本句型，且皆为表主动的肯定句，原文与译文完全对译。

4）复句对译

复句对译，即用译语复句对换原文复句的对译方法。复句由小句和小句联结而成，因此小句对译是复句对译的前提和基础。例 4.18，原文是表因果关系的复句，译文是汉语的因果复句，与原文形成复句对译。

[例 4.18]Because it was too hot, he wanted to stay at home.
因为天太热了，他想待在家。（李海军用例）

总之，汉语本身存在多重复句和紧缩句，与英语句子的对应关系错综复杂。因此，与小句对译相比，复句对译在语言表达上难度更大且使用概率更小。

5）句群对译

句群对译，即用译语句群对换原文句群的对译方法。复句与句群的差别仅在于关联手段和标点符号，因此，与复句对译相似，句群对译难度大且概率小。句群中小句对译成功是整个句群对译成功的前提条件。如：

[例 4.19]I want America to know us — all of us — for who we really are. To see us in all of our complexity, our subtleness, our artfulness, our enterprise, our specialness, our loveliness, our American-ness. That is the real portrait of black America — that we're strong people, surviving people, capable people. That may be the best-kept secret in America. If so, it's time to let the truth be known.

> 我想要美国了解我们——我们所有人——了解我们真正是什么样的人。全面了解我们的复杂、我们的细腻、我们的精明、我们的进取、我们的特别、我们的可爱、我们的美国性。这是美国黑人的真实写照——我们是强健之人、拼搏之人、能干之人。这可能是美国保守最严的秘密。如是实这样，是时候让真相大白了。（李海军用例）

原文句群包含五个句子，第一句和第四句是简单句，第二句是片段句，第三句和第五句是复合句。除个别后置定语和地点状语前移以及 that 译为"这"之外，其他基本与原文对应，准确再现原文语表形式，传达原文语义。

（二）增译

1. 增译的定义

增译，指从原文语义出发，根据逻辑、句法和修辞的需要，在译文中增加一些必要的语言单位的全译方法。由于英汉双语的表达法存在差异，翻译有时需增补一些必要的词语使译语结构更加完整，语义更加明确，合乎译语习惯，达到与原文相似的效果。

2. 增译的原则

增译时，一定要遵循增形不增义的原则。增译并非无中生有地随意增加语言单位，而是在译文中增加词语将原文所省略的内容补充出来，将其中隐含的内容显化出来。译文对原文意义并无增加，只是增加了信息的突显度。

3. 增译的方法

通常而言，增译可分为句法性增译和语义性增译。

1）句法性增译

句法性增译，指翻译时增加补充在原文中省略、但在译文中必不可少的句子成分。为使语言简练，有时英语和汉语句子可省略一些句子成分，翻译时则需增加补充所省略的成分，否则译文表达不完整、语义不明确。如：

> [例 4.20]某君昆仲，（我）今隐其名，皆余昔日在中学时良友；（我们）分隔多年，消息渐阙。（我）日前偶闻其一大病；（我）适归故乡，（我）迂道往访，（我）则仅晤一人，（他）言病者其弟也。
>
> Two brothers, whose names I need not mention here, were both good friends of mine in high school; but after a separation of many years we gradually lost touch. Some time ago I happened to hear that one of them was seriously ill, and since I was going back to my old home I broke my journey

to call on them. I saw only one, however, who told me that the invalid was his younger brother.（杨宪益、戴乃迭 译）

汉语喜欢使用无主句，即省略主语。本例原文多处省略主语（即原文括号里的内容）。若无特殊情况，英语句子必须有一个主语。因此，英译时，必须将原文省略的主语增补出来（见译文划线部分）。又如：

[例 4.21]Reading makes a full man; conference a ready man; writing an exact man.

读书使人充实；讨论使人机智；笔记使人精确。（王佐良 译）

为避免重复，使表达简练紧凑，英语中常常承前省略已经出现的谓语动词，翻译时需要补出省略的谓语。本例原文 conference a ready man 和 writing an exact man 都省略了谓语 makes。若不将其补出，汉译表达则不完整，不知所云。再如：

[例 4.22]Seeing falsely is worse than blindness and speaking falsely than silence.

所见不真，犹不如盲；所言不实，不如缄默。（马红军用例）

英语比较句通常属于对称结构，为使表达简洁凝练，常常省略前面出现过的语言结构，翻译时需要增补省略的部分。如本例，原语 than silence 前面省略了 is worse，汉译必须补充"不如"，否则汉译语表达无法成句。

2）语义性增译

语义性增译，指增加原文虽无其形、却有其义的内容。原语有时为符合表达习惯，使语言简洁凝练，省略了一些不言自明的内容或原语社会文化和思维方式内蕴的背景信息，翻译时需要增补省略的内容，从而适应译语表达习惯、增强译语表达的逻辑性和条理性并帮助读者理解原语的深层内涵。如：

[例 4.23]But we really know next to nothing about Lao Tze, except that he lived, and thought, and taught.

但我们对老子确实几乎一无所知，只知道他曾生于世间、思考人生、教书育人。（李海军用例）

为使表达含蓄凝练，英语有时只用不及物动词，省略其后介宾短语，翻译时需要增加补充当宾语的名词，使表述更清楚明白。本例在"生于"后面增译了"世间"，在"思考"后面增译了"人生"，在"教"和"育"后面增译了"书"和"人"。所增在原文中虽无其词，却有其义。增译后语义更加明确，表达更加通顺。又如：

[例 4.24]The questions, stories, and injunctions of the great philosophers aren't the speeches of angels loafing in their celestial abodes.

伟大哲学家所提的问题、所讲的故事、所给的告诫并非漂浮在天国的天使的深奥言谈。（李海军用例）

英语中为使表达紧凑简练，常常省略通过社会文化背景和上下文语境可以推测出来的限定成分，译成汉语时需要增补形容词使表达更清楚。例 4.24，译语在"言谈"前增加了形容词"深奥"，因为原语虽然没有一个表示"深奥"的词，但其上下文语境暗含此义。再如：

[例 4.25]My dark thoughts wandered — though maybe that's the wrong verb — to a story from the *Mahabharata*.

我黑暗的思绪四处飘荡（尽管这个动词或许不对），想到了《摩诃婆罗多》中的一个故事。（李海军用例）

英语中为使表达简洁明了，常常只用动词表达意义，译成汉语时需要增补必要的副词，使译文更清楚明白。例 4.25，在"飘荡"前面增加了"四处"，更加能够确切表达 wandered 的意义，同时译语表达更加流畅。

（三）减译

1. 减译的定义

减译，指从原文语义出发，根据逻辑、句法和修辞的需要，在译文中删减原文一些不必要的语言单位的全译方法。英汉双语因表达相异，翻译时常需删减一些冗余信息使译文更加简练通顺，以契合译语的表达习惯，同时减轻译文读者处理信息的负担。

2. 减译的原则

减译时，一定要遵循减形不减义的原则。减译并非任意删减原文内容，而是在译文中删去原文的某些冗余信息，或出于汉语表达习惯不必译出的语言单位。减译后译文的语义并无删减，只是表述更加简洁明了。

3. 减译的方法

原语和译语的语法结构和社会文化背景存在差异，为使译语表述简练，翻译时需要适当删减原文的语表形式，达到言简义丰的效果。减译方法具体包括减译代词、减译连词、减译冠词、减译介词、减译名词、减译动词等。

1）减译代词

英语注重逻辑性，句子主语不可或缺，在谚语中表现非常明显；汉语讲究意合，英译汉时需要适当删减原语中的人称代词，使译语表达具有概括性和抽象性。如下例原文是一句谚语，代词 we 没有明确指代，表泛指，汉译时可以省略：

[例 4.26]We never know the value of water till the well is dry.
井枯方知水贵。（李海军用例）

2）减译连词

英语注重形合，常常借助连词表达句内和句间逻辑语义关系；汉语注重意合，只要不影响语义表达和逻辑关系推理，逻辑连词可以省略。汉译时需要减译连词，使译语简练自然，不拖泥带水，符合汉语表达习惯。如下例省略了从属连词 when，因为汉语意合，对比含义在上下文中已显露出来：

[例 4.27]When I read the play now I can't help thinking of Cyril.
现在读到这个剧本，我不禁想起了西里尔。（李海军用例）

3）减译冠词

英语有冠词，旨在对名词起限制作用；汉语无冠词，汉译时除冠词表达特定的实际概念外（如 a 和 an 表示"一个"，the 表示"那（个/只/条）"或"那些"），需要减译冠词的形式和意义。例 4.28 中，the 与单数名词搭配皆表类指，译成汉语时也不必译出：

[例 4.28]The pen is mightier than the sword.
笔胜于剑。（李海军用例）

4）减译介词

英语介词数量多，功能强，词语间语义关系常用介词表示；汉语介词数量有限，语义多由语序和逻辑体现。因此，汉译时许多介词可以省略，如例 4.29 中的介词 along。

[例 4.29]Green willows grow along both banks of the river.
河的两岸绿柳成荫。（李海军用例）

5）减译名词

汉语在动词、名词或形容词后面常用范畴名词，如"学习任务"中的"任务"、"准备工作"中的"工作"、"失业问题"中的"问题"、"落后状况"中的"状况"等，说明事物、动作的类别和属性，无实际的概念意义。英译时删减不译，以免译语表达拖沓冗余、累赘烦琐。如：

[例 4.30]中国人大多性情中正、平和、淡泊、朴实，比西方人更易知足。

The Chinese people are mostly unbiased, moderate, unworldly and guileless, and thus easier to be satisfied than Westerners.（邵志洪、张大群 译）

原文"中正、平和、淡泊、朴实"前有范畴词"性情",英译时可省略不译,更符合英语表达习惯。

6)减译动词

英语句子必用谓语动词,汉语则可有可无,有时直接用形容词或名词等作谓语,如"叶子黄了""他英国人"等,所以英译汉时常省略动词。例 4.31 原文的 begin 省略不译,译语表述更加紧凑。

[例 4.31]The mornings begin chilly. The evenings give you shivers and cold feet in bed.

清晨时分,天气凛冽,到了夜晚,你打起了哆嗦,躺在床上双脚冰凉。(陆谷孙 译)

(四)移译

1. 移译的定义

移译,指转移原文语表形式以适应译语结构和表达习惯的全译活动。英汉双语结构和表达习惯有别,翻译中有时需对原文形式移位或转化,使译文既符合译语的习惯表达,又忠实准确传达原语含义。

2. 移译的原则

移译时,务必遵循移形不易义的原则。移译不是随心所欲移动或转化语言单位,而是在译文中根据译语表达习惯对原语语序或成分关系进行调整,准确表达原语的内容。译语对原语意义并无改变,只是移动原语表层结构的空间位置。

3. 移译的方法

移译要移动原语句法成分的位置,以符合译语表达需要。英汉语中句子成分的位置和信息重心不同,为准确传达原文语义,符合译语表达习惯,翻译时需要移动原文某些成分的位置,常见的移译方法有成分移位和分句移位。

1)成分移位

汉语思维重综合和归纳,英语思维重分析和演绎,英语和汉语句子成分的位置不同,句式结构和句子重心也有差异,翻译时需要根据实际情况,适当调整原文句法成分的位置,使译语文通字顺,符合译语思维方式和表达习惯。如:

[例 4.32]Few of them carry themselves with an upright stance, although a correct stance is the first precondition of letting your lungs breathe naturally and deeply.

很少有人昂首挺胸走路,尽管走姿正确是呼吸自然而顺畅的首要前

提。（李海军用例）

英汉双语句型结构存在差异，不同类型的定语在双语中的排列位置也各不相同。英语的前置定语多为词，后置定语多为短语和定语从句；汉语的定语多为前置定语，既可由词充当，也可由短语充当，如名词短语、形容词短语、动宾短语、动补短语等，汉译时需要将后置定语前移，使译语符合汉语句法结构，增强译语可读性。例 4.32 中 of letting your lungs breathe naturally and deeply 作为定语修饰 a correct stance，为符合汉语表达习惯和规范，翻译时将该短语提前。又如：

[例 4.33]Everything in urban life is an effort either to simulate rural life or to compensate for its loss by artificial means.

都市生活中的一切都是力求模仿乡村生活，或是以人为方式弥补这种生活方式的缺失。（李海军用例）

英语状语的位置比较灵活，可位于句首、句中或句末，汉语状语的位置灵活度较低，英译汉时需要适当调整原文的状语位置。例 4.33 的 by artificial means 的汉译就被移至动词"弥补"之前。再如：

[例 4.34]Why do the American media insist on playing this myopic, inaccurate picture game? （李海军用例）

美国媒体为何坚持玩这种目光短浅、谬误百出的图片游戏呢？

特殊疑问句英译汉时，需要将疑问代词或疑问副词移至陈述句句子成分的位置，例 4.34 原语的 why 汉译时便移至主语"美国媒体"之后。

2）分句移位

分句移位是指汉外互译时在译语中移动原文复句中分句的空间位置。汉英复句的类型、结构及分句位置存在很大差异，汉英复句互译时，需将原文中某些短语增译为译语分句，或将原文分句减译为译语短语，或将原文分句换译为译语中其他类型的从句，并根据译语从句的常态位置，将其前移（通常是英译汉）或后移（通常是汉译英）。

汉语复句包括并列复句（又称联合复句）、因果复句、转折复句，后两种复句合称偏正复句。偏正复句通常是从句在前、主句在后，即因果复句的语序一般是先因后果，转折复句的语序一般是先让步后转折。汉语复句英译时，根据原文语义重心和复句构成等因素，可将前置从句后移。如：

[例 4.35]如果我们想要避免过去的错误，确保一个公正的世界次序，就必须做这个研究。

Such a study must be made if we wish to avoid the errors of the past and ensure a just world order.（叶子南、施晓菁用例）

英译将从句"如果我们想要避免过去的错误,确保一个公正的世界次序"后移,并将主句"就必须做这个研究"前移。

英语复句包括并列句(类似于汉语并列复句)和主从复合句,主从复合句包括名词从句、定语从句和状语从句,其主句和从句的相对位置比较灵活。英语句子重心常在句首,其他成分补叙其后;汉语则一般先叙述外围,再补充核心内容。英语主从复合句汉译时,根据主句和从句意义及其之间的逻辑关系先判断是否需要减译为汉语短语或换译为其他类型的从句,再据其在汉语中的句子功能确定是否移位。如:

[例 4.36]Is not a Patron, my lord, one who looks with unconcern on a man struggling for life in the water, and, when he has reached ground, encumbers him with help?

大人阁下,有的人眼见落水者在水中拼命挣扎而无动于衷,等他安全抵岸之后,却才多余地伸出所谓援手,莫非这就叫赞助人么?(辜正坤 译)

原文主句在前,从句在后,译成汉语后,将主句后面的定语从句前移,将句首的主句置于句尾。

(五)换译

1. 换译的定义

换译,指交换双语语表形式以完整再现原文语值、准确传达原文语义的全译活动。由于思维方式和文化体系不同,英汉两种语言的表达方式存在差异,翻译时有时需要灵活选择表达手段,互换表达形式,以合乎译语表达习惯和思维方式。

2. 换译的原则

换译时,必须遵循换形不换义的原则。换译并非随意交换语言表达方式,而是在译语中通过交换双语语表形式使译语通顺畅达,既符合译语表达习惯,又准确表达原文含义。译文对原文的意义并无改变,只是换一种表达方式。

3. 换译的方法

换译是全译七法中用得较多的一法,通常包括肯否换译、主被换译、词类换译、成分换译等。

1)肯否换译

英汉语都有表示肯定判断和否定判断的句子,其中包含否定词的句子通常称为否定句,不包含否定词的句子称为肯定句。翻译时,原语用肯定句表达,译语可能习惯于换成否定句；反之，原语用否定句表达，译语可能要换成肯定句。理解原文时，必须透过表层结构理解其深层结构，翻译时尽量摆脱原文肯否定形式的桎梏，适时进行肯否定换译，准确表达原语语义，符合译语表达习惯。如：

[例 4.37]Armstrong and Aldrin had consistently fulfilled their tasks in less time than was allotted.

阿姆斯特朗和奥尔德林一直不停地干，完成了工作，比规定的时间要短。（李海军用例）

原语不含否定词，形式上是肯定，翻译时换一种说法，将肯定表达 consistently 译成否定表达"一直不停"，是典型的肯定换为否定。又如：

[例 4.38]I will conclude this subject with the substance of a fable of the ingenious Monsieur de la Motte, which seems not inapplicable to it.

下面我将用足智多谋的德·拉莫特先生的寓言来结束这个话题，这寓言看来对这话题倒颇相宜。（汪义群　译）

原语的 not inapplicable 为双重否定表达，汉译时换作肯定表达"颇相宜"，既符合汉语表达习惯，又便于汉语读者理解。

2）主被换译

英语是综合性语言，其被动义主要用动词的被动语态表示；汉语则是分析性语言，其语法关系往往用实词、虚词或句法手段表示，常用意念被动结构。英语主语往往不可或缺，通常位于动词之前；然而，汉语主语并非必不可少，且表现形式复杂，诸如时间、地点、工具等皆可作主语。英语被动语态使用频繁，汉译时常需变换原文的被动结构，确保译文表达准确地道，反之亦然。如：

[例 4.39]This is a conundrum that deserves to be approached with respect if we are to grasp the fact that Mickey Mouse and Coke are everywhere recognized and often enough enjoyed.

若要弄清楚为何世界各地都知道米老鼠和可口可乐，喜爱有加，就要慎重处理这个难题。（李海军用例）

原文主句和从句都用被动语态表达，即 be approached 和 are everywhere recognized and often enough enjoyed，译成汉语时为了贴切，换译成主动语态。又如：

[例 4.40]随着总统选举活动不断升温，"中国"两字将会越来越频繁地出现在新闻报道中。

China will be mentioned more and more often in news reports as the presidential campaign heats up.（叶子南、施晓菁用例）

原语后半部分的主句"'中国'两字将会越来越频繁地出现在新闻报道中"是主动表达，英译为了准确传达原文语义，需要转换成被动语态。

3）词类换译

词类换译是指双语互译过程中不同词类之间的相互交换，主要表现为双语的名词、动词、形容词、副词之间的互换。如：

[例 4.41]范进见丈人在跟前，恐怕又要挨骂。
The sight of his father-in-law made Fan Jin afraid that he was in for another cursing.（杨宪益、戴乃迭 译）

汉语喜用动词，英语喜用名词。例中原语"见"为动词，译成英语时换成名词 sight。又如：

[例 4.42]Sometimes the recollection of his humiliation was so vivid that it made him physically wince and shudder.
他有时想起自己受过的屈辱，历历在目，他禁不住浑身抽搐发抖。（李海军用例）

英语有时使用抽象化的名词作主语，汉译时常常换为动词。本例的 recollection 是名词，译成汉语时换为动词"想起"，更符合汉语表达习惯。再如下例中的 partially 是副词，译成"部分（地）"，转换成形容词，更符合汉语表意习惯。

[例 4.43]The rude question was partially my fault.
他问这个无礼的问题，部分责任在我。（李海军用例）

4）成分换译

成分换译指全译过程中双语小句的成分之间的相互交换。由于英汉语思维方式和表达形式不同，翻译时需将原文小句的某个成分换译为译语小句的另一成分，使译语表达自然流畅，简练地道。如：

[例 4.44]他的行为像个真正的绅士。
He behaved as if he were a true gentleman.（李海军用例）

汉语句首的名词短语的定语，译成英语时，根据汉语句义和英语语法有时可以换译为英语的主语；反之，英语主语汉译时，有时可换译为汉语中充当主语的名词短语的定语。本例原句的定语"他的"换作了译句的主语。又如：

[例 4.45]不要突然地做任何动作或任意地发出任何声音。
Don't make any sudden movement or arbitrary sound.（李海军用例）

汉语有些状语跟定语性质相通，放在谓语动词前是状语，放在宾语前则是定语。例中原语的副词"突然地""任意地"是状语，英译换译成了定语，与句中名词一起构成名词性短语充当宾语。

（六）分译

1. 分译的定义

分译，指把原文拆成若干片段，使其中的词、短语或小句译成相应的译语单位的全译方法。英汉语表达方式有别，有时原文语表看似表达简单概念，其深层结构实则比较复杂，若直译原文，或将搭配欠妥，或将词不达意，不知所云。因此，翻译时需要拆分或析出原文的某些成分，既准确传达原文语里意义，又符合译语表达习惯和规范。

2. 分译的原则

分译时，务必遵循分形不损义的原则。分译并非不假思索随意拆分语言单位，而是在译文中通过拆分或析出某些语言单位将原文的深层含义表达清楚。译文对原文意义并无损害，只是把原文的深层含义表达清楚。

3. 分译的方法

分译旨在准确传达原文语里意义而分离原文语表形式。为解构原文深层结构与阐释原文逻辑关系，翻译时需将原文某些成分析出单独处理。分译包括单词分译、短语分译和句子分译。

1）单词分译

单词分译，指翻译时把某个单词从原文中分离出来，以短语或分句形式译成译语。由于英文句子层次性较强，修饰关系多样，许多看似简练的表层结构暗含较为复杂的深层结构，翻译时需将某个词汇分离出另行表达，明示其间的修饰关系，确保译文准确通顺。如：

[例 4.46] How sickness enlarges the dimensions of a man's self to himself!

人一病倒，他在自己心目中就非同小可了！（刘炳善　译）

英语常用名词化结构使表达简洁凝练，译成汉语时，需将抽象化名词单列出来，以突显其义。例中名词 sickness 作为主语统领全句，汉译则将 sickness 的语义分出，表述更加清晰明白，有利于理解。又如：

[例 4.47] The obvious path before me was to drift into a full-time position at a decent institution, work my dissertation into a book, zero in on a specialty, publish some articles and reviews, and lick the necessary wingtips to get tenure.

显而易见，我当时面临的出路是：顺其自然，在一所好大学找一份全职工作，修改、出版博士论文，术业专攻，发表一些文章与书评，必要时奉承别人以获得终身教职。（李海军用例）

英语有些含形容词的名词词组若直接汉译，可能搭配不当或语义不明，此时可将形容词单独译成小句，保证译文清楚通顺，合乎汉语表达习惯与规范。例 4.47 若将原句主语直译成汉语，译文则难以索解，于是汉译将形容词 obvious 拎出，译文显得更为明晰。再如：

[例 4.48]It was the most exquisitely comfortable chair I have ever sat in.
这把椅子设计精巧，是我坐过的最舒服的椅子。（李海军用例）

英语有些副词语表上修饰动词或形容词，但从深层看，或是修饰句中充当主语或宾语或表语的名词或代词，或是修饰全句，此时需将副词分出单译，以阐明语义。例 4.48 中，副词 exquisitely 修饰形容词 comfortable，将它单独译为小句"这椅子设计精巧"，译语更符合汉语表达习惯。

2）短语分译

短语分译，指将原文短语从句中分离出来，重组为译语小句。英语常用短语作为修饰语，而汉语往往以小句充当修饰语。汉译时可将原文的分词短语、不定式短语、介词短语、形容词短语等分译为汉语小句，英译时也可将原语的主谓短语、动宾短语、联合短语等从句中分出，调整语序，用自然畅达的小句表达。如：

[例 4.49]Merriment, extorted by sallies of imagination, sprightliness of remark, or quickness of reply, is too often what the Latins call, the Sardinian laughter, a distortion of the face without gladness of heart.
如果仅靠想象奇特、话语俏皮、应对敏捷而使人欢笑，那么，那笑声往往只是拉丁人所说的撒丁人的笑声，虽然强颜欢笑，心里却毫无快乐可言。（杨自伍 译）

原文的名词性短语 a distortion of the face without gladness of heart 比较复杂，翻译时将其单独分离出来，并分译成两个小句，语义更加清晰。

3）句子分译

英语注重形合，多重语义信息层层嵌套，形成错综复杂的句子；汉语注重意合，若干流水式短句接续铺陈，形式松散，但逻辑关系内蕴其中。汉译时，基于词分译、短语分译和小句分译，复杂的英语复句可分译为多个汉语短句组成的复句或句群。如：

[例 4.50]While the present century was in its teens, and on one sunshiny morning in June, there drove up to the great iron gate of Miss Pinkerton's academy for young ladies, a large family coach, with two fat horses in blazing harness, driven by a fat coachman in a three-cornered hat and wig, at the rate of four miles an hour.

这个世纪那会儿才过了十几年。在六月的一天早上，天气晴朗。一辆宽敞的私人马车来到平克顿女子学校的大铁门前。拉车的两匹马很是肥壮，马具雪亮雪亮的。车夫也很肥胖，头上戴着假发和三角帽。赶车的速度是一小时四英里。（杨必　译）

英语语言形式的逻辑性较强，常常层层嵌套，把多层含义融进一个句子之中，译成汉语时需要拆分成多个小句，分开阐述，确保表意明确清晰。如本例原文是一个复杂长句，包含许多修饰成分，汉译分拆成6个句子，表达更加清楚。

（七）合译

1. 合译的定义

合译，指为再现原文语值、传达原文语义并且符合译文表达规范，将原文的几个语言单位化零为整，合成一个译语单位的全译方法。因为英汉语思维与行文的差异，双向互译有时需要化零为整，将原文中多个零散的语言单位融为一个译语单位，确保译文完整表达原文语义，表达连贯顺畅，符合译语行文习惯，避免烦琐松散。

2. 合译的原则

合译时，必须遵循合形不损义的原则。合译并非任意合并或压缩语言单位，而是根据译语表达习惯，在译文中融合多个原文语表形式，整合松散琐碎的原文结构，使译文表意集中，语言简洁凝练，语义连贯，衔接自然，合乎译语规范。

3. 合译的方法

合译方法包括短语合译、小句合译、复句合译、句群合译。

1）短语合译

短语合译，指将原文短语整合为译文的词，或者将原文多个近义短语压缩为译文的一个短语。如：

[例4.51]A little while ago he was greatly concerned in the event of a lawsuit, which was to be the making or the marring of his dearest friend.

不久以前，他参与了一场诉讼案件——这场官司关系着他的一位至亲好友的成败。（刘炳善　译）

英语用词组表达的概念，汉译可用词表达清楚。本例原文词组 the making or the marring 合译成了汉语词"成败"。

2）小句合译

小句合译，指将原文小句整合为译语的短语或词，简化表层结构，使表达简洁明了。如：

[例 4.52]It is a devastating and barbaric act that defies all comprehension.
这种毁灭性野蛮行径根本无法理解。（李海军用例）

英语句子常用从句层层嵌套以表达逻辑关系，汉译时可缩合为不同形式的单句。本例原含一个定语从句，汉译时，主句简化译成了汉语主语，定语从句摇身变成了汉语的谓语。

3）复句合译

复句合译，指将原文复句的分句压缩为译语短语或词之后，原文单层复句融合为译语小句，或原文多层复句融合为译语少层复句。

[例 4.53]To write a genuine familiar or truly English style, is to write as anyone would speak in common conversation who had a thorough command and choice of words, or who could discourse with ease, force, and perspicuity, setting aside all pedantic and oratorical flourishes.
所谓写出一手纯正、平易的英语文体，意思是说：要像一个完全精通辞章之道之人在日常谈话中那样，说话行云流水，娓娓动人，明晰畅达，却无掉书袋、炫口才之嫌。（刘炳善 译）

原语是二重复句，从整体上看原句是由 as 引导方式状语从句，状语从句内含两个并列定语从句，汉译为符合汉语表达习惯，将原文二重复句压缩成汉语的单层复句。

4）句群合译

句群合译，指在原文小句合译为译语短语或词、原文复句合译为译语单句或短语之后，原文句群整合压缩为译语单句或复句。如：

[例 4.54]这是黄河滩上的一幕。牧羊人不见了，他不知在何处歇息。只有这些美生灵自由自在地享受着这个黄昏。
This is a scene on the shore of the Yellow River, in which the shepherd who was taking a rest was nowhere to be seen, leaving the flock unmolested to enjoy the evening.（邵志洪、张大群 译）

本例原语包含三个单句，英译则合并为一个复杂句，因为原文是汉语句群，各句之间逻辑关系紧密，译成英语时完全可以合为一句。

二、七法组合

七法组合，即对译、增译、减译、移译、换译、分译、合译等七种全译方法中任意两种及以上的组合运用。因思维模式与表达方式各具特色，整个汉外互译很少限于一法，综合运用两种及以上的方法比较常见。七种方法的组合方式和频率与原文语体、文体、遣词造句方式，以及译者表达习惯等多种因素有关。一般来说，对译为主，对译不成，才启用其他六法，其六法组合类型包括二合、三合、四合、五合和六合。

（一）二合

两种全译方法并用，组合难度较小，组合频率较高，组合方式较多，如增译+减译、增译+移译、移译+换译等。如：

[例 4.55]I saw the justice of his remarks, and thence grew more attentive to the manner in writing, and determined to endeavor at improvement.

我看出他的意见有道理，从此便更加注意写作方式，决心努力改进。（杨岂深 译）

本例融合了换译与移译。原文 justice 是名词，译文则换译为动宾短语"有道理"；attentive 是形容词，汉译则换作动词"注意"；manner 位于 writing 之前，汉译则将"方式"移至"写作"之前。

（二）三合

三种全译方法并用，组合难度最小，组合频率最高，组合方式最多，如增译+减译+移译、增译+减译+换译、增译+减译+分译等。如：

[例 4.56]If a fine style depended on this sort of arbitrary pretension, it would be fair to judge of an author's elegance by the measurement of his words and the substitution of foreign circumlocutions (with no precise associations) for the mother tongue.

风格的好坏若是以这种武断作为依据，那么测量一下作家所用词汇的长度，及所用累赘的外来语（与内容无密切关系）代替本国语的多少，就可公正地评判其风格的典雅与否了。（黄源深 译）

本例融合了移译、换译和增译。原文主句的方式状语位于末尾，汉译将状语前移；measurement 与 substitution 是名词，译文换译为动词"测量""代替"；fair 是形容词，换译为副词"公正地"；fine style 意为"好风格"，译文并用换译与增译，可得"风格的好坏"；原文无"长度""内容""多少""与否"等词，译文则增译如上，以求表述更符合译语的表达习惯。

（三）四合

四种全译方法并用，组合难度较小，组合频率较高，组合方式较多，如增译+减译+移译+换译、增译+减译+移译+分译、增译+减译+移译+合译等。如：

[例 4.57]Amongst a multiplicity of other topics, we took occasion to talk of the different characters of the several nations of Europe; when one of the gentlemen, cocking his hat, and assuming such an air of importance as if he had possessed all the merit of the English nation in his own person, declared that the Dutch were a parcel of avaricious wretches; the French a set of flattering sycophants; that the Germans were drunken sots, and beastly gluttons; and the Spaniards proud, haughty, and surly tyrants; but that in bravery, generosity, clemency, and in every other virtue, the English excelled all the world.

闲聊的话题五花八门，其中我们顺便谈到了欧洲几个民族的不同性格。一位绅士把帽檐儿向上一翘，俨然一副颐指气使的神情，仿佛他本人身上具有英国国民的全部优点，他振振有词地说：荷兰人是一群贪婪鬼；法国人是一班善于恭维的马屁精；德国人是醉醺醺的酒徒和兽性般的饕餮；西班牙人是高傲自大而又暴戾的专横之徒；而论勇敢、慷慨、仁慈以及所有其他的美德，英国人则为天下之冠。（杨自伍　译）

例 4.57 融合了分译、增译、移译、换译。原文是复句，汉译成两句；原文 Amongst a multiplicity of other topics 不含"闲聊"之义，汉译增之以衔接上文内容，阐释更清楚；原文 the several nations of Europe、importance 与 the English nation in his own person 分别位于被修饰的名词或名词短语 different characters、air 与 all the merit 之后，汉译时均移至被修饰名词的前面；excelled 是动词，汉译则换成名词。

（四）五合

五种全译方法并用，组合难度较大，组合频率较低，组合方式较少，如增译+减译+移译+换译+分译、增译+减译+移译+换译+合译、增译+减译+移译+分译+合译等。如：

[例 4.58]This very learned and judicious remark was received with a general smile of approbation by all the company——all, I mean, but your humble servant; who, endeavoring to keep my gravity as well as I could, I reclined my head upon my arm, continued for some times in a posture of affected thoughtfulness, as if I had been musing on something else, and did not seem to attend to the subject of conversation; hoping by these means to avoid the disagreeable necessity of explaining myself, and thereby depriving the gentlemen of his imaginary happiness.

这番议论颇有见识而且十分明晰,于是举座称是,大家笑容满面——个个如此,除了鄙人;笔者力求保持严肃,把头依在手臂上,半晌显出若有所思的样子,好像我在想什么心事,看上去没有留意谈话的主题;希望这样一来,可以避免自抒己见所势必引起的不快,那样便剥夺了这位绅士想象中的快乐。(杨自伍 译)

例 4.58 整个汉译融合了分译、换译、减译、移译与增译。原文破折号之前的内容是一句完整的被动语态,译文综合运用分译、换译与减译,将其译作表顺承的多个主动语态小句;该部分本是简单句,汉译换作并列复句;同时减译 was received,因其语义已融入语境;approbation 是名词,译文换译为动词"称是";原文含语篇标记 I mean,译文因汉语重意合而略而不论;as well as I could 表示"尽量",汉译将其前移;affected thoughtfulness 的汉译同样前移修饰 posture;the disagreeable necessity of explaining myself 的表层结构不含"势必"之义,汉译为揭示其深层语义,添加了"势必"二字。

(五)六合

六种全译方法并用,组合难度最大,组合频率最低,组合方式最少,只有一种,即增译+减译+移译+换译+分译+合译。如:

[例 4.59]This single stick, which you now behold ingloriously lying in that neglected corner, I once knew in a flourishing state in a forest. It was full of sap, full of leaves, and full of boughs, but now in vain does the busy art of man pretend to vie with nature by tying that withered bundle of twigs to its sapless trunk. It is now at best but the reverse of what it was: a tree turned upside down, the branches on the earth, and the root in the air. It is now handled by every dirty wench, condemned to do her drudgery, and by a capricious kind of fate destined to make other things clean and be nasty itself. At length, worn to the stumps in the service of the maids, it is either thrown out of doors or condemned to its last use of kindling a fire.

你看这把扫帚,现在灰溜溜地躺在无人注意的角落,我曾在森林里碰见过,当时它风华正茂,树液充沛,枝叶繁茂。如今变了样,却还有人自作聪明,想靠手艺同大自然竞争,拿来一束枯枝捆在它那已无树液的身上,结果是枉费心机,不过颠倒了它原来的位置,使它枝干朝地,根梢向天，成为一株头冲下的树，归在任何干苦活的脏婆子的手里使用，从此受命运摆布，把别人打扫干净，自己却落得个又脏又臭，而在女仆们手里折腾多次之后，最后只剩下根株了，于是被扔出门外，或者作为引火的柴禾烧掉了。（王佐良 译）

例 4.59 整段汉译融合了全译七法，在此对译不赘，只说其他六法。原文是五句，译文合译成两句。首句 which you now behold ingloriously lying in that neglected corner 作为非限制性关系分句修饰 this single stick，汉译分译为两部分，which you now behold 向前移译，ingloriously lying in that neglected corner 放在后面。flourishing 用于形容扫帚在森林里的状态，汉译单独析出。原文第二句是表转折的并列复合句，汉译时分解为两句：前半部与第一句融为一句，后半部与第三句内容融为一句。原文并无表"变了样"的字样，汉译增之以显逻辑。短语 in vain 汉译时分译为小句"结果是枉费心机"。reverse 是名词，意为"反面"，换译为动词"颠倒"。原文先讲结果 a tree turned upside down，后讲状态 the branches on the earth, and the root in the air，汉译则重心调整，先述状态，再显结果。a tree turned upside down, the branches on the earth, and the root in the air 用来说明 the reverse of what it was，汉译将 the reverse of what it was 省略不译。

第五章　全译对应论

对译作为全译七法中最基础的方法，近几年逐渐受到学界关注，但相关的本体研究依然较少，而且对译常与硬译和直译混淆。对译以对应为核心，其判定标准在于语形、语义、语用三方是否一一对应。本章将从理论化、方法论层面探究对译的本质，论述对应论与对译论。

第一节　对　应　论

"对"作为对译的核心，其本质为"对应"。《现代汉语词典》（第7版）中"对应"指"一个系统中某一项在性质、作用、位置或数量上跟另一系统中某一项相当"。在译学研究领域，对译指翻译过程中各要素一一转化成语形、语义、语用的相对应的成分。本节将从形、义、用三方面阐述其对应机制和对应理据。

一、对应机制

全译解决形义矛盾，对译过程中信息传递以对应为核心，对译需在"义一言多"与"义一形多"之间寻找对应平衡关系，"义"将"言"与"形"联系。对译的最终目的是达到原作与译作的语形、语义、语用一一对应。对译过程中，语形对位为前提，语义对照为基础，语用对等为核心，最终实现语形、语义、语用三者对应。

（一）语形对位

与其他全译方法相比，对译以对应为核心进行语际的同级转化，不发生增减、分合等变化。语言单位划分是语言分析的基础，本书使用常规的语言单位划分方式，即词、短语、小句、复句、句群等。对译过程中这五种语言单位需要做到同级一一对应，可细化为词对应、短语对应、小句对应、复句对应、句群对应等五种。

黄忠廉（2008：8）指出，小句是全译的中枢单位，对译作为全译七法之一，以小句为中枢左顾右盼进行对应，随着单位扩大，对应难度逐渐增大，对译的频率随之降低。最高对应率集于词与短语，对译频率由高至低序列为：词对译＞短语对译＞小句对译＞复句对译＞句群对译。

短语对译的基础是词对应，小句对译的基础是词对应与短语对应，复句对译的基础是小句对应，句群对译的基础是复句对应。由此可见，随着单位扩大，对译过程需要对应的成分逐渐增加，上级单位的对应受制于下级单位是否对应。由于不同语言的语法结构差异，具体的对应过程存在语言单位"相近级别"的对应，如在词与短语层面，汉语"按时"是词，英译 on time 是短语，西班牙语译作 a tiempo，同样是短语，虽为词与短语间的对应，但属于对译中的跨级语形对应。如：

[例 5.1]请坐。
英译：Sit down, please.
西译：Siéntese.（王小曼用例）

例中"请"字可英译成 please，也可译成以 would you please 开头的委婉表达，而西班牙语则直接将其委婉的感情色彩隐入动词的变位。又如：

[例 5.2]他摸着她的头。
He stroked her head.［葛浩文（Howard Goldblatt）译］

[例 5.3]Finally, whoever complained to him about some ailment, was immediately told:
"Do this, do that, boil such and such an herb, chew such and such a root."
谁有什么病痛告诉到他，他能立刻处方："这么办，那么办，煮什么几种草，嚼什么几种根。"（杨绛 译）

两例均属语形对位，若细作对比，可见二者对应的程度有别：前一例语形一一对应，语言单位、语言符号均能对应，语形上保持一致；后一例因语言使用习惯或字体印刷而有微变，如对话格式问题，英文的对话另起一行，而汉译时合成一行，这属于可接受的语形非完全对位。

（二）语义对照

语义指原语与译语的各种语表形式所承载的内容，是客观世界在人脑中的反映或人们对客观世界的认识，通常分为义素、义项、义丛与表述。

句义与词义的关系见图 5.1。词义是句义的基础，但句义并非词义的简单叠加，需要从逻辑义、语法义、语用义三方面综合判定。采用对译时，语义对照是以小句为中枢对应单位、以词义对应为基础实现逻辑义与语法义的对应。语用义通常单独讨论，在此先讨论逻辑义与语法义两部分。

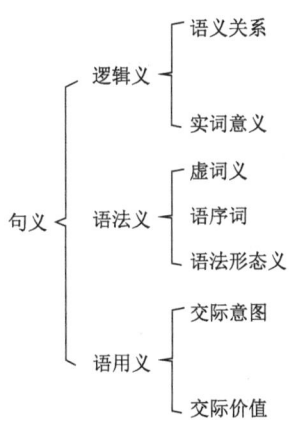

```
         ┌ 逻辑义 ┬ 语义关系
         │       └ 实词意义
         │       ┌ 虚词义
句义 ─────┼ 语法义 ┼ 语序词
         │       └ 语法形态义
         │       ┌ 交际意图
         └ 语用义 ┴ 交际价值
```

图 5.1 句义与词义的关系

思维的中枢单位是简单命题，对应于小句，语义以小句所对应的单位"表述"为中枢单位，因此语义对照点考察词义对应与小句义对应。

第一，逻辑义对应。由图 5.1 可知，逻辑义包括语义关系与实词意义。

首先，语义关系对应，主要指原作整体逻辑关系对应，肯定、否定、因果、时间、条件等逻辑关系在对译过程中需要做到对应。判断、精确捕捉原作的逻辑关系，如英语的连词、关系代词、关系副词以及其他表示逻辑关系的词等都需要格外关注，以保证原作逻辑关系在译作中得以再现。如：

[例 5.4]We must bear in mind that the great proportion of books which come before the readers are very far from being "works of art".

我们必须记住读者面前的大量书刊远非"杰作"。（武峰用例）

例中 be far from 是肯定表述，但表否定义，属于正面表述但表示反义的典型，为保证逻辑语义对应，译文需加入带否定标志的表述，译为"远非"。

其次，实词意义对应。确切地说，实词意义是指实词的概念义。概念义是语言义而非言语义，即抛开语用义之后的意义。词素是理论上对译的最小语言单位，但在实操中，词层对译占比最高，难度也最小。如上所述，文本内部以小句为中枢单位，小句中词的实词意义、词与词之间的实义关系、词与小句之间的语义关系，整体应遵循"词义→句义→词义"的过程，即基于词义叠加理解句义，再将词素与词的单位一一对应组成小句，随后根据小句义再回溯还原词义，在此过程中实词义对应是保证双语间句义一一对应的基本要求。

[例 5.5]西：Mayormente que los gustos no son todos unos, más lo que uno no come, otro se pierde por ello.

英：Especially as <u>tastes</u> differ, so that what one man despises, another would die for.

原译：况且各人趣向不同，一人所轻视的，另一人会看得比性命还重。

改译：况且各人口胃不同：你不吃的，他却贪得要命。（杨绛 译）

本例选自杨绛所译《小癞子》。译者复译时对 taste 的意义选择产生了两种截然不同的译文，taste 义为"味道、品味、审美、趣向"等，入句与 despise 的语义关联，后者表否定义，可形成"味道……不喜欢""品味……不喜欢""趣向……轻视""审美……不欣赏"等语义搭配，此时需要后续扩大理解单位，根据上下文确定实词意义。

第二，语法义对应。语法义主要包括虚词、语序、语法形态的意义等，如译文与原文的主、被动关系的对应（主动句、被动句）。因语种差异，亲属关系越远，差异性越大，如汉英的语法、句式结构等差异较大。即使同语系各语种之间语法结构也有差异，如印欧语系中西班牙语、意大利语、葡萄牙语之间存在大量同源词，语言结构也较为相近，但并非所有情况下都具备完全对应的条件。如：

[例 5.6]To this effect, Pliny says that there is no book, however bad it may be, that does not contain something good.

关于这一点普里尼曾说过："没有一本书不包含些好东西的，无论那书多糟。"（申雨平、戴宁用例）

由于汉英时态差异较大，英语惯用一般现在时陈述客观事实或普遍真理，本例汉译时则要还原为过去时态，译为"曾说过"，以显示英语原文隐含的过去语境。虽然满足逻辑义对照，但并未实现语法义对照。

（三）语用对等

语用价值是原语与译语因运用语表形式而体现出的价值，简称"语用"，语言义–言语义=语用价值。语用对等，指原作与译作之间语用价值的对应关系，即译作与原作的语用价值趋同。语用价值可细分为文化值、语境值、修辞值。

文化值，即语言单位所承载的特定文化内涵。对译过程不提倡用译语文化替代原语文化，追求原语文化在译语中的对应与再现。文化值对应的可能性相对较低，如原作带有浓厚文化色彩的固定用法很难在译语中对应。文化值对译旨在保留原作文化的原汁原味，从形式到意义再到文化内涵，最大限度地再现原作的文化价值。

语境值，即语言单位在特定语言环境中所产生的特定隐含意义或会话含义，以求还原交际目的、交际背景、交际场景、语体风格等。随着单位调整、篇幅变化，文本所存在的语境会发生相应变化，对理解也会产生一定的影响。以小句为例，小句由词和短语组成，但小句义并非词语义的简单叠加，词义叠加得到的是语言义，将语言义置入具体语境得到言语义，进而形成不同的语境值，因此语境的变化会对语用价值产生影响。

修辞值，即修辞格与其他语言单位运用所产生的特定修辞效果。修辞值通过修辞手段表达，可包括语音、语词、语法、语篇风格等，修辞值在某种程度上影响对译的效果，也是区分对译与硬译的界限。

二、对应理据

对应机制的核心为语形对位、语义对照、语用对等。本部分将从语形、语义、语用三者间的关系出发，探究对应为对译核心的原因，从理论层面探究对应机制的理据。

（一）对应关系：间性对应

黄忠廉（2006）从语言、思维与文化三个层面提出"语-思-文""表-里-值""两个三角"的翻译研究思路，将翻译批评的视角及其构成的考察体系作系统化建构。以"两个三角"为基础，笔者结合对译自身的特点可改造成图 5.2 所示模型。相较于其他全译方法，对译以对应为核心，对译过程中文化层面"语-思-文"与语言层面"表-里-值"两组跨层对象间变化幅度最小，相似度最高，即构成平行关系。

对译过程以语言层为主导，语言层与文化层存在对应关系，因此对译方法以语言层为主，兼涉文化与语言之间的关系。二层紧密关联，重在对语用的判断，因此语用对等是对译对应的关键，是区分对译与硬译、死译的必要条件。图 5.2 中语言层△ABC 和文化层△DEF 通过线段 CF 连接，即语言层的语用和文化层的文化交流之间产生关联，相互作用。翻译作为文化交流中的一环，翻译过程中语言与文化间本就存在对应性，语言符号可看作是文化交融博弈的结果，交融后形成趋同或博弈的状态，若文化间呈现趋同关系，则使用对译。

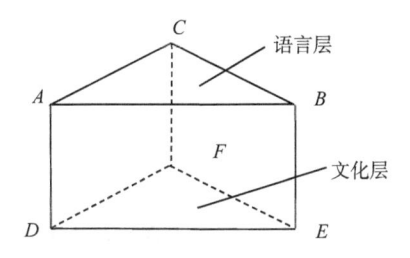

图 5.2 对译的两个三角模型

注：∠CAB（"形"角）—语形；∠CBA（"义"角）—语义；∠ACB（"用"角）—语用；∠FDE（"语"角）—双语比较；∠DEF（"思"角）—思维转换；∠DFE（"文"角）—文化交流

（二）对应的原因：内因与外因

对应的原因即采用对译的主要原因，包括文本的内外两方面原因。内部原因至少有三。

第一，译者因素。译者主观意愿选择对应，初尝翻译时，初学者多数情况下不由自主地选择对应。

第二，读者因素。读者对准确性的要求高于可读性。间接翻译中的信息损耗高于直接翻译，译者为了尽最大可能追求准确性，相较于直接翻译，间接翻译过程中各阶段对应的比例会更高。

第三，文本因素。文本类型影响对应效果，科技文本对应比例更高、效果更好。文学文本的风格难以实现完全对应，操作难度大。同时，语言结构与对应难度之间存在密切关系，同语系或相近语系间的语言结构具有很强的互文性、兼容性，相同的表达顺序，语法结构极似，对应比例高。如：

[例 5.7]西语：Yo por bien tengo que cosas tan señaladas, y por ventura nunca oídas ni vistas, vengan a noticia de muchos y no se entierren en la sepultura del olvido.

英译：I hold it as beneficial that signal events, perhaps never seen or heard of, should be brought to the notice of the many, and not be buried in the grave of oblivion.（Mariano J. Lorente 译）

值得注意的事情，虽是众人所未见未闻的，我以为不该埋没，应该让大家注意才好。（杨绛 译）

西班牙语与英、汉两语之间，西英对应的难度小，西汉、英汉对应的难度大。英译与西语原文之间形式完全对应，汉译与西语原文并未完全对应，而是调换了最后两个小句的顺序，以符合汉语的表达习惯。

外部原因是受文本外客观条件的影响，主要包括意识形态、赞助人等方面。如莫言作品在非通用语种国家译介传播时，翻译策略的选择受到赞助人主观意愿的影响，倾向于尊重强势文化权威性，在译者语言能力不受限的前提下，选择转译葛浩文（Howard Goldblatt）的英译本，且经常采用对译方法。

第二节 对 译 论

在全译方法论体系中，对译可视作其他方法的基础，对译机制体现为语形、语义、语用的三元对应。本节聚焦译前、译中、译后三个阶段，译中部分细化为理解、对应、表达三个环节，通过语言单位与非语言单位的对应建立较为完整的对译系统。

一、对译界定

对译作为最常用的全译方法，常被忽略，对其现象的关注度高于对其内涵的讨论，对译有时与直译、死译、硬译等术语混用。定义是事物内涵的高度集中体现，对译的界定需要基于全译事实，准确挖掘其内涵与外延。

（一）对译的内涵

定义是揭示事物特有属性（固有属性或本质属性）的逻辑方法（金岳霖，2006：24）。由表5.1可知，对译的内涵需要加深认识并重新界定。

表 5.1　对译的三种定义

定义	来源
对译，即对等式全译，指用译语中对等的语言单位逐一替换原文的全译方法	黄忠廉等（2019：20）
对译，即对等式全译，是指译者为实现译文与原文语用价值趋同、语里意义相等，用译文中对等的语言单位逐一替换原文的全译方法	余承法（2014：35）
对译是典型的直译，指句内语言单位逐项对换式的全译方法	黄忠廉和贾明秀（2013）

可参照动词与名词的定义模式对"对译"进行义素分析。名词的义素分析模式为：{义项}=[种差1]+[种差2]+[种差3]+……+[种差 n]+[类属]。动词的义素分析模式为：{义项}=[主体]+[方式]+[动作]+[客体]+[因果]。动词所涉及的核心要素即为动词的本质属性，可视为动词的种差，因此"对译"作为动词、名词的定义模式为：{对译}=[种差1]+[种差2]+[种差3]+……+[种差 n]+[类属]。种差主要包括行为、主体、客体、受体、目的、工具等。

1. 对译的种差

行为：以对应为核心，同级语言单位之间一一对应，最终实现语形对位、语义对照、语用对等。

主体：人或/和机器，相较于其他全译方法，对译主体中机器占比更高，对应也是早期机器翻译运行的核心机制。

客体：语际交流中传达的信息内容，与其他全译方法的客体相同。

受体：译语受众，对译过程和方法受到译语听读者需求的隐性制约。

目的：语言层面达到译作与原作的语形对位、语义对照，最后实现文化层面的符际语用效果对等。

工具：传达信息的各种符号，主要包括语言文字、图像等，可分为同类符号之间的对译（如语言文字之间的对译）与不同类符号之间的对译（如语言文字与图像间的对译）。

2. 对译的类属

对译作为全译七法之一，与全译的类属相同，按照由具体到抽象、由微观到宏观的层次可将对译的类属划分为全译方法、全译活动、符际活动、智能活动与符际文化交流活动四个层面，可分别与种差组合而成四个不同层次的对译定义。

3. 对译的定义

综上所述，按照种差+类属的定义模式，由简到繁，从四个层面界定对译：①质言之，对译指语形、语义、语用一一对应的全译方法；②简言之，对译指以对应为核心，以求得原作与译语之间的语形、语义、语用一一对应为目标的全译活动；③具言之，对译指以对应为核心，追求在语言层面达到译作与原作之间的语形对位、语义对照，最后实现文化层面的符际语用效果对等；④细言之，指人或/和机器以对应为核心最大限度实现原作与译作信息极似的智能活动和符际交流活动，最终实现语形对位、语义对照、语用对等的三位一体关系。

（二）对译的外延

1. 对译与直译

在全译方法论体系中，全译与变译作为翻译的一级范畴，直译与意译是全译的两个二级范畴，对译是直译策略下的方法，二者不是同级术语，直译是对译的上位术语，二者属于上下位关系，对译与增译、减译、移译、换译、分译、合译等其他全译方法构成同级术语。

2. 对译与硬译

鲁迅在《域外小说集·略例》中指出硬译可理解为"任情删，易即为不诚。故宁拂戾时人，徒具足耳"（鲁迅和周作人，2006：2）。硬译忽视语言间差异，更强调完全忠于根据原作词序、语法结构等，几乎等于逐字逐句地翻译。一味硬性追求忠实原作的语表形式一一对应，反而导致译语读者理解困难，严重偏离语用效果对等，这也是硬译与对译的最本质区别。鲁迅的硬译主要发生在其转译阶段，鲁迅在借助日译本转译弱小民族的文学作品时，坚定拥护"硬译"方法，纵使知道中介译本可能与原文存在出入，但却依然坚持中介译本的绝对主导地位。

[例 5.8] それを買-ふ人達か夢にも知らぬことは、自分か祖父や祖母の腐つた身体を食つて平気てゐるといふことてある。

自己毫不介意的吃着祖父和祖母烂了的血肉，买菜的人们是蒙了也想不到的。（鲁迅　译）

例中原文和译文形式上能做到一一对应，但译文佶屈聱牙，无法准确传达原文的语义和语用，这不是对译而应归入硬译。鲁迅坚持采取硬译，主要归因于他在当时特定历史时期所固守的翻译思想。

二、对译过程

翻译行为过程研究是翻译研究的核心。对译的宏观过程包括译前、译中、译后三个阶段，而作为核心的译中阶段可细分为理解、对应、表达三个环节。

（一）译前阶段：语义隐性驱动对译方法选择

译前阶段需要解决的关键问题是选定对译方法。

在对译的译前阶段，需要综合文本内外因素确定具体方法，需要经历全译→直译→对译的判断过程。从文化角度来看，译语与原语存在文化间性；从语言角度来看，译前、译中、译后各阶段存在间性，对译的译前准备兼涉译中理解；从思维角度来看，译中阶段的理解、转化、表达之间存在间性。

相较于其他全译方法，对译最明显的标志是形式对应，但形式完全对应并非一定是对译，但若一味追求形式上的绝对对应，而忽略语义内涵，则容易走向硬译和死译，因此对译过程中语形、语义、语用三元对应的核心是语义对应。

（二）译中阶段：理解、对应、表达

1. 原语理解

相较于其他全译方法，对译最显著的理解特点是依序理解，即以小句为中枢单位自下而上逐项理解，小句内部以词为基础由左至右逐项理解。对译理解以原语语言活动为主、以思维对应为辅，语言活动与思维活动互动，是由有序收码到有序解码的过程。与其他的全译方法不同，对译理解过程中收码与解码几乎是同步进行的。

有序收码需要理解原作的语义与语用形成语言码，解码过程是思维与语言之间的互动过程，由概念对应到意象相似，是由抽象到形象的转化。思维可分为抽象思维与形象思维，理解过程则是有时将原语抽象思维转化为形象思维的过程，并在译语中寻找到对应概念，最终形成思维对等。对译理解过程整体上以小句为中枢，由词出发自下而上有序逐级收码与解码，即按照词→短语→小句→复句→句群的顺序边收码边解码。有序收码与解码的过程中，若无法依序理解，需要将小语言单位置于更大的语境中理解。如：

[例 5.9]This table shows 10 rows.

本表有 10 行。（王小曼用例）

例中 table 作为名词，有"桌子、表格、地坪层"含义，可对应为三个概念，在表达过程中需要将 table 置入小句语境，table 与 row 相关联后，确定其所指为"表格"。

2. 语际对应

对应是对译过程的核心，外显为译文与原文的语形、语义、语用之间的三元对应关系，而形成外显的内因主要是思维与语言的间性互动而成的思维单位与语言单位之间的对应。思维单位与语言单位对应，对译过程中以小句为中枢单位理解后进行语码转化，即褪去语境值将言语转化为语言，形成语言单位，如将小句转化为命题，随后转化为思维单位。思维单位与语言单位间的互动主要包括三个阶段。

第一阶段：思维单位与语言单位对应，主要指形象思维单位与语言单位之间的对应。概念作为最小的抽象单位，是思维单位转化对应语言单位的基础，抽象概念转化为形象思维的意象，意象可分为简单意象与复杂意象，意象叠加形成组象，组象又可分为简单组象与复杂组象，组象叠加形成组象群。这些思维单位分别对应由小至大的语言单位：词、短语、小句、复句、句群。

第二阶段：思维单位内部对应，即抽象思维单位与形象思维单位之间对应转化。抽象思维单位主要包括概念、判断与推理，其中概念是最小思维单位，逐级递增，概念与概念间的关系可形成判断，判断与判断间的关系可组成推理。因此，可将概念看作对译思维单位内部对应的基础，整体的对应过程可概述为：以命题为中枢，拆分理解为概念与概念间的关系，对应为一个或几个抽象概念，再将抽象思维单位与形象思维单位对应转化，即将译语抽象概念转化为意象，意象叠加为组象，组象叠加形成组象群，这是语际对应转化的基础。如：

[例 5.10]He lives in Beijing.
他住在北京。（王小曼用例）

本例可将小句 He lives in Beijing 拆分对应为四个概念：he——他，lives——居住，in——在，Beijing——北京。然后组合为汉语小句："他住在北京。"

第三阶段：语言单位内部对应，兼顾后续表达阶段。思维单位对应转化为相应的语言单位后，同级语言单位内部对应转化，即词对词、短语对短语、小句对小句、复句对复句、句群对句群，从而组成新命题。例 5.10 中，小句 He lives in Beijing 拆分对应为 he、lives、in、Beijing 几个概念，这几个概念又对应转化为四个汉语简单意象——"他""住在""在""北京"，对应转化形成新的命题为"他住在北京"。

从小句出发左顾到词，小句规约词的选择，同时词的选择促进小句组织，此时可将小句看作词发生的语境，尤指一词多义的情况。从词出发左顾到短语，小句辖制短语的组构，短语组造构建小句格局。

3. 译语表达

与理解阶段相同，表达阶段依旧是依序表达。表达可看作与理解相反的过程，整个表达过程以译语语言活动为主、思维活动为辅，将内部言语外化为语表形式，是全译最终呈现结果的阶段。同时表达兼涉理解与对应阶段，转化后的言语句实现了语形对位与概念义对应，表达阶段需要为转化后的言语句从交际对象、交际背景、交际场合、主题风格等方面考察，为言语句附加语用价值形成语言句，使得小句由成形到成活，最终达成语形、语义、语用的三元对应。

根据理解和对应的结果，按照已划分的语言单位由左至右依序表达，例5.10将对应的结果依序组合表达为"他住在北京"，若删去"在"，便成了减译。依序表达后语义完整没有歧义，无需调整。

有时依序表达后需要根据语境微调，比如复句表达依赖于小句，此时复句可看作小句发生的语境，其中小句属于半独立小句，小句的句义与复句的句义关联密切，离开了复句语境，有的小句无法单独存在或者句义存在歧义，或者依语言习惯需要微调对译。如：

[例5.11] I don't remember when we first met.
我不记得我们首次见面是什么时候。（王小曼用例）

例中由when引导的时间状语从句，对译时需要按照汉语的表达习惯将"什么时候"置于句尾。

（三）译后阶段：两条路径

对译的译后阶段有两项主要任务，一是回溯评判译作，二是促进译作的接收与传播。由此衍生出两条对译的译后走向。

路径一：反复润色对译文本。形成对译文本后，由读者对译本进行批判，根据读者反馈对译作再次润色修改，循环往复进行译中→译后→译中的过程，直至完全满足读者的阅读需求，最终定稿。这个过程的前提是文本具备可对译的条件、对译方法可以满足读者的阅读需求，译后阶段在保证对应的大前提下，在语言层对译作进行校对与润色。

路径二：由对译转向其他全译类型。其他全译方法以对译为基础。初译者往往是未考虑文本的自身特点与读者的阅读需求，只是下意识地使用对译，对译未必是最佳选项。译文在传播过程中并未被读者认可，传播效果差，此时译者必须根据读者需求，选定其他全译方法转化原作信息，最终创作是既能满足读者需求又能达到最优传播效果的译作。

三、对译方法

对译方法,指在对译过程中人或/和机器对原作进行操作时,具体运用的某种工具与采用的具体操作技巧及其相互之间的关系。对译过程中,语言单位对应方式为语言同级单位对应,语形对位通过语言单位的一一对应来实现。如表 5.2 所示,按照语言单位可将对译分为词对译、短语对译、小句对译、复句对译、句群对译五个层次。词与短语是对译各级语言单位对应的基础,随着语言单位扩大,对译难度逐渐增加,对译的频率逐渐降低,词与短语对译的频率最高。

表5.2　对译方法系统表

方法	对译
技巧	词对译
	短语对译
	小句对译
	复句对译
	句群对译

（一）词对译

词分为实词与虚词两大类,实词具有实际的概念意义,可单独充当句子成分,一般包括名词、动词、形容词、数词、量词、代词等。虚词泛指没有完整概念意义的词,不能单独成句,主要与实词或小句搭配构成完整的语法结构。因此,词层对译以实词为主、虚词为辅,实词对译主要发生在普通实义名词与专有名词之间,虚词对译通常发生在短语层面。

1. 普通实词对译

普通实词对译是词层对译占比较高的一类,在这类词实现形、义、用三元对应的过程中,以词义为先导,按照实词义项的多少又可分为单义实词与多义实词,二者具体的实践步骤与操作机理存在一定差别。

第一,单义实词对译。单义词即只存在唯一意义的实词,如 computer（计算机）、Internet（因特网）、cigarette（香烟）等,这类词在对译时直接按语义对应转化,在表达阶段,在不改变原语义的情况下可选择最贴切的表述,起到基于语义补充建构语值的作用。如：

[例 5.12]Can I cadge a cigarette?
试译 A：我可以讨一根香烟么？
试译 B：可讨一支烟么？（王小曼用例）

试译 A 为"我可以讨一根香烟么？"，表达时可将"香烟"压缩为"烟"，如试译 B，语义不变，更符合汉语表达习惯，更加口语化，能更好地对应语用价值。

第二，多义实词对译。多义实词即一个实词有多种意义，这是多数语言共有的现象。此类实词对译时，要基于语用，还原语义，将词置入更大语境，判断语用价值，基于语用价值再定对应的语义。如：

[例 5.13]The product is at the design stage.
产品正处于设计阶段。（张作功、裘姬新用例）

stage 有"舞台、阶段"二义，product 与 design 共建了产品设计研发的语用背景，由此可定 stage 应取"阶段"义。

2. 专有名词对译

人名、地名是最常见的专有名词类型，看似容易对译，却常出现问题。带有文化内涵的专有名词，对译并非简单的语形对位、语义对应，更重要的是实现语用对等，即最大程度地对应传递专有名词背后的文化义。因此，语义是专有名词对译对应背后的核心驱动因素，整体采用基于语义→还原语用→确定语形的步骤。

以人名对译为例。人名作为文化专有名词，背后蕴含深刻的文化义，这种类型的专有名词对译要考虑文化因素，原语与译语不同的文化背景决定不同的对译结果。例如，汉语姓名音译拼写系统看似多样、杂乱、缺乏统一标准，但实则以音为主，文化圈内同一地区内部遵循相似的标准，大致分为三大区域，遵循三种不同的拼写系统标准：第一，中国内地（大陆）使用汉语拼音系统。第二，港澳台地区以韦氏拼音系统为主，辅以汉语拼音拼写系统。由于港澳多文化交融[①]，姓名音译时汉英混用现象也十分常见，如香港特别行政区第五任行政长官林郑月娥官方英译为 Carrie Lam Cheng Yuet-ngor。第三，海外儒家文化圈与华人圈构成复杂。国务院于 1978 年 9 月批准了中国文字改革委员会、外交部、国家测绘总局、中国地名委员会《关于改用汉语拼音方案作为我国人名地名罗马字母拼写法的统一规范的报告》（1978），其中指出："海外华侨及外籍华人、华裔的姓名，均以本人惯用拼法为准。"由此可见，人名虽短，但在对译的时候若要做到形、义、用三元对应，需基于语义还原语用最终确定语形。

（二）短语对译

短语是由词组合而成的更大的语言单位。基于词的组成，有两种组构模式：

---

① 台湾人名不是汉英混用，故此处只讨论港澳人名混用情况。

一类是以实词为主组构形成的具有固定含义的短语，如名词短语、动词短语等；另一类是由实词与虚词共同构成，基于语法结构搭配而成的短语，如介词短语等。如上所述，短语的理解基于词，但并非词义的简单叠加，而是需要综合词义、语法结构标志等要素初步判断短语义，再将语义置入小句或复句语境，结合语用确定短语义。现分类叙述如下。

第一，具有固定含义的短语。此类短语大多属于固定搭配，可直接对应还原短语义。如：绝对真理 —— absolute truth，喜怒哀乐 —— joy, anger, sorrow and happiness。

第二，由实词与虚词共同构成的短语。首先是固定搭配短语，此类短语结构具有固定含义，如：make towards —— 走向，take down —— 拿下、取下，be excited to —— 兴奋于。汉译这类短语时可以直接对应。其次是基于固定语法结构标志搭配而成的短语。以英语为例，此类短语多由"名词1+虚词of+名词2"构成，不属于固定搭配，"of+名词2"作为名词1的修饰成分，此时需要将短语放置在语境中考察语义。如：

[例 5.14]The helper of the family is also part of my family.
家庭帮手也是我家成员。（王小曼用例）

本例是主系表结构，符合对译条件，基于固定语法结构搭配而成的短语 the helper of the family 是单句的主语，符合短语整体对译的条件，译为"家庭帮手"，因此全句可对译为"家庭帮手也是我家成员"。

（三）小句对译

小句作为全译的中枢单位，在全译过程中左接词和短语，右连复句和句群。小句组构基于词与短语，因此词义与短语义及其之间的关系是小句语义对应的基础。小句语用对应则要依附于小句及以上的单位，即小句、复句、句群等。小句语形对应依旧按照语言单位对应。

1. 小句语义对应

基于词与短语组构成的小句，按照组构类型可分为两类：一是基于词组构形成的小句，例 5.15 即属于此类，由 he、is、a、student 四个实词构成，此类小句结构简单，小句语义基于词与词之间的关系，可对译为"他是一名学生"；二是基于词和短语共同组构形成的小句，此类小句出现比例更高，例 5.16 可拆解为 he、is、waiting、for、the、bus、to、arrive 几个词，其中 for 和 to 两个虚词需要和实词组构成短语从而获得语义，即 waiting for 和 the bus to arrive，具有单一语义的实词、固定搭配的短语、根据语用组构搭配成的短语共同确定了小句的句义。如：

[例 5.15]He is a student.

他是一名学生。

[例 5.16]He is waiting for the bus to arrive.

他正在等公交车来。（以上均为王小曼用例）

2. 小句语用对应

大部分小句需要将其置入更大的语言单位，借助上下文确定其语用，尤其适用于内含歧义的实词或/和短语的小句。例 5.17，suspicious 是多义词，兼有"可疑"和"多疑"之义，仅凭小句语境无法判断语用、确定语义，此时只有扩至复句、句群等更大的语言单位，才能确定小句的语用价值。如：

[例 5.17]He is a suspicious man.

译文 A：他是一个多疑的人。

译文 B：他是一个可疑的人。（王小曼用例）

（四）复句对译

复句组构基于小句，复句一般由至少两个小句构成，所包含的小句越多，复句对译难度越大，复句内各小句语义相关，复句可看作小句存在的最小语境，复句对小句对译的影响不可忽视。按照复句类型主要可分为并列复句与主从复合句，这两类复句对译的方式有所区别。

1. 并列复句对译

英语并列复句由至少两个小句与并列连词构成，并列复句中小句之间以及小句与复句之间的语形、语义、语用联系密切，逻辑语义通过连接词体现，通过 and、but、or 几个并列连词将两个或两个以上小句连接构成的复句，各分句之间是并列的逻辑关系。如：

[例 5.18]You must put on your coat, or you'll have a bad cold.

你要穿上外套，不然会重感冒。（王小曼用例）

例中两个小句通过并列连词 or 连接，前后两个小句间形式逻辑上是并列关系，但在语义上，穿上外套和得感冒之间存在隐含的因果关系。

2. 主从复合句对译

这类复句主要出现在英语等印欧语系，由主句、关系词、从句构成，一般情况下此类复合句的主句与从句均为两个小句，二者的逻辑关系由关系词体现，常出现的关系词包括 if、since、although 等。汉英语言习惯存在较多不同：汉语复句若能通过上下文语境判断两个分句的逻辑关系，通常省略逻辑连词；英语复句则必须保留关系词。翻译复句时同时兼顾形、义、用三者选择直译或意译策略，若选择直译策略，则使用对译方法；若选择意译策略，则需使用对译之外的其他方法。如：

[例 5.19]He will get the letter tomorrow if you send it off now.

试译 A：他明天会收到，如果你现在就发信。

试译 B：你现在发信，他明天就收到。（王小曼用例）

本例由两个小句与一个关系词构成，根据关系词 if 可以判断，从句是主句发生的条件，如果现在将信发出去，明天就会收到。两个分句的逻辑语义关联密切，在复句语境下可以确定二者存在条件关系，例中关系词可译可不译，换言之，英译汉时关系词是否对应成为全译方法选择的关键。因此若选择对译方法，例中各语言单位一一对应，语序不变，最终产生试译 A，照顾了英语表达习惯。若想更符合汉语表达习惯，则需要同时使用减译和移译二法，删去关系词"如果"，调换两个小句的语序，可得试译 B。

（五）句群对译

句群多基于小句与复句构成，并且随着单位扩大，各语言单位逐级对应的难度增加，句群对译的难度最大，使用频率最小，句群单位最常见的对译类型是部分对译，但这类可分别归属于上述各语言单位对译的情况。如：

[例 5.20]For, if it were otherwise, very few writers would care to write for one single reader, seeing that it is a toilsome task, and as they have to endure its hardships, they want to be recompensed, not with money, but with finding their works read and, if they should deserve it, praised. And to this effect Tullius says, "Honor fosters the arts".

译文 A：要不然，单为一个读者去写作，有几人耐烦呢，写作究竟是件辛苦的事。既已费心劳神，总期望得到些报酬。钱倒不在乎。只希望作品有人读，有人赞美——如果值得赞美。这点意思，图琉也曾说过："荣誉培养了艺术。"（杨绛　译）

译文 B：如果写了书只是给自己看，就没几人肯动笔了。著作很不容易；下了一番功夫，总希望心力没有白费——倒不是要弄几个钱，却是指望有人阅读，而且书中若有妙处，还能赢得赞赏。图琉说得对，"荣誉培育了艺术。"（杨绛　译）

译文 A 属于句群对译。杨绛翻译西班牙文学作品《小癞子》，起初是经英语转译，译文 A 完全忠实地对译中介译本，但句群单位整体对译难免生涩冗余。后来，杨绛自学西班牙语，直接由西译汉，译文 B 是复译的产物。

第六章 全译增减论

全译增减机制是译者为完整再现原作语用、准确传达原作语义，根据实际需要增加或减少原作语形而采取的策略、手段、方法、技巧之间相互组合和相互联系的一系列全译行为。在全译实践中，增减机制二分为增添机制和删减机制，对应增补与删减手段，向下统筹支配增译方法与技巧、减译方法与技巧，形成对立统一、相反相成的共生关系。

第一节 增 减 论

剖析全译过程中增减机制的内涵，揭示二者之间的内在关系，有助于深入把握全译增减机制的运行方式。

一、增减机制

增减机制以完整再现原作语用、准确传达原作语义为前提，在译作中对原作语形进行适当增减。全译增减机制支配着译作语形在准确完整再现原作意义的界限内进行最低限度的量变，一旦突破就会走向变译的范畴。全译增减机制可细分为化简为繁的增添机制和化繁为简的删减机制：增添机制遵循双语转换中"繁形不添义不增用"的原则，删减机制则遵循"减形不损义不贬用"的原则，其核心是对原作语形的增减，化解全译中原语与译语之间的形义矛盾。

邢福义（2003：131）认为汉语的句法结构具有形式趋简和语义兼容两大特点：在表示同样一种语义时，倾向于选择经过减缩处理的简化形式而非全量形式，这一趋简过程导致汉语在句法形式选用上的趋简性特点；但就语法结构的语义含量而言，同一语法结构可兼容多重意义，导致汉语常见的"一形多义"情况。英语重形合，表达语法义的手段包括形态、语序和虚词，虽然可以互相调剂和替换，但"三大手段有严格的规范，有时虽可根据表达的需要选择某种手段，但一般都有强制性"（连淑能，2010：44）。英语强制性语法规则使其语法结构和语义间形成较为固定的对应关系，即语法规则一旦违反，就不符合表达规范，语义也会丢失。如果说"汉语语法在形式上显现为减法语法，而在涵量上显现为加法语法"（邢福义，2003：141），那么英语语法在形式上显现为加法语法，而在涵量上显现为减法语法。由于汉英之间的这种形义矛盾，英译汉时语形趋简，汉译英时语形趋繁，全译增减机制最直观地表现为译作语形相对原作的增加或减少。

（一）化简为繁的增添机制

增添机制是译者为完整地再现原作语用、准确传达原作语义而增补译作语形时所采取的一系列策略、手段、方法、技巧之间相互组合和相互联系的全译行为。

在全译实践中，增添机制的具体操作包含一种策略、两种手段、三种方法和四个技巧。具体而言，采用一种策略即化简为繁的意译策略。运用两种手段：增，即增加原作虽无其形、但包含其义的语言单位，或增加原作中承前、蒙后省略的语言单位；补，指在译语中补充原作不言自明的内容或原语受众熟悉而译语受众陌生的文化背景信息。借助三种方法，即语法性增译、语义性增译和语用性增译。运用四个增译技巧，即词素增译、词增译、短语增译和小句增译。增译的方法和技巧既可单独操作于某一语言单位，也可组合操作于多个语言单位，译者通过增补译语语形，可在译作中完整准确地再现原作的语用和语义。如：

[例 6.1]作家没有了作品，可以看作是个人艺术生命的死亡、职业的停顿。

When a writer no longer produces any works, it is tantamount to the death of his artistic life or the end of his career.（张培基 译）

本例原文是一个包含"能愿动词+动词"结构的主谓简单句，主语由主谓短语"作家没有了作品"充当。语形看似简单，但表达了假设的逻辑语义关系，即"如果作家没有了作品，就可以看作是个人艺术生命的死亡、职业的停顿"。汉语语义的兼容性使得语形简省并不产生歧义，英译时却需激活增添机制，运用恰当的增译方法和技巧，才能完整传递原作的语义和语用。首先是语义性增译，增加表示条件关系的从属连词 when 和并列连词 or、作为形式主语的 it，以便明示原文句子内部的逻辑义。其次是语法性增译，采用了短语增译和小句增译的技巧，将简化的汉语语形还原为全量的英语语形，先将主谓短语"作家没有了作品"增译为英语小句 a writer no longer produces any works，将短语"可以看作……死亡"增译为小句"it is tantamount to the death of..."，进而将汉语简单句增译为英语复句。最后是语用性增译，在名词前增加限定词 any 加强语气，强调"没有（任何）作品"这一条件，以便再现原文语用。

（二）化繁为简的删减机制

删减机制是译者为高效再现原作语用、精准传达原作语义而删减译作语形时所采取的一系列策略、手段、方法、技巧之间相互组合和相互联系的全译行为。

在全译实践中，删减机制的具体实施包含一个策略、两种手段、三种方法和三种技巧。具体而言，采取化繁为简的意译策略。借助删除和省略两种手段：删除，即删除原作必需而译语可有可无的语形；省略，即根据译语表达习惯承前或蒙后省略某些语言单位。根据具体需要，可采取语法性、语义性和语用性三种减译方法。三个减译技巧即词减译、短语减译和小句减译。大语言单位的减译多以小语言单位的减译为前提和基础，以确保译作语形简练、语义明确。

[例 6.2]A bad reader is like a bad translator: he interprets literally when he ought to paraphrase and paraphrases when he ought to interpret literally.

原译：一个拙劣的读者就好比一个拙劣的译者：他会在应该意译的时候直译，而需要他直译的时候他却意译。（朱树飚 译）

试译：拙劣的读者好比拙劣的译者：该意译时直译，该直译时却意译。

原文是一个由冒号连接的并列复合句，受英语语法规则制约，采用全量语形表达语义。原译使用小句减译，将两个时间状语从句 "when he ought to..." 减译为短语"在……的时候"，并使用短语减译将 interpret literally 减译为汉语词"直译"；又采用了对译和增译，如将原文两个表达泛指的不定冠词 a 均对译为"一个"，增译了表示加强肯定的副词"就"、能愿动词"会"。译者片面追求译作与原作语形对应，造成句式臃肿，不符合汉语以简驭繁的特征。试译则化繁为简，除采用短语减译外，还删除原文必须而译语多余的冠词 a，三次省略不言自明的主语 he，将时间状语从句 when he ought to paraphrase、when he ought to interpret literally 替换为短语"该意译/直译时"，完成了小句换译。

二、增减关系论

在全译实践中，增添机制和删减机制相反相成、对立统一：对立表现为二者操作的语对方向相反，通常不会对同一语言单位进行增减；统一表现为二者的运用理据相同，可操作的语言单位基本相同，都是为了译作尽善尽美。

（一）增添和删减机制相互对立

增添机制和删减机制的操作方向相反：前者化简为繁，译作语形相对原作有所增加；后者化繁为简，译作语形相对原作有所删减。汉译英时增添的语形，英译汉时需要删减，反之亦然。如：

[例 6.3]我们说，①长征是历史纪录上的第一次，②长征是宣言书，③长征是宣传队，④长征是播种机。

We answer that the Long March is the first of its kind ever recorded in history, that it is a manifesto, an instrument of agitation and propaganda and, as it were, a seed-drill.（Mao，1960：18）

原文中，译者组合运用增添和删减机制，将其增译为一个包含两个并列宾语从句的复合句：五处增补汉语缺少的定冠词 the 和不定冠词 a/an，以符合英语语法规则，属于词增译；将主谓短语①增译为英语小句，属于短语增译；增加做插入语的小句 as it were 指明"长征是播种机"为比喻，提示译语读者注意 seed-drill 的修辞意义，属于小句增译；最后，以词、短语、小句的增译为基础，译文增译为复句。在处理原文的四个排比短语时，译者又进行了减译与合译处理："长征"在原文中出现了四次，起强调作用，显得严肃而有气势，但若直接对译，英语也跟着重复，就会造成语形累赘、表义啰唆，失去原文庄重有力的修辞意义和语用价值。排比结构"长征是宣言书，长征是宣传队，长征是播种机"共用主语和谓语动词，可通过提取公因式合并为"it is a manifesto, an instrument of agitation and propaganda and … a seed-drill"。

增添和删减机制的运行过程说明，增添时语言单位增加，因此语形趋于完整、语义表达清晰显豁；删减时语言单位减少，因此语形趋于减省、语义表达简练高效，二者运行相反。尽管两种机制可以组合运行，但它们在同一语言单位上相互排斥，不会发生同时增删的情况。

（二）增添和删减机制相互统一

增添和删减机制的运用理据相同，目的都是确保译作符合译语习惯。原作和译作属于不同的语言文字系统，反映不同的思维模式和文化背景，在转化原作语义时，必然产生原作与译作之间的形义矛盾，这是两种机制发生的原因。

就增添机制而言，以原作中的文化负载词为例，许多习语、俗语、谚语、典故、专有名词等通常具有丰富的历史文化信息，其语形与语义之间本身就存在形义不一的矛盾，若简单直译，会进一步导致原作与译作之间的语际形义矛盾。例6.4 中，汉语成语"搜索枯肠"字面意思为"努力寻找空肠、空肚"，但其语里意义是"动脑筋竭力思索（尤其指写诗文之时）"。例 6.5 中，the Danaids 不能简单音译为"达那伊得斯一家"，而是指希腊神话中的因犯杀夫罪在地狱接受惩罚的四十九名达那伊得斯姐妹。译者以夹注和随文译出的方式增译解释性信息，化解语际形义矛盾，帮助译语读者理清原作语义。

[例 6.4]搜索枯肠

rack one's brains（for fresh ideas or apt expressions, usu. when writing poetry or an essay）.（《现代汉语词典（汉英双语）》）

[例 6.5]The torture allotted to <u>the Danaids</u> in the classical underworld, that of attempting to fill sieves with water is the symbol not of one vice but of all vices.

达那伊得斯姐妹因犯杀夫之罪被罚在地狱中承受的那种折磨，即永远试图用水把筛子灌满，不只是一种罪恶的象征，而是所有罪恶的象征。（翟象俊　译）

就删减机制而言，译者删除译作中不必要的语形，因为如果不减省语言单位、不删减语表形式，也会出现文字不顺、语义不清的情况，造成原作与译作的形义矛盾。英汉语中都有许多同义反复的结构或搭配，如例 6.6 中的固定搭配 terms and conditions、例 6.7 中的成语"深仇大恨"等。如果对原文语形进行逐一对译，会造成译文不符合语法规范，形成诸如"条款和条件"、profound hatred and huge hatred 等语形啰唆、逻辑有误的欧化中文或中式英语，造成原作与译作的形义矛盾。为化解这一矛盾，译者将其分别减译为词"条件"和更简短的短语 profound hatred。

[例 6.6]These are the terms and conditions of your employment.
这些是聘用你的条件。（《牛津高阶英汉双解词典》（第 9 版））

[例 6.7]深仇大恨
profound hatred（《现代汉语词典（汉英双语）》）

在中英的正式信函、商业合同、外交辞令中，为显示庄重、表达礼貌，通常都会采用结构复杂的行话套话，全译时可以视情况将冗长的行话套语和烦琐句式结构减译。例 6.8 将英文正式信函中常用的小句减译为文言词句"盼复"，简洁、庄重。在全译实践中，译者应尽力避免语形上的累赘和重复，运用减译，尽量删除不必要的语言单位，才能使译作语形简练、表义清晰高效。

[例 6.8]We are looking forward with interest to your reply.
盼复。（庄义辉用例）

增添和删减机制以原作不同层级的语言单位为基础，实现在不改变原作语义的界限内适度量变译作语形。增添机制主要操作于双语的词素、词、短语和小句层面，删减机制主语操作于双语的词、短语和小句层面，两种机制具有重合的操作层级，即词、短语和小句层面。增删的语言单位以词和短语为主，并以低层级单位的增减为基础，实现高层级上的增减操作。

第二节 增 译 论

增添机制作为增减机制之一，对应化简为繁的意译策略，统摄增译方法。作为一种全译方法，增译是因中外语言、思维、文化的差异而在译作中增加必要的语表形式，以期完整再现原作语用价值、准确传递其语里意义。根据运用目的，增译可分为语法性、语义性、语用性三种方法，这三种方法又通过语素、词、短语和小句层级的不同技巧得以实现，共同构建完整的增译方法体系。

一、增译界定

增译作为翻译方法，最早可追溯到东晋道安（1984：23）："出经见异，铨其得否，举本证钞，敢增损也。"这种"增"应该不限于全译之增。众多译学研究基本都将增译视为主要的翻译方法或翻译技巧，探其实施与运用，而翻译教材对其讲解虽更详尽，却多止步于在句法、语义、修辞三个层面探讨增词的原因，对增译的认识囿于词汇层。因此，一段时间内增译基本等同于增词译。

随着增译作为一种全译方法的提出，译学界对增译的认识更加深入，明确区分了增译和增词两个概念。余承法（2014：50）将"增译"定义为"译者为完整再现原文语用价值、准确传达其文化信息和语里意义、成功实现思维转换，增补译文语表形式的全译方法"。基于这些研究成果，认识增译理据、揭示增译过程，可以突破传统增译研究囿于词汇层的限制，构建完整的增译方法体系。

增译执行"繁形不添义不增用"的操作法则，旨在增补译作语表形式，实现文化求真、语里求准、语表求美的全译目的。增译不是无中生有地随意增加，而是在译作中增加原作虽无、其形却含其义的语言单位，是一个从无到有、从少到多、从短到长的量变过程。增补的信息内容及其表达形式必须保持在最低限度，若无限制地随意增加，译作语义膨胀、扩张，就成为变译。

二、增译理据

增译的理据在于中外语言文字、思维方式、文化背景的差异，而中外语言文字系统的差异具体表现在语形运用、语义传达、语用再现三方面。正是中外语言在宏观文化层和微观语言层的这些差异，决定了全译实践中必须根据传递原作语用和语义的需要，通过在译作中增添适当的语言单位，弥合两种语言之间的诸多不同。

（一）中外语言文字的差异

汉语和欧洲语言具有不同的文字系统和语言类型，差异具体表现在语形运用、语义传达和语用再现之中。

1. 中外语言在语形运用上的差异

就语形而言，中外语言在词汇、句法和语篇层面存在明显差异。

就词汇而言，汉字由象形文字演变成兼表音义的意音文字，总体属于表意文字，具有集形象、声音和辞义为一体的特性，与其他语言文字存在不同。以汉英为例，虽然两种语言有类似的词类，如名词、动词、形容词、副词、代词、连词、介词等，但汉语词汇缺少形态变化，而英语词汇有丰富的形态变化，如名词分可数和不可数，可数名词有单数、复数之分，动词有时、体、态、式的变化，形容词和副词有比较级、最高级的区分。两种语言还有特定的词类，如汉语的量词、助词，英语的冠词等。各种词类的使用频率也存在差别：表动作时，汉语惯用动词，英语还用包含动作意味的名词、形容词或介词；指人代物时，汉语多用名词，英语惯用代词；连词成句时，汉语用连词或介词，英语多用连词、介词、关联副词（代词）等。这些差异决定了汉英互译需要增加译语中特有的词类或必要的词语，才能保证译作准确达意。

在句法上，汉语重意合，以小句见长，连词成句往往无需外部形态标志，而是借助语义关系，有时可承前或蒙后简省主语，还可生成紧缩句。英语、德语等重形合，以长句、复句居多，词句组合依靠明显的外部形态标志，主语通常不可缺省。种种句法差异表明，汉外全译时需适当运用增译：汉译英/德时，应确保句子主语不出现空缺，必要时借助虚指代词，如英语 it、德语 es 等，并依据逻辑语义关系增加关系代词/副词等，确保译文符合表达规范；英/德译汉时，有时需要根据汉语连词成对出现的情况进行增补。如：

[例 6.9]好，不再说了吧；要落泪了，真想念北平呀！

Now, let me leave off writing, for I am on the point of shedding tears. How I miss Peiping!（张培基 译）

[例 6.10]Trotz mancher wichtiger Reformen ist die ökonomische Bewegungsstarre mit der immer noch anhaltenden Wachstumsschwäche nicht überwunden.

尽管实行了一些重要的改革，但经济仍旧低迷，增长速度仍旧缓慢。（王滨滨用例）

前一例，英译增补了祈使结构、连接原因状语从句的连词 for 和两个主语 I，语法形式完整，逻辑关系清晰，原文饱含的思念之情得以传递。后一例，汉译增加动词"实行"、动态助词"了"，增加转折连词"但"与"尽管"配对，结构工整，表述流畅。

在语篇方面，汉语呈螺旋形，篇章编排循序渐进，注重"起、承、转、合"，惯用叠加、排比、反复手段；英语、德语则呈直线形，惯用省略和替代,因此汉译英/德时有时需要增补必要的连接词、短语乃至小句。就句间关系和衔接手段而言,汉语语篇重意合,主要通过语境和语用等无形衔接方式体现语篇单位之间的逻辑关系,不用或少用有形的衔接手段,而英语、德语语篇强调形合,注重形式照应,经常采用词汇、语法等有形衔接方式。因此,汉译英/德时需要增加必要的介词、连词或副词,以确保译作语篇前后衔接、上下贯通。如:

[例 6.11]故曰:知彼知己者,百战不殆;不知彼而知己,一胜一负;不知彼,不知己,每战必殆。

英译:Hence the saying: If you know the enemy and know yourself, you need not fear the result of a hundred battles. If you know yourself but not the enemy, for every victory gained you will also suffer a defeat. If you know neither the enemy nor yourself, you will succumb in every battle.（Lionel Giles 译）

德译:Wenn du den Feind und dich selbst kennst, brauchst du den Ausgang von hundert Schlachten nicht zu fürchten. Wenn du dich selbst kennst, doch nicht den Feind, wirst du für jeden Sieg, den du erringst, eine Niederlage erleiden. Wenn du weder den Feind noch dich selbst kennst, wirst du in jeder Schlacht unterliegen.（James Clavell 译）

例子中汉语原文是由三个条件分句构成的并列复句,不使用连接词,语势连贯,排比结构逐层递进地强调了两军交战中"知己知彼"的重要意义,体现了汉语语篇语气增强的特征。英译、德译分别增补连词 if 和 wenn,将原文切分为包含三个条件复合句的句群,确保了语篇形式完整、逻辑关系准确。

2. 中外语言在语义传达上的差异

语义与语形并非总是一一对应,义一形多、义多形一的情况时有发生。原作有时将语义隐藏于语形,或依据语境省略某些语形,并不会对读者理解造成困扰。语际转换因语境的改变,某些省略的语言单位可能造成原作语义的变形或缺失,需要对这些被原语隐藏或简省的语义予以明示或补充。因此,汉外互译有时要在译作中增加语言单位,显化原作语义,以克服语际的形义矛盾。

汉语倾向于采用言简意赅、语表隐含的表意方式,并非严格受制于语法规则,有时根据表意需要自由省略某些语言单位。汉译英时,必须增加前呼后应的代词、关联词以及起连接作用的介词、副词等外部形态标志,以及表达被隐藏或简省语义的词语乃至小句,使译文语句通顺、语义完整。如:

[例 6.12]亵渎的人固然不少,我可总不忍——这一套又是书生之见。

Though many other people violate the taboo, I for my part cannot bear to do the same. This again is the impractical view of a bookish person. (张培基 译)

例 6.12 原文是包含三个小句的二重复句，破折号之前的两个小句构成转折关系复句，为避免重复，第二个小句省略谓语"不忍"的宾语。"不忍"可对译为 can't bear，但动词 bear 之后通常要带宾语。译文增加不定式 to do the same，既符合译语规范，又能彰显原文所略的语义。成语"书生之见"充当原文第三个小句的表语，可完整传递"读书人不切实际的观点"的语义，包含"不切实际"。若直译为 an intellectual's view，原文语义将会丢失，产生歧义，增补的 impractical 和 bookish 使得语义显化。

英语注重表意的完整性与逻辑性，严格受语法规则制约，在简省或压缩语形方面不如汉语灵活。英语既可用从句也可用短语表意，但从句太多、结构过于复杂时，通常按照语法规则，将从句压缩为相应的短语。从句语表虽然简略，但是语义内容和逻辑关系仍然比较复杂，语义可能不明，逻辑关系可能不清，汉译时必须补充省略的语形，才能准确传达原作语义。如：

[例 6.13]All this time I worked very hard, the rains hindering me many days, nay, sometimes weeks together.

我这一段时间一直都在努力工作，尽管大雨耽搁了我许多天，甚至好几个星期。（徐霞村 译）

例 6.13 原文中独立主格结构 the rains hindering me 由让步状语从句 although the rains had been hindering me 压缩而来。汉译时，如果不补出连词"尽管"，两个小句的逻辑关系可能不清晰，无法联结成语法规范、表意准确的汉语复句。

3. 中外语言在语用再现上的差异

中外语言在语用再现上存在诸多差异，如：汉语常用语形重叠、语义重复、四字成语等形式，以实现对称美和韵律感，善用对偶、排比、顶真等修辞手段，以丰富表达形式；英语则力避重复，惯用省略和替代，使用同义词或近义词，追求表达的简洁与经济。汉译时，在不增损原作语义的前提下，译者可以充分发挥汉语优势，适度增添语形，以确保译作语形优美、语义准确。如：

[例 6.14]She came trembling down to us, rising up high and plunging; showing the red lead below her water-line; then diving down till the smother bubbled over her hawseholes.

她飘然而至，时而随浪涌起，时而随浪而下，一会儿露出吃水线下面的测深铅锤，然后又潜入水中，让水雾淹没锚链孔。（刘士聪 译）

原文使用五个现在分词短语作为伴随状语，描绘了帆船航行的场景，形象生动，极富动感。汉译四字格再现了船行的动态，还增补连接副词"时而……时而……"以及时间副词"一会儿""然后"等，使帆船的动作转换衔接得更加紧密有序，又使译文的六个小句搭配协调，再现了原文的动感与节奏。

（二）中外思维方式的差异

语言是思维的主要工具，思维是语言生成与发展的深层机制。中外语言差异的深层原因是思维方式的差异，双语互译不仅是语言形式的转换，还涉及思维方式的变换。

中国人的思维方式具有伦理性与整体性特征，受"天人合一"的意识驱动，汉语句子多用人称主语（有时可省略）。西方认知型和分析性的思维方式则强调主客分离，句子主语既用人称，也用非人称，人称省略必须遵循严格的语法规则。英译汉时，通常增添省略的主语，以保证词句通顺、语义清晰。如：

[例 6.15]我们几个姊弟和几个小丫头都很喜欢——买种的买种，动土的动土，灌园的灌园；过了几个月，居然收获了。

That exhilarated us children and our servant girls as well, and soon we started buying seeds, ploughing the land and watering the plants. We gathered in a good harvest just after a couple of months!（张培基 译）

原文是一个包含六个小句的多重复句，第一重是由分号连接的并列关系复句。分号之前的因果复句中，表示结果的三个并列小句均承前省略主语 we；分号之后的小句也省略了主语 we。英译时，如不增补主语，就会导致语法不规范、语义不明确。

汉民族的思维方式还有直觉性和模糊性，而西方思维具有逻辑性和精确性。反映在语言文字上，汉语缺少逻辑关系词，常将意义隐于字里行间，需要读者根据语境揣摩；英语讲求形式规范、逻辑清晰，强调外在形式与内在逻辑。因此，英汉互译时，应结合具体语境在译作中增加语言单位，以明确、完整地传递原作逻辑语义。如：

[例 6.16]乡土社会是个男女有别的社会，也是个安稳的社会。

Rural society is a society in which "between men and women, there are only differences". For this reason, it is also a stable society.（韩格里、王政 译）

原文为并列复句，取自费孝通《乡土中国》第七章"男女有别"，字数不多表意简明。该章探讨了中国传统感情定向的基本问题，论证了乡土社会强调男女有别的主要原因是为了维持社会秩序的稳定。定心结构"男女有别的社会"中，主谓短语"男女有别"修饰名词"社会"，结构简洁，表意明确。译者将其增译

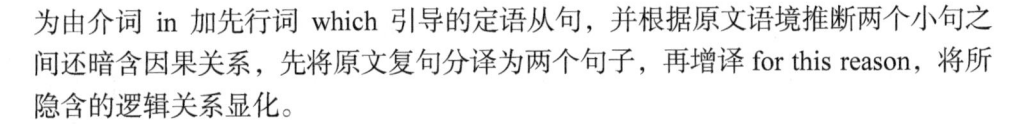

为由介词 in 加先行词 which 引导的定语从句，并根据原文语境推断两个小句之间还暗含因果关系，先将原文复句分译为两个句子，再增译 for this reason，将所隐含的逻辑关系显化。

（三）中外文化背景的差异

语言既是文化的载体，又是文化不可分割的组成部分。中外交流的本质是不同文化的交流。不同的宗教信仰、价值观念、地理环境和风俗习惯，导致汉外语言在表达习惯上存在诸多差异。不同语言的习语、俗语、格言、谚语、歇后语、典故、人名、地名等，因为承载本民族丰富而特有的历史文化背景信息，给翻译带来挑战，如汉语中的"高山流水""不见真佛不烧香""刀不磨要生锈，人不学要落后"，英语里的 black Christmas（不下雪的圣诞节）、blue-eyed boy（宠儿）、Darby and Joan（互敬互爱的老年夫妇），德语中的 Eulen nach Athen tragen（多此一举）、die erste Geige spielen（居首位）、einen Vogel haben（疯了）等。这些表达在本族读者中是约定俗成的，无需言明，而译给缺乏必要的文化背景的译语读者则必须增补相应的文化信息，或随文译出，或辅以注释，才能完整、正确地传达原作词语的文化内涵，提高译作的可读性与可接受度。如：

[例 6.17]在学校的安排下，他们参观了天安门广场、鸟巢和水立方。

According to the arrangement, they visited Tian'anmen Square, the National Stadium called "Bird's nest" and the National Natatorium nicknamed "Water Cube".（李洁　译）

"鸟巢""水立方"是国家体育场和国家游泳中心的昵称，因形状相似得名。对于汉语读者而言，这一文化内涵无需赘述，但对缺乏相关背景知识的英语读者而言，不加注释的 Bird's Nest、Water Cube 就会引起误解。因此，译者把两个专有名词增译为两个结构相同的短语，帮助读者了解二者的功能与得名缘由。

三、增译过程

在确保原作信息不发生质变的前提下，增译过程体现着原作语言单位从无到有、从少到多、从短到长的量变过程，增添的语言单位以词素、词、短语和小句为主。增译既可在某一语言单位上单独操作，也可在不同语言单位上逐层实现。与其他全译方法的微观操作一样，增译过程也历经原语理解、语际转化和译语表达三个阶段。为详细展示增译过程，本节按照增译操作的语言单位，逐一展示发生在词素、词、短语及小句层面的增译过程。

（一）词素的增译过程：原语词素→译语词/短语

词素增译是原语词素在译语中的词化或短语化。词素全译直接涉及词汇层面和语法形态，是建立全译方法论体系必不可少的环节。汉英词素按构词能力都可分为自由词素和黏着词素：自由词素具有完整意义，可单独成词，通常可对译为译语词；黏着词素不具备独立而完整的意义，主要作为词缀与其他黏着词素或词根组合为词，全译时必须与其所依附的词素或词根一起操作，通过增加语言单位，将黏着词素增译为译语词或短语，以完整而准确地传递其在原作中表达的意义。词素增译主要是指黏着词素尤其是词缀的增译。

英译汉时，英语词素增译为汉语词或短语十分普遍。英语词素尤其是前缀和后缀的数量繁多、意义丰富，而汉语词缀数量非常有限。因此，除少数英语后缀可以对译为汉语后缀之外（如-er/-ee — "-者、-员"，-ist/-ian — "-家"，-er/-ant — "-手"），绝大多数英语词缀都需要增补为汉语词或短语，如在《牛津高阶英汉双语词典》（第 9 版）中，前缀 mono-汉译为词"单；单一"，后缀-able 具有两种意义，汉译为短语"可……的；能……的"和"具有……性质的"。

汉译英时，汉语词素增译为英语词或短语的情况比较少见。目前得到公认的现代汉语词缀包括 6 个前缀，分别是"阿-、第-、初-、可-、老-、小-"；12 个后缀，分别是"-子、-儿、-头、-者、-员、-家、-手、-性、-式、-化、-度、-然"（邢福义和汪国胜，2010：159）。汉语词缀英译时，可采取对译，如："非-" — non-/-un/-un、"-性" — -ness/-bility/-tion；或减译，如"老虎" — tiger，"桌子" — table。但少数词缀也可增译为英语单词，如"老王""小张"分别增译为 Elder/Old Wang、Younger/Little Zhang。

（二）词的增译过程：原语词→译语短语/小句

词增译是将原语的词扩展为译语的短语或小句，即原语词在译语中的短语化或小句化。

1. 原语词的短语化

原语词的短语化，主要分为三种情况。

第一，派生词的短语化。原语派生词的词素增译为译语的词或短语之后，该词便自然扩展为译语短语。如：endanger 中，en-增译为汉语短语"置于……之中"，该词相应地扩展为汉语短语"使……陷入危险中"，完成短语化过程。

第二，复合词的短语化。由于表意和结构的差异，原语复合词有时需增译为译语短语，如 record-breaking — 创纪录的，birth control — 节制生育，口误 — a slip of the tongue，寒心 — bitterly disappointed。

第三，增词之后的短语化。在译语中增补原作不见其形但隐含其义的词之后，所增的词与原作中的概念组合，进而扩展为译语短语。所增的实词包括名词、动词、形容词、副词、数词、量词和代词，所增的虚词包括介词、连词、助词和冠词。一般而言，实词增译多用于英译汉，虚词增译多用于汉译英。如：

[例 6.18]The night was as dark by this time as it would be until morning; and what light we had, seemed to come more from the river than the sky, as the oars in their dipping struck at a few reflected stars.

这时夜色已经黑透，看来就要这样一直黑到天明；我们仅有的一点光亮，似乎不是来自天空，而是来自河上，一桨又一桨的，搅动着那寥寥几颗倒映在水里的寒星。（王科一　译）

本例包含多处词增译。首先，原文省去了 as it would be 之后的形容词 dark 以及 the sky 之前的介词 from，汉译时增补了"黑""来自"，与其他概念组合并转换成汉语短语"黑到天明""来自河上"，既完整传递了原文语义，又与上下文结构形成重复与照应，增强了译文的表达效果。其次，译文先增补原文虽无其形却包含其义的"透""仅""一点""寒""寥寥"，再进一步组合转换为短语"黑透""仅有的一点光亮"和"寥寥几颗……寒星"，表意清晰到位。最后，为传达 oars 表达的复数意义，译者将"桨"用作物量词，增补数词"一"与之组成"数词+量词"结构，再将数量结构重叠用作状语，形象生动地再现出原语的复数概念与意境。

2. 原语词的小句化

原语词的小句化是通过在译作中增加词或短语，将原语的词扩充为译语小句的过程。如表 6.1 所示，原语词的小句化是在思维转换中首先将原语词表达的概念分解为几个译语词语表达的复杂概念，然后将其重组、整合成简单命题并外化为译语小句的过程。该过程既涉及语言单位的语内替换和语际转换，又涉及思维单位的跨级转换，可进一步分解为五个步骤：原语词转换为译语词表达的简单概念→译语词表达的简单概念映射为简单意象→译语简单意向聚合为简单组象→简单组象转换为简单命题/判断→简单命题转换为译语小句（余承法，2014：79）。如：

[例 6.19]She has an irritating habit of interrupting.

她有个烦人的习惯，老是打断别人说话。（《朗文当代高级英语辞典》）

表 6.1　原语词的小句化过程

原语小句	She has an irritating habit of interrupting.						
原句的词	she	has	an	irritating	habit	of	interrupting
原句的语用义	陈述事实						
原语的语法义	人称代词	动词现在时	不定冠词	形容词	单数名词	介词	动名词
原语中词的概念义	a female person	used to say what qualities or features one possesses	used before countable or singular nouns already mentioned	that keeps annoying somebody	a thing that one does often and almost without thinking	used to combine a noun and a present participle when the latter defines the former	to say or do something that makes somebody stop what they are saying or doing
译语中的词/概念	她	具有	一（个）	烦人的	习惯	……的	打断别人说话
简单意象	一位女性	表示某人拥有某种特性	表示数量	因何事情而使人心烦或厌烦	一种逐渐养成而不易改变的行为	表示一种修饰或限定关系	在别人说话中间插进去说话
简单组象	一位有一个烦人的习惯的女性				她老是打断别人说话的习惯		
简单命题	她有一个烦人的习惯。				她的习惯是老是打断别人说话。		
译语小句	译文 A	她有一个烦人的老是打断别人说话的习惯。					
	译文 B	她有个烦人的习惯，就是她老是打断别人说话。					
	译文 C	她有个烦人的习惯，老是打断别人说话。					

1）原语词转换为译语词表达的简单概念

概念反映事物，由词语表示，可分为简单概念和复杂概念。简单概念只包含一个概念，通常由一个词表述。如表 6.1 所示，通过语用义、语法义和概念义的分析，将原文七个单词转换为相应的七个由译语词表达的简单概念，即：she→她；has→具有；an→一（个）；irritating→烦人的；habit→习惯；of→……的；interrupting→打断别人说话。

2）译语词表达的简单概念映射为简单意象

概念转换为意象是抽象思维的形象化过程。七个由译语词表达的简单概念可以通过想象，逐一映射为表 6.1 所示的七种简单意象，存于译者的大脑。

3）译语中词的简单意象聚合为简单组象

简单概念映射为简单意象之后，相关联的两个或多个意象可进行适当组合，如"一个"和"习惯"组合成"一个习惯"，"烦人的""习惯"组合成"烦人的习惯"，"习惯""打断别人说话""的"组合成"一个老是打断别人说话的习惯"等。最终，这些简单意象聚合为两个简单组象："一位有一个烦人的习惯的女性""她老是打断别人说话的习惯"。

4）译语中词的简单组象转化为简单命题

由简单意象聚合而成的简单组象在思维中对应为简单命题。例 6.19，原文经过概念转化与意象聚合，已经重新组合为两个简单组象："一位有一个烦人的习惯的女性""她的老是打断别人说话的习惯"。上述两个简单组象可分别转换为两个简单命题/判断："她有一个烦人的习惯""她的习惯是老是打断别人说话"，继续存于译者的大脑。

5）译语的简单命题表达为小句

译语的两个简单命题经过整合，可以表达为小句，如表 6.1 中译文 A 所示。两个简单命题可以组合并输出为译语小句"她有一个烦人的老是打断别人说话的习惯"，interrupting 因此增译为短语"老是打断别人说话"。虽然组合成一个小句也可以准确传递原文意义，但译文 A 使用两个"的"将两个定语置于名词中心语"习惯"之前，略显烦琐。两个命题"她有一个烦人的习惯""她的习惯是老是打断别人说话"之间形成解注式并列关系，可以组合为一个复杂命题，采用译语复句的形式表达为译文 B"她有个烦人的习惯，就是她老是打断别人说话"。为简洁起见，可去掉"那就是"，并承前省去主语"她"，表达为译文 C"她有个烦人的习惯，老是打断别人说话"。至此，原语的词 interrupting 增译为译语小句"（她）老是打断别人说话"。

（三）短语的增译过程：原语短语→译语小句

短语增译是增译原作中虽无其形但包含其义的词语，使较短的原语短语扩充为译语中较长的短语或小句的过程，分为原语短语扩充和原语短语小句化两种情况。由于短语扩充不涉及原语语言单位在译语中的层级跨越，此处主要以原语短语小句化为例，揭示原语短语在译语中的增译过程。

一个复杂概念常常包含一个甚至多个没有明说的隐含命题，它们可以根据译语表达的需要转化为小句。英汉互译时，原语短语表达的复杂概念，既可以扩展为更长的译语短语表达的复杂概念，也可以扩展为译语小句表达的命题/判断，这取决于汉英短语构成的特殊性。一方面，汉语短语的构成具有句法特征，可以分为主谓短语、动宾短语、偏正短语、正补短语、同位语短语、连动短语、介词短语、助词短语等。这些短语通常可以转化、拓展成相应的英语分句，如主谓短语在结构和功能上相当于英语的名词性从句，同位语短语可能拓展为英语的同位语从句，定语和状语短语可以扩展为英语的定语从句和状语从句，介词短语可以扩展为英语的各种状语从句。另一方面，英语中有些短语结构，如形容词短语、名词短语、介词短语、非谓语动词短语以及独立主格结构等，本身由各种从句压缩、减省而来，带有小句特征，汉译时可以还原、拓展为小句。

汉英互译中，原语短语扩展为译语小句的具体情况有所不同，但都要历经原语理解、语际转换和译语表达三个微观阶段。如表 6.2 所示，其操作过程可细分为六步骤：原语短语转换为复杂概念→复杂概念转换为复杂意象→复杂意象分解、转换为译语简单意象/概念/词→简单意象聚合为简单组象→简单组象转换为简单命题→简单命题转换为译语小句。

[例 6.20] 我遇见过一位在张北一带研究语言的朋友。

I once met a friend who had studied language in the Zhangbei area of Northern China.（韩格里、王政　译）

表 6.2　原语短语的小句化过程

原语小句	我遇见过一位在张北一带研究语言的朋友。									
语用义	陈述一个事实									
原语第一层级短语	我遇见过一位在张北一带研究语言的朋友（主谓短语）									
原语第二层级短语	我	遇见过一位在张北一带研究语言的朋友（动宾短语）								
原语第三层级短语	我	遇见过（动词短语）	一位在张北一带研究语言的朋友（数量名短语）							
原语第四层级短语	我	遇见过（动词短语）	一位（数量词）	在张北一带研究语言的朋友（名词短语）						
原语第五层级短语	我	遇见过（动词短语）	一位（数量词）	在张北一带（介词短语）	研究语言的朋友（名词短语）				
原语第六层级短语/原语复杂概念	我	遇见过（动词短语）	一位（数量词）	在张北一带（介词短语）	研究语言（动宾短语）	的	朋友		
复杂意象	自己	过去碰见了	数量为一	在河北省张北县及其周边地区	探求语言的本质、规律等的行为	的	有交情的人		
意象分解	我	遇见	过	一位	在	张北	一带	研究	语言	的	朋友
转换为译语意象/概念/词	I	met	once	a	in	Zhangbei	area	study	language	of	friend
简单组象并选择	I once met a friend	that friend studied language in the Zhangbei area of Northern China									
	I once met a friend in the Zhangbei area of Northern China	that friend studied language									
转化为简单命题	I once met a friend	the friend studied language in the Zhangbei area of Northern China									
命题重组与输出	I once met a friend who had studied language in the Zhangbei area of Northern China.									

1. 原语短语转换为复杂概念

由表 6.2 可知，通过短语层次分析，按照从大到小的顺序，原语小句可分解为包含六个层级的短语，对应六个概念。其中，三个简单概念由词表达："我""一位""朋友"。另外三个复杂概念由短语表达："遇见过""在张北一带""研究语言的"。

2. 复杂概念转换为复杂意象

复杂概念是简单概念的扩充，产生的是复杂意象。概念越复杂，意象关系就越丰富。以原文的三个复杂概念为例："遇见过"对应的复杂意象是指碰见了某人或某物，而且这个动作已经发生过了；"在张北一带"对应的复杂意象反映了地理范围，指中国河北省张北县及其附近区域；"研究语言"对应的复杂意象揭示了一种探求语言的本质、规律等的行为。

3. 复杂意象分解、转换为译语简单意象/概念/词

根据意义的相对完整性和译语表达的需要，一个复杂意象可以直接逐层分解为词表达的简单意象。因此，原语小句一共可以分解为十个简单意象："我""遇见""过""一位""在""张北""一带""研究""语言""的""朋友"。转换为十个相应的译语简单意象/概念/词：I、met、once、a、in、Zhangbei、area、studied、language、of、friend。

4. 简单意象聚合为简单组象

从复合意象分解出的简单意象可根据译语表达需要自由组合，聚合为简单组象。在例 6.20 中，有两种组合：第一种，聚合为两个组象"我遇见过一位朋友""在张北一带研究语言的朋友"；第二种，聚合为两个组象"我在张北遇见过一位朋友""一位研究语言的朋友"。由于原文语义是"我的一位朋友在张北一带研究语言"，应选择第一种组象进行下一步操作。

5. 简单组象转换为简单命题

由原句转换而来的两个简单组象"我遇见过一位朋友""在张北一带研究语言的朋友"，集成为两个简单的简单命题/判断——"我遇见过一位朋友""那位朋友在张北一带研究语言"，并存储于译者的大脑。

6. 简单命题转换为译语小句

原语小句的某个短语转换为简单命题之后可以表达为译语小句，原语小句也相应变成了译语复句。例 6.20 中，由原语小句分解出的两个命题可分别对译为两个译语小句：I once met a friend；The friend had studied language in the Zhangbei area of Northern China。再按照译语的语法规则，将两个英语小句合并为一个关系复句：I once met a friend who had studied language in the Zhangbei area of Northern China。

（四）小句的增译过程：原语小句→译语复句/句群

小句增译是将原语小句扩展为译语复句或句群的过程，即小句的复句化和句群化。小句增译以词和短语的增译为基础，增补小句必然增补词和短语。小句增译遵循"增形不增义"的增译原则，体现了原作语义不变，但语形从短到长、语言单位从小到大的量变过程。

1. 小句的复句化过程

就语形变化而言，小句的复句化是在译作中增加词语，将原作的词扩展为译语短语或小句，将原作短语扩展为译语小句，或者在增加词语的过程中产生新的小句，最终将原作小句扩展为译语复句的过程。如表 6.3 所示，在思维转换中，小句的复句化是原语中简单命题扩展为译语的复合命题的过程，分为六个步骤：原语小句对应为命题→命题分解为简单命题成分/意象/概念→原语简单意象/概念转换成译语简单意象/概念→译语简单意象/概念组合为复杂意象/概念、形成简单命题→简单命题表达为译语小句→译语小句联结为复句。

[例 6.21] Sometimes, exalted by his own oratory, he would leap from his desk and hustle us outside into a hideous wind.

有时候，他因自己慷慨激昂的演说而得意非凡，便从书桌后面跳上前来，把我们统统赶出屋子，赶进该死的大风里去。（郑大民　译）

表 6.3　原语小句的复句化过程

原语小句	Sometimes, exalted by his own oratory, he would leap from his desk and hustle us outside into a hideous wind.				
原语命题	Sometimes, exalted by his own oratory, he would leap from his desk and hustle us outside into a hideous wind.				
一级复杂命题成分	Sometimes	exalted by his own oratory	he would leap from his desk	and	hustle us outside into a hideous wind
二级复杂命题成分	Sometimes	exalted	by his own oratory	he would leap from his desk	and	hustle us outside	into a hideous wind
简单命题成分/意象/概念	sometimes, exalted, by, his, own, oratory, he, would, leap, from, his, desk, and, hustle, us, outside, into, a, hideous, wind				
替换为译语命题成分/意象/概念	有时候、得意洋洋、被、他的、自己的、演讲术、他、会、跳、从、他的、书桌、和、猛推、我们、在外面、进入、一个、令人难以忍受的、风				
重组为组象	有时候他滔滔不绝的演说、感到得意洋洋、从书桌前跳出来、把我们猛推到外面、令人难以忍受的风				

续表

形成多个简单命题	有时候，他为自己滔滔不绝的演说感到得意洋洋。	他从书桌前跳出来。	他把我们猛推到外面。	风令人难以忍受。
外化为译语小句	有时候，他因自己慷慨激昂的演说而得意非凡。	他从书桌后面跳上前来。	他把我们统统赶出屋子。	他把我们赶进该死的大风里去。
小句联结为复句	有时候，他因自己慷慨激昂的演说而得意非凡，便从书桌后面跳上前来，把我们统统赶出屋子，赶进该死的大风里去。			

1）原语小句对应为命题

原语小句扩展为译语复句的前提是该小句本身为相对复杂的独立小句或半独立小句。这类小句至少含有一个表达复杂概念的短语，甚至包括嵌套式的短语类型。它虽为小句，但对应的是由数个复杂概念组合而成的复杂命题，既围绕命题成分，又相对独立。

2）命题分解为简单命题成分/意象/概念

小句表达的命题有简单、复杂之分，相应地分解为简单命题成分和复杂命题成分，分别对应语言单位中的词/短语，抽象思维单位中的简单概念/复杂概念和形象思维单位中的简单意象/复杂意象。小句转换为复杂命题之后，可以遵循取大优先的原则，将该命题逐层分解，最终析出简单命题成分。例 6.21，原语小句转换为复杂命题之后，先分解为四个一级复杂命题成分，再续分解为六个二级复杂命题成分，最后析出 20 个简单命题成分/意象/概念（表 6.3）。

3）原语简单意象/概念转换成译语简单意象/概念

通过语用、语义和语形分析，原语的 20 个简单命题成分/意象/概念可以逐一转换为汉语的简单意象/概念：sometimes→有时候，exalted→得意洋洋，by→被，his→他的，own→自己的，oratory→演讲术，he→他，would→会，leap→跳，from→从，his→他的，desk→桌子，and→和，hustle→猛推，us→我们，outside→在外面，into→进入，a→一个，hideous→令人难以忍受的，wind→风。

4）译语简单意象/概念组合为复杂意象/概念、形成简单命题

分解后的译语简单意象/概念呈游离状态，可以自由地组合为复杂意象/概念。表 6.3 中，20 个简单意象/概念可以聚合五个组象："有时候他滔滔不绝的演说""感到得意洋洋""从书桌前跳出来""把我们猛推到外面""令人难以忍受的风"。由于思维具有顺序连贯性，相邻的复杂意象/概念很容易直接组合为简单命题。五个复杂意象/概念进一步重组为四个简单命题："有时候，他为自己滔滔不绝的演说感到得意洋洋""他从书桌前跳出来""他把我们猛推到外面""风令人难以忍受"。

5）简单命题表达为译语小句

译者在形成简单命题之后，便可利用自己的语言能力，根据再现语用和传递语义之需，通过选择恰当的词汇，采用小句的形式对单命题进行外化和表达。例 6.21，译者将四个简单命题分别外化为四个简单句："有时候，他因自己慷慨激昂的演说而得意非凡""他从书桌后面跳上前来""他把我们统统赶出屋子""他把我们赶进该死的大风里去"。

6）译语小句联结为复句

由原语小句分解、重组转换而成的几个译语小句可以根据语义关系联结为译语的复句。在小句联结为复句的过程中，需要根据译语的语法规范，删除不必要的重复，增添必要的复句关系词语。例 6.21 将四个简单小句联结为一个汉语的二重复句，完成了原语小句增译为复句的过程。

2. 小句的句群化过程

在原语词扩展为译语短语或小句、原语短语扩展为译语小句之后，原语小句就可能逐步扩展为译语句群。小句的句群化与复句化的过程与步骤相同，但在最后一个步骤中，先将某些小句独立为单句或扩展为复句，再跟其他小句或复句一起联结为句群。如：

[例 6.22]中国改革开放 30 多年的历史已经证明，①和平发展是中国基于自身国情、社会制度、文化传统作出的战略抉择，②顺应时代潮流，③符合中国根本利益，④符合周边国家利益，⑤符合世界各国利益。

As China's experience of reform and opening up over the past 30-plus years shows, the pursuance of peaceful development has been a crucial strategic move that is based on the consideration of China's national conditions, social system and cultural traditions. It represents a timely response to today's imperatives and serves the fundamental interests of China, and those of its neighbors and the rest of the world.（韩清月　译）

原文是一个单句，宾语由五个短语充当：①为主谓短语，②③④⑤是并列的动宾短语。在①中，断事宾语是个繁长的定心短语"中国基于自身国情、社会制度、文化传统作出的战略抉择"，其定语部分为主谓短语，并包含一个介词短语，其中心语部分也是一个定心短语，因此形成了短语套短语的复杂格局。英译时，译者将"中国改革开放 30 多年的历史已经证明"对译为小句 China's experience of reform and opening up over the past 30-plus years shows，并将短语①中的介词短语"基于自身国情、社会制度、文化传统"增译为定语从句"that is based on the consideration of China's national conditions, social system and cultural traditions"，将短语①增译为复句，再通过增译连词 as，将该复句与小句组合成一个新的复句。剩余的四个动宾短语则组合并增译为一个小句，最后将增译后的复句与小句依次排列，组合成一个句群。

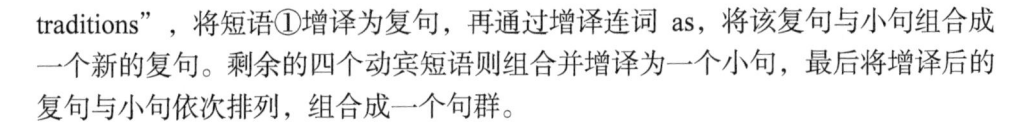

四、增译方法体系

根据使用的原因，增译可以细分为三种具体方法：语法性增译，指因双语语法结构的差异运用的增译；语义性增译，指因原作表意之需而运用的增译；语用性增译，指因再现原作语用和满足译作修辞达意之需而运用的增译。语法性增译与语义性增译具有强制性，是译作语法通顺、语义准确的必然要求；语用性增译具有选择性，体现译者对译作与原作风格极似的追求。

语法性、语义性、语用性的增译必须通过在译作中增添具体的语言单位才能得以实现，因此词素增译、词增译、短语增译、小句增译是实现这三个增译的技巧。完整的增译方法体系也由此得以建立：增添机制是增减机制的一元，对应化简为繁、增形但不增义不增用的意译策略；增译作为全译七法之一，向上受到增添机制的制约，细分为语法性增译、语义性增译、语用性增译三种方法，向下统摄词素增译、词增译、短语增译、小句增译四个技巧。

（一）三种增译方法

1. 语法性增译

语法性增译通过增添词语，使原语语言单位增译为符合译语规范的语法结构。语法性增译是弥合汉英互译中原语和译语语法结构差异的重要手段，分为以下五种情况。

1）数量性增译

数词增译，指增加原文未出现的数词，多用于汉英全译，包括两种情况：其一，增加数词以明确英语名词的数量，如将英语中的 eyes 增译为"双眼/两眼"，使译文更符合现代汉语的双音节趋势；其二，增加数词以传达英语名词或动作行为的概数意义，例 6.23，增加数词"百"并非实指百种动物，而是强调数量之多。

[例 6.23]The lion is the king of animals.
狮子是百兽之王。（华先发、邵毅用例）

量词增译，指英译汉时增加汉语特有的量词。量词是英语缺失的词类，英语数词和冠词可直接用于名词之前，有时也用单位名词如 piece、group 等，可以构成名词短语 a piece of news、a group of people 等表达计量概念。与英语不同，现代汉语量词丰富多彩，与数词构成数量短语。因此，汉译时需在名词前增加物量词，在动词后增加动量词，或重叠单音节量词，从而将英语名词增译为由量词+名词构成的汉语短语。如：

[例 6.24]All around was open loneliness and black solitude, over which a stiff breeze blew.

周围一切，只是一片空旷的荒寒，一团漆黑的僻静，一股劲风，在上面吹动。（张谷若　译）

例中 loneliness、solitude、a breeze 分别增译为数量名词短语"一片荒凉""一团寂静""一股劲风"，增补数词"一"和量词"片""团""股"，使译文既符合汉语规范，又将原文中的荒凉环境具体化、生动化，极富感染力。

2）时体性增译

英语动词可以通过形态变化表达时、体、态等语法义，但汉语动词却没有形态变化。因此，英译汉时需增加时间副词（如"正在、曾经、已经、将要"等），以区分动作发生的时间（对应英语动词的时），增加时间助词"着""了""过"标记动作在一定时间内的状态（对应英语动词的态），将英语动词增译为动词短语，再现英语动词时、体的形式与意义。例 6.25 中，动词 entered、perceived 是过去时形式，had occurred 则是过去完成体，汉译时通过增加时间助词"了"和时间副词"已经"，以传达原文动词的时与体意义。

[例 6.25]When she entered the house she perceived in a moment from her mother's triumphant manner that something had occurred in the interim.

她进了门，看见了母亲脸上一片得意的神气，她就知道，她没回来的时候，已经有事情发生了。（张谷若　译）

3）语态/语气性增译

语态性增译，指主被换译时适时增补出主语或施事者。英语许多泛指人称的被动句并不出现施事者，汉译时必须加以增补，才能使语法规范、句义完整。例 6.26，原文是泛指人称的被动句，译者将其换译为被动句，并增译短语"有人"。

[例 6.26]The like severity no doubt was used if aught were impiously written against their esteemed gods.

如果有人写出东西亵渎了他们崇拜的神，无疑也要遭到严酷的惩罚。（杨自伍　译）

语气性增译，指在翻译祈使句式时增加明确表明祈使句的词，如英译汉时增加"请、要、应该、千万、一定、务必"等，汉译英时增加 please 等，从而准确传递原句的祈使语气。这种增译在公示语汉英互译中应用得比较普遍，祈使句语气因此更亲和，表达更恰当。例 6.27，英译汉增加了两个"请"。例 6.28，汉译英增加了一个 please。

[例 6.27]NO DUMPING
ONLY RAIN DOWN THE DRAIN
REPORT POLLUTION 695-2020
请勿倾倒垃圾
排水沟只有排雨水
举报污染请致电 695-2020（吕和发、蒋璐用例）

[例 6.28]如果您去对岸景区参观，需往回绕行或乘渡船。

Visitors wishing to visit the other scenic spots across the lake, please go around the lake or take the ferry.（王颖、吕和发用例）

4）系动词、助动词增译

汉语形容词可直接充当句子谓语。此类主谓句英译时必须添加 be 之类的系动词，结构才能完整。汉语用数量相对较少的能愿动词，如"能、会、应、愿意"等表示可能性、必要性和意愿性。英语拥有数量丰富的助动词，可以协助主动词表达不同的语法义或情态义：基本助动词 be 协助主动词构成进行体或被动态，do 帮助表示否定意义或构成疑问句，have 协助构成完成体或完成进行体，情态助动词 could、may、should 等则协助主动词表示可能、许可、义务、推测、意愿等多种复杂丰富的情态意义。汉译英时，应视具体情况增加系动词或助动词，构成完整的语法结构，准确传递原文语义。如：

[例 6.29]吃晚饭时，丈人知道方鸿渐下半年职业尚无着落，安慰他说："这不成问题。我想你还是在上海或南京找个事，北平形势凶险，你去不得。"

During dinner when Manager Chou learned that Fang still hadn't found a job for the rest of the year, he reassured his son-in-law, "That's no problem. I think you should try to find a job in Shanghai or Nanking. The situation in Peking is very critical, so you mustn't go there."（珍妮·凯利、茅国权　译）

译文增加了助动词 had，与主动词 found 搭配成过去完成时，明确动作发生的先后顺序，符合英语时态表达规范；还增加了情态动词 should 和 must，以再现原文中说话者分别表达劝说和禁止的情态义。原文小句中"凶险"属于形容词做谓语，英译时增加系动词 is，构成主-动-表结构。

5）还原式增译

汉英的句法结构既有共通之处，也存在诸多差异，互译时应该根据各自的语法规则，对充当句子成分的词语或小句进行增译，确保译作的结构完整、表意准确。一方面，英语为了避免重复，有时采用省略手段，如主语、谓语（或其某部分）、宾语和状语，汉译时应根据具体情况，还原省略成分，否则不符合汉语的表达习惯。如：

[例 6.30] All bodies consist of molecules and molecules of atoms.
物体由分子构成，分子又由原子构成。（黄忠廉用例）

原文为并列句，承前省略了后分句中的动词 consist。汉译时，为了准确理解，需要补出该词，将后分句还原为 molecules consist of atoms，再对译为"分子由原子构成"，增加连接副词"又"，并将其与前分句合成，从而避免误译为"物体由分子和原子的分子构成"。

另一方面，汉语表达的人治倾向显著，而当人称主语不言而喻时，时常省略。英译汉时，需增添省略的主语。例 6.31，为符合英语语法规范，译文增补原文省略的主语"我们"或"改革者"，并增加由 as 引导的介词短语做状语，明确主语身份。

[例 6.31] 与时俱进，就是要以逢山开路、遇水架桥的执着，把握全面深化改革脉搏，真正让新时代改革创新收到成效。

As pioneers of reform and opening up, reformers must respond to the call of the times and have the determination to cut trails through mountains and build bridges over rivers, thus paving the way for further advance.（韩清月、蔡力坚 译）

2. 语义性增译

语义性增译，指因传达原作语里意义之需，在译作中增加原语无其形却含其义的语言单位，确保译作语义清楚。语义性增译可分为显性增译和隐性增译。前者指通过增加语言单位，使在原作中虽无其形但包含其义的语言单位在译作中显形，以增译词、短语和小句为主；后者指在译作中增加表达原作句子逻辑义的语言标记，以增加表示句子逻辑语义关系的介词、连词、副词及其短语为主。

1）显性增译

一般而言，英语单词的含义灵活多变，范围较广，而汉语单词的意义相对稳定，范围较窄。英译汉时，为避免词语多义性和范围差异造成的模糊或歧义，常增加语言单位，使原作隐藏的语义通过增补的译语语形得以显现。显性增译主要是实词增译，包括增加原作隐含的动词、名词、形容词和副词等。

A. 增译隐含的动词

一个英语句子通常只有一个谓语动词（并列谓语例外），为了表达动作的结果或状态，有时采用非谓语动词/短语、由动词派生的名词或形容词、带有动作意味的副词以及带有涉动意味的介词短语。英译汉时，适时增译动词，或将非动词（短语）增译为相应的动词短语，显示原作所蕴含的动作意义。例 6.32，原文 to a dinner at eight 的两个介词均含动作义，实为 to (attend) a dinner (to be held) at eight，译文增添动词"参加""举行"，使译文的句式完整、表意清晰。

[例 6.32]Mr. and Mrs. John Smith accept with pleasure the kind invitation of Mr. and Mrs. Andrew K. K. Wang to a dinner at eight o'clock the fifth of July in New Asia Hotel, 110 Deep Water Bay Road, Hong Kong.

约翰·史密斯夫妇欣然接受王楷康先生和夫人的邀请，参加于七月五日晚八时在香港深水湾道 100 号新亚大饭店举行的晚宴。（余承法用例）

B. 增译隐含的名词

增译原作中隐含的名词包括增加英语不及物动词之后的隐含宾语和增加英语形容词前后隐含的名词。英语不及物动词通常不带宾语，只有加上介词或副词之后才能带宾语。现代汉语真正不带宾语的光杆动词数量十分有限。因此，英语不及物动词汉译时，应据上下文表意需要，增补动词的隐含宾语。例 6.33，将不及物动词 washed、changed 增译为动宾短语"洗了个澡、换好衣服"。

[例 6.33]I washed and changed before going out.

我洗了个澡，换好衣服，然后才出去。（《牛津高阶英汉双解词典》（第 9 版））

英语追求简洁，常用形容词对人或事物进行总体描述，但汉语有时注重细节，多明确指出形容词描述的具体方面，表达部分冗余信息。因此，英语形容词汉译时，需要适当增加形容词前后隐藏的名词，将形容词增译为由名词和形容词构成的短语，从而完整传达原文语义。例 6.34，增译形容词 small、light 的范围名词，构成主谓结构"体积小、重量轻"，清晰传达原文语义。

[例 6.34]Atomic cells are very small and very light as compared to ordinary dry cells.

原子电池和普通干电池体积小，重量轻。（黄忠廉用例）

C. 增译隐含的形容词

英语中有些抽象名词由形容词派生而来，其形容词词根隐含描写和修饰义。为准确具体地传达原作语义，汉译时往往增加形容词，构成名词+形容词的主谓短语。例 6.35，增加形容词"快"和"高"，将名词增译为主谓短语，表意更清楚，逻辑更严密。

[例 6.35]Speed and reliability are the chief advantage of the electronic computer.

速度快，可靠性高，是电子计算机的两大优点。（余承法用例）

D. 增译隐含的副词

英译汉时，通常在动词、形容词、副词前增加"很、非常、极其"等程度副词，既可平衡句式、增强语义，又能表意清晰。例 6.36，long 表达"时间久"时，语义范围较模糊，添加程度副词增译为汉语短语"很久"，使语义明确具体。

[例 6.36]It is not a fault in company to talk much; but to continue it long is certainly one.

在人们聚会时，话说得多不算过失，但持续说得很久肯定是的。（程雨民　译）

英语中有些动词描写不同的动作方式和神态，相当于由动词和副词的本义构成的动词短语，汉语有时没有与之对应的动词，只能采用释义方式，增加方式副词，使原语词隐含的语义得以传递。比如，表示"走"的英语动词有 30 多个，汉译时需要增加不同情态或神态的副词（短语），才能够准确达意：limp —— 一瘸一拐地走，saunter —— 闲逛，stride —— 大步走，strut —— 大摇大摆地走，pace —— 一步一步地走，trudge —— 步履艰难地走。

英译汉时，还可适当增加"也许、大概、必定、反正、难道、居然、简直、到底"等语气副词，以传递原文暗含的推断、逆反、疑问等语气和情感态度，或起到强调语义的作用。例 6.37，增加"居然"和"竟"，既展现了诗人无法理解生命所具有的感受力，又再现了原文暗含的质问与责备语气，完整传递了语义。

[例 6.37]Life! thou strange thing, that hast a power to feel
Thou art, and to perceive that others are.
生命！你这怪物，居然具有感受的能力
你是怪物，竟能察觉到别人是怪物。（杨自伍　译）

2）隐性增译

隐性增译即逻辑性增译，指为更好地传递原作逻辑义而进行的增译。在表达句子内部和句子之间的逻辑语义关系方面，汉英语既有相通，也有不同。英汉互译时，为了显化原作隐含的逻辑语义关系，需要适当增译连词或连接副词，主要包括以下三种情况。

第一，汉语重意合，视情况选择使用或不使用连词标记句子的逻辑语义关系；英语重形合，通常必须采用显现的外部形态标志即数量众多的连词或连接性副词，将句子的逻辑语义关系展现清楚。因此，汉译英时，往往需要增加英语的连词或连接性副词，以再现汉语句中隐含的逻辑语义关系。如：

[例 6.38]朋友是暂时的，家庭是永久的。

Friends are transient whereas families are lasting.（张培基　译）

原文是不用关系标志的对照式并列复句，前后分句通过反义词"暂时"和"永久"形成对照。英译时，通过增译连词 whereas 显化这一逻辑关系，既符合英语规范，又准确传递了原文语义，还能完整保留原语两个分句之间形成的对比修辞。

第二，表达小句内部和小句之间的逻辑语义关系时，汉英均可使用关联词，但二者的分类和用法有别。汉语关联词主要用于小句和小句之间，起联结作用，往往配对使用，如"因为……所以……""虽然……但（是）……"等。英语复合句不能同时使用两个连词，用 because 就不能用 so。因此，英译汉时，应基于汉语的表达习惯，视具体情况决定是否添加关联词。例 6.39 增补"但"，与"虽然"配对使用，能明示原文表让步的逻辑语义。

[例 6.39]Fat people may not be chortling all day long, but they're a hell of a lot nicer than the wizened and shriveled.

胖子虽然不是整天乐呵呵的，但跟那些干瘪的瘦子比起来要好得多。（刘士聪　译）

第三，除采用连词和连接副词将小句联结成复句外，英语还常常通过非谓语动词（短语）、介词短语、无连接词的并列结构等表达句子成分之间的从属、并列等逻辑关系。因此，英译汉时，应注意原文词语与小句之间的衔接与关联，根据其暗含的逻辑义与关系增加相应词语，才能使原文隐含的逻辑关系得以显化。如：

[例 6.40]His body would reel with shock and his ruined face go white at the unaccustomed visitation.

他的身子因这样一次打击而摇摇晃晃；他那走了形的面孔因这次不寻常的苦难而变得煞白。（郑大民　译）

例 6.40 原文是包含两个并列谓语的单句，介词短语 with shock 和 at the unaccustomed visitation 暗含着两个谓语动作发生的原因，汉译时增译介词"因"，可使原文隐含的因果关系得到明确标识。

3. 语用性增译

语用性增译，指因再现原作语用价值而运用的增译。原作的语用价值包括文化值、语境值和修辞值，因此，语用性增译可分为文化值增译、语境值增译和修辞值增译。

1）文化值增译

文化值增译，指为再现原作文化值而进行的增译。原作某些文化信息，如历史事件、传统习俗、行话俚语、带有国家或民族特色的机构名称等，对原语读者是无需明说的共享知识，但对具有不同文化背景的译语读者却十分陌生。原语文化信息不解释言明，译语读者就无法准确理解。因此，汉英互译时，常在译语中添加语言单位，以注释（包括夹注、脚注、尾注）的形式揭示原作所含的文化信息，弥补直译带来的信息损失。如：

[例 6.41]她身高一米七五，在女人们中间算做鹤立鸡群了；她丈夫只有一米五八，上大学时绰号"武大郎"。

She was 175 centimeters tall, like a crane among chickens, while he had a body of only 158 centimeters and thus got a nickname "Wu Dalang" (a character in one of China's greatest classical novels *Outlaws of the Marsh*, nicknamed "Three-inch Nail" for his short stature and ugly appearance).（李洁 译）

"鹤立鸡群"和"武大郎"都承载着丰富的汉语文化信息，需用不同形式增补其蕴含的文化值。由于前文已明确了主语"她"的身高，"鹤立鸡群"的突出意象无需添加注释即可让译语读者理解，所以译者将其对译为 like a crane among chickens，十分形象地传递出女人因身高而突出的文化意义。但是，若将"武大郎"音译不加补充说明，就不能传达该词蕴含的"身材矮小且长相不佳的男人"的特定文化值。译者加注，既言明了专有名词"武大郎"的语用义，又补充了其出处和有关小说《水浒传》的额外信息，为译语读者理解原文扫除了文化障碍。

2）语境值增译

语境值增译，指为再现原作语境值而进行的增译。语境值是语言单位在不同语境产生的语用价值。在不同语境中，一句话可能产生不同的言外之意，若直译，译语读者有时会无法理解，造成原作信息的损耗。传达类似信息时，需增语言单位，使其原本隐含的语境值明确显现出来，方便译语读者理解。如：

[例 6.42]小唇不信，又去拍窗，说：她在家！老曹中午还在河边见着她了。

老曹？老曹说明天过年！姚小茹昨天就上部队探亲去了，怎么还能在河边？

Not quite believing his words, Xiaochun turned and continued knocking at the window, saying, "She must be in the room! Lao Cao saw her by the river at noon!"

"Lao Cao saw her? If Lao Cao says tomorrow is the New Year's Day, do you believe it? Yao Xiaoru left yesterday! She went to visit her husband. How could Lao Cao see her by the river?"（李洁 译）

原文的对话围绕姚小茹是否在家展开。谈话者 A 小唇认为姚小茹在家，因为老曹说"中午还在河边见着她了"。谈话者 B 却十分肯定姚小茹不在家，因为知道"姚小茹昨天就上部队探亲去了"，并作出了"老曹？老曹说明天过年！"这一看似不相关的回应。结合对话发生的语境，该回答却获得了附加的语境意义，即老曹说看到了姚小茹就像老曹说明天过年一样不可信。英译时，为再现这一语境值，译者将其增译为两个完整的疑问句，显化了原文隐含的语境义，帮助读者理解原文信息。

3）修辞值增译

修辞值增译，指为再现原作修辞值而进行的增译。在全译实践中，译者必须透过原作语形，理解修辞格的语义，选用恰当的译语修辞手法，使译作内容精、形式美，追求与原作风格极似。由于英汉修辞手段的类型与运用不尽相同，有时需要适当增添一些强化表达效果、体现语形优美的译语单位，再现原作的修辞值。

英译汉时，在不增损原作语义的前提下，译者可以发挥汉语的优势，恰当使用四字格，利用对偶、排比等手段丰富译作表达形式，追求生动效果。如：

[例 6.43]He first begins to perceive himself, to see or taste, making little reflections upon his actions of sense, and can discourse of flies and dogs, shells and play, horses and liberty.

最初他开始意识到自我，学会观察和品味，七情六欲的行为却很少反省，飞禽走兽，玩耍拾贝，快马驰骋，无不津津乐道。（杨自伍 译）

原文是带有并列谓语结构和三个非谓语动词短语的单句，结构稍显复杂，第二个并列谓语使用三个由 and 连接的名词短语，共同充当介词 of 的宾语。就原文修辞达意的方式而言，原文表达既生动形象，又寓意深远。汉译时，译者发挥主观能动性，增加新的译语单位并与原语单位多次组合后译为汉语四字格，如将 sense、discourse 增译为"七情六欲""津津乐道"，将三个联合短语译为"飞禽走兽，玩耍拾贝，快马驰骋"，再现其排比结构，传递了原文生动形象、表意深刻的修辞值。译文结构紧凑，庄重典雅，胜似原文风格。

汉译英时，在不改变原作语义的前提下，可增添英语单位以增强译作表达的生动性，可据需增加同义或近义的词和短语实现用词多样化，增加语言单位使原作隐含的修辞意义明晰化，更好地再现原作的修辞值。如：

[例 6.44]这种巷，常在江南的小城市中，有如古代的少女，躲在僻静的深闺，轻易不肯抛头露面。

Often tucked away in a small town south of the Yangtze River, the lane, like a maiden of ancient times hidden away in a secluded boudoir, is reluctant to make its appearance in public.（张培基 译）

原文采用拟人手段传神地写出了小巷宁静悠闲的特质。译者不仅再现了原文的拟人辞格，还增添了修饰主语 the lane 的非谓语动词短语 tucked away，既显化了原文的隐藏意蕴，突出小巷隐于小城，又与拟人手法前后照应，具体而生动地再现了小巷闺秀般的美好意象。

（二）四个增译技巧

受增添机制制约，增译形成了三种方法和四个技巧，无论是语法性增译、语义性增译还是语用性增译，都以增补为操作手段。由前文可知，增译增补的主要单位是词素、词、短语和小句。因此，增译可分为词素增译、词增译、短语增译和小句增译四个技巧。具体而言，词素增译指将原语语素增译为译语词或短语；词增译指在译文中增加词或将原语词增译为译语短语或小句；短语增译指在译文中增加原作虽无其形、但包含其义的短语，或将原文较短的短语扩充为译语较长的短语甚至小句；小句增译指在译文中增加必要的小句，或者将原文词和短语表达的意义用译语小句的形式表达出来。四个技巧的具体操作方式见上文，此处不赘。

四个增译技巧既可在某一单位上单独操作，如将原语词素增译为译语词、将原语词增译为译语短语或小句，也可在不同单位上逐层操作，如在原语词或短语增译为译语小句的基础上，原语小句可以增译为译语复句或句群。具体操作时，译者可以根据不同的增译目的选择方法，视需要采用恰当的技巧。三种增译方法与四个增译技巧既可单独使用，也可组合实施，遵循"繁形不添义不增用"原则，确保增添机制运行良好。

第三节 减 译 论

作为全译方法，减译因中外语言、思维方式、文化的差异删减原作所需而译作不必的语表形式。减译遵循"减形不损义不贬值"的原则，旨在化繁为简，用最精简的语言单位再现原作语用、准确传达原作语义。根据减译操作机制的目的，减译可分为语法性、语义性、语用性三种方法，具体技巧又分词、短语、小句和复句四个层级的删减，共同构建了完整的减译方法体系。

一、减译界定

减译，作为翻译方法，最早可追至东晋道安（1984：23）："钞经删削，所害必多。"他提出的"五失本"多指译者汉译胡文经典时对原作的删减（也含变译之删减）。与增译一样，减译被长期看作最常用的翻译方法或技巧之一，同类指称还有省译法、简译法、省略法等。翻译学人大多认为减译主要体现在词汇层面，侧重从句法、语义和修辞层面探讨减词的原因与操作方式，较少涉及短语和小句层面的减译操作。

随着减译作为一种全译方法的提出，减译得到了深入细致的研究。余承法（2014：94）将"减译"定义为"译者根据原文语用价值和语里意义以及译文语表形式的需要，在译文中删减一些不必要的语言单位的全译方法"，突破了传统译学研究将减译囿于词汇层的束缚。作为全译七法之一，减译受制于减译机制，构成了较为完整的方法论体系：采用化繁为简的意译策略，借助删除、省略等手段，可归为语法性、语义性和语用性三种减译方法，形成了词减译、短语减译、小句减译和复句减译四个常用的减译技巧。

减译操作手段包括删除、省略等。删除指去除原作必需而译语不必要的语形，这些表达在语法上大多具有辅助性功能，以虚词为主，例如汉语助词"了""着""地"以及英语冠词；省略指根据译语表达习惯承前或蒙后省略某些单位，如英语的物主代词、连词。

全译的减译不同于变译的缩译：减译主要是对语形（如删除功能词）和局部语义的处理（如内容的同义压缩和相同语义并列项的整合，不会导致原作与译作的整体语义和语用的差异）；缩译指采用浓缩性的语言表达原作的主要内容（黄忠廉，2002b），使译作在语义上有别于原作。

二、减译理据

减译的理据包括三种：受经济原则驱动，即译者选择最简洁的语形再现原作语义；受合作原则支配，即译者尽可能用最精简的语言传达最精准、最多的信息；受冗余理论管控，即原作保证交流通畅的某些信息在译语中可能变得冗余，由此需要删减。语言学家格莱斯（Grice，1975）提出了会话合作原则，包含四条准则，即量的准则、质的准则、关系准则和方式准则。其中量的准则包含话语经济的原则（即不要超过交际所需的信息量），因此合作原则本身包含经济原则。冗余理论管控只是换作了信息理论视角，实属经济原则，又包含于合作原则。简而言之，减译的三种理据均可归于会话合作原则之经济原则。

全译实践有两种适用合作原则的减译情境需作说明。首先，按照原语习惯，原作对原语读者来说符合合作原则，但是翻译后可能违反与译语读者的合作原则，此时减译本质上缘于双语的差异。如"他买了一支录音笔"译为 He bought a recorder，量词"支"对原文读者而言，符合合作原则；若是移入译语，则违背了译语合作原则。

其次，按照原语标准，原作对原语读者不符合合作原则，如原作本身存在信息冗余，此时减译本质上由原作的缺陷造成，此类情况在信息型甚至表情型文本的翻译中比比皆是。如"天上挂满了繁星"，"满"与"繁"信息冗余，英译时需要二选一。又如"我们大快朵颐、吃饱喝足"，按照汉语的合作原则，两个四字格违反了量的标准，即信息冗余，两者均表示"享受了一次美食"；作者若非刻意制造冗余信息，译作不必予以再现。作者不可能像语言学家那样保证所言、所写都信守合作原则，除非要再现原作特殊的话语风格和特定的语用，译者有权对原作内容予以调整，此时可能就涉及减译。

除受经济原则驱动外，翻译还涉及对原作语法上不可译的语文减译，这种语言文字具有语言附属性，不管直译还是意译都无法再现，如汉语的语气词"吗""吧""啊"等。此类减译常见于语系间的互译，如英汉翻译、汉阿翻译、汉蒙翻译等，而语系内的互译（如英法翻译）不可译的语言附属性文字较少。

三、减译过程

译者或学者提出了各种翻译过程模式，如奈达和塔伯（Nida & Taber, 2004）的分析、转换、重构、修改，思果（2001）的重写性翻译，贝尔（Bell, 1991）的分析与综合。宏观上，全译过程分为三阶段：译前准备、译中操作和译后校对。译中操作包括原语理解、语际转化和译语表达。各阶段总体上前后相继，但彼此并非截然分开或一次性完成。译语表达过程可能再次回读，以便准确理解原作文本或话语。减译不可能发生在译前的准备阶段，但译中的理解阶段会略微相伴而行，主要发生于译中的语际转化阶段，译语表达阶段或译后的校对阶段或许稍有发生。因此，减译过程具体表现有三种。

（一）理解兼涉删减、删减与表达

译者理解原文不同于原读者理解原文，原读者仅进行语内理解，而译者兼有语际理解，即译者以翻译为导向进行理解。减译最早可能发生在理解阶段，即译者的删减最早可能发生在顾后式理解之中。黄忠廉（2008）指出，理解与转化常处于胶着状态。具体而言，译者在理解阶段预先考量后一阶段的转化，认为需要删减特定表达；译者接着在转化阶段实施理解阶段的减译想法，即删减；最后，译者将删减表达出来。口译员经过大量的口译训练和实践，对原文表达能够快速在大脑中检索目的语对等表达，因此经常会在理解阶段兼涉转化，这种转化就包括删减。如：

[例 6.45]Above all, they play an essential role as carbon sinks, sequestering atmospheric and oceanic carbon for long periods of time.

而最重要的是，红树林可以长期封存大气和海洋中的碳，发挥着碳汇的重要作用。

例 6.45 来自联合国教科文组织总干事奥德蕾·阿祖莱（Audrey Azoulay）在 2021 年保护红树林生态系统国际日的致辞（https://www.en84.com/11862.html，2021-07-26.）。冠词是英语当中最常见的限定词，而汉语没有冠词。在理解阶段，冠词大多时候被译者过滤掉。也就是说，这种语言附属性很强的成分在理解阶段很可能被译者特别是专业译者自动删减。

（二）理解、删减、表达

理解阶段兼涉减译和表达阶段兼涉减译的情况占比较少，减译主要发生在转化阶段，即译者在转化阶段删减原文特定语言单位，并在表达时体现这种删减。虽然译者与原文读者在理解原文时存在差异，但译者的主要思维活动还是理解原文，转化发生在理解之后，因此是否需要删减主要发生在转化之时。

[例 6.46]There were on average between 94 and 98 boys for every 100 girls, with the imbalance being greater in the seventeenth century when there were generally under 90 boys for every 100 girls.

每 100 个女孩只对应 94 到 98 个男孩，在 17 世纪这种不平衡更为严重，每 100 个女孩对应的男孩数一般不到 90 个。（蒋洪新、王佳娣 译）

译者在理解时与原文读者一样需要 when 来关联上下文的逻辑语法含义，但在转化时删减了"那时"。译者在转化时考虑到前面交代了"17 世纪"，因此删减"那时"并不违反减译不损语义、不贬语用的标准。

（三）理解、删减、表达兼涉删减

减译也可能发生在表达阶段，即译者发现表达生硬晦涩时返回转化阶段而使用删减手段，此为表达兼涉删减。事实上，译者的转化与表达是循环往复的过程，转化与表达往往不能一蹴而就，减译可能出现在表达阶段返回式转化之中。通常而言，删减的对象往往不是语言本身的差异，在转化阶段没有被译者过滤，但在表达阶段译者为经济原则考虑再三确定需要进行删减。翻译二稿与初稿的差异可以揭示表达阶段的减译现象。如：

[例 6.47]Despite some challenges, women who were directly involved in the war as combatants have not just experienced a transformation in their own lives; they have also made a great contribution towards the changing discourse on womanhood in Nepal.

译文 A：尽管存在挑战，但作为战斗员直接参与战争的女性，不仅经历了自己生活的转变，她们还为尼泊尔女性地位的改变做出了巨大贡献。

译文 B：尽管存在挑战，但作为战斗员直接参与战争的女性，不仅经历了自己生活的转变，还为尼泊尔女性地位的改变做出了巨大贡献。（尹飞舟、李颖　译）

例 6.47，译文 A 为初稿，译文 B 为二稿。译者手稿表明，译者在初稿中保留了第二个并列小句的主语"她们"，但在二稿中删除了。虽然删除的是主语，但不影响整句话的语法合规性和语义完整性，因为整句共用一个主语"作为战斗员直接参与战争的女性"，因此最后一个小句可以删除主语"她们"。这种删除是译者在表达时反复琢磨译文的流畅性而进行的，没有改变原文的语义和语用。

四、减译方法体系

作为全译方法之一，减译旨在用最精简的译语语形再现原作语用、准确传达原作语义。根据减译目的，减译可细分为语法性、语义性、语用性三种方法：语法性减译，指因语际结构差异运用的减译；语义性减译，指应语义表达之需运用的减译；语用性减译，指因再现原作语用、兼顾译作言简义丰之需运用的减译。三种类型可落脚于词、短语、小句和复句四层的技巧，共同构建完整的减译方法体系。

（一）词减译

词减译，作为最普遍的减译现象，指为了满足语用再现、语义传达和语法结构的需要，将原文的词压缩为译语词素，或减省原语有其形而无其义或其义已蕴含他处的词，既包括语法性减译，也包括语义性减译。在此主要关注最为显见的实词减译。

1. 名词减译

名词减译是指在译文中减省原作中的名词。在实际的多模态全译实践中，被减译的名词可以充当主语、同位语、定语、宾语等成分，大多属于语义性和语用性减译。如：

[例 6.48]My pen creates stories of a world that might have been.
创造一个可能曾经发生的故事。（《呼啸山庄》电影台词）

视听作品台词中某些词会因上下文语境而删减。例中原文主语 my pen 在译文中被删减，究其因，前文已有提及，后文可据连续的图像情境推知。又如：

[例 6.49]中国共产党的领导是中国特色社会主义最本质的特征
CPC Leadership Is Essential to Chinese Socialism（外文出版社英文翻译组　译）

本例取自《习近平谈治国理政》（第二卷）英文版某章的标题。"中国特色社会主义"译为 Chinese Socialism，不见"特色"，因为 Chinese 作为修饰语，已经包含对 socialism 的属性限定，即"特色"之义已在 Chinese 之中。更引人注目的是，原文结构"是……最本质的特征"译作 is essential to，充当补语的名词"特征"被省；对原文较长的谓语的删减，实现了表达的经济性，可满足页面和目录有限空间的排版需求。再看例 6.50。

[例 6.50]Since Antistine may cause temporary drowsiness, caution is indicated when it is employed, for example, to treat drivers of vehicles.

原译：本品可引起暂时性倦怠，使用时要严加注意。例如，对司机的服用就要谨慎。（董晓波用例）

试译：本品可引起暂时性倦怠，使用时要严加注意。例如，司机服用需慎重。

译例选自《安替司丁使用说明书》。虽然英汉说明书都具简洁性，但汉语版的意合特征使表达更加简练，而再简练的英语不可缺少必要的句法成分。译者省略了原文主语 it，删除了修饰语 of vehicles，因为"司机"在汉语中本来就指"火车、汽车、电车等交通工具的驾驶员"。英文语境下 driver 至少包括"司机""高尔夫球杆""驱动程序""驱动因素"等四个义项。此外，删减连词 since 属于选择性减译，旨在符合汉语的意合表达。同理可再看一例：

[例 6.51]打开或击碎箱门，取出消防水带。
Open or break the door, take out water pipe.

原文是《消火栓操作示意图》的第一步骤。"取出消防水带"译为 take out water pipe，省去了充当修饰语的名词"箱"和"消防"，因为示意图已绘消防水带。正是图文的并茂功能促成了以图济文行为，进而恰当地删减原文。

除了充当完整句法成分的名词，作为语法成分构成要素的名词在不同媒介中的减译也大量存在。例如，地铁车厢标识是极其常见的公示语，能提供车次运行信息。公示语通俗易懂，言简意赅，多采用名词、动词、短语和缩略词。"往某某方向"英译时，不必保留"方向"，如：武汉地铁 2 号线佛祖岭方向的地铁车厢标示"往佛祖岭方向"，英译为 To Fozuling Station，删减了"方向"，增译了 station。又如：

[例 6.52]As one world, we grieved with you over the tragic earthquake in Sichuan Province.

我们处在同一个世界，所以我们像你们一样，为四川的地震灾难而深感悲恸。

本例取自罗格第 29 届北京奥运会开幕式的致辞，由中央电视台翻译和播放。译者省去原文的 Province，因为汉语字幕的受众是中国人，他们清楚四川作为省域的行政管辖属性。

2. 代词减译

多数情况下代词可替代名词。在多模态全译中，充当不同语法功能的代词均可从语义和语用角度予以删减。代词减译主要见于英译汉，因为英语多用代词实现指代，而汉语使用代词的频率远低于英语，正式文本如法律法规和学术论文少用代词。如：

[例 6.53]So we thought it best to bring you in.
所以我们觉得应该把你找来。

本例源自影片《星际穿越》。it 作为形式宾语，指代真正宾语 to bring you in；汉语无此结构，删 it 属于语义强制性减译。又如：

[例 6.54]Make us proud of your achievements and your conduct.
你们的成就和表现应该让我们感到骄傲。

本例源自罗格第 29 届北京奥运会开幕式的致辞。两次用 your 有加强语气、鼓励运动员赛出成绩的作用。汉译时第二个 your 在语法上可略，原文重复用词的语用效果可由句子结构调整弥补，即将"让我们感到骄傲"移至句尾，呼吁运动员发挥表率作用。再看例 6.55。

[例 6.55]Depending on the app, you might be able to delete some of its content, or delete the app and all of its content. If your device is almost full and IOS can't free up space on your device, you might get a Storage Almost Full alert. If you see this alert you'll need to remove some less-used content yourself.

原译：您或许能删除应用的某些内容，或删除应用及其全部内容，具体取决于应用。如果您的设备几乎已满，并且 IOS 无法释放设备上的空间，您可能会收到"储存空间几乎已满"警告。如果您看到该警告，您将需要自行移除一些较少使用的内容。（郭晓燕用例）

试译：您或许能删除应用的某些内容，或删除应用及其全部内容，具体取决于应用。如果设备储存空间几乎已满，并且 IOS 无法释放设备上的空间，您可能收到"储存空间几乎已满"警告。如果看到该警告，您需要自行移除一些较少使用的内容。

本例摘自苹果手机英汉文说明书。原译仅删了第二个 your，试译还删了第一

— 110 —

个 your（充当限定词）和第三个 you（充当主语），只因汉语正式文书（包括说明书）较少使用代词，常用省略或重复指代前文的同一对象。与原译相比，试译更加准确、简洁地再现了原文的全部信息。

3. 副词减译

副词减译指减省原作中出现而译作中不必要的副词。所减译的副词在原句中大多充当修饰语和状语，译出则属于冗余信息，其意义或可融入上下文语境，或由其他与之并列的相同词语体现。

现以演讲口译为例。演讲是口头即时性话语活动，演讲语言的语体介于口语与书面语之间（廖永清和丁蕙，2014：22）。正式演讲一般经过精心准备，大多都有演讲稿，相对于即兴式讲话，其语法更具逻辑性，用词更准确。因此，对同义表述的减译在演讲口译中相当普遍。如：

[例 6.56]中美两国应该做的，是树立对彼此正确认知，顺应时代发展潮流，倾听国际社会呼声，承担起大国应尽的责任，同时与其他国家一道，共克时艰、共迎挑战、共谋发展。

What is expected of us is to form the right perception about one another, act in line with the trend of the times, and heed the aspirations of the international community. We need to step up to our responsibilities as major countries and at the same time, work together with other countries to overcome difficulties, meet challenges and pursue development.

本例取自外交部部长王毅与美国亚洲协会视频交流时的致辞（https://www.en84.com/10284.html，2020-12-20.）。例中"共"作为副词三次修饰"克时艰""迎挑战""谋发展"，三个四字格动宾短语形成排比，铿锵有力，具有演讲的典型特征。前文"与其他国家一道"已含"共"义。为简便表述，译者将"共"省略，符合减译的经济原则，即原文相对于译语信息冗余。

上述各例均为实用型文本，减译以语义对等为原则。以风格和形式为重的文艺翻译同样存在减译现象，既涉因语文差异而出现的虚词减译，也涉及适应不同情境而产生的实词（如量词等）减译。如：

[例 6.57]"Don't take them off," I cried; "I will not stir."
In guarantee whereof, I attached myself to my seat by my hands.
译文 A："别解啦，"我喊道，"我不动就是了。"
作为保证，我双手紧紧抓住了凳子。（宋兆霖　译）
译文 B："别解啦，"我叫道，"我不动就是了。"
作为保证，我让双手紧挨着凳子。（黄源深　译）

译文 C："不要解啦，"我叫着，"我不动了。"
为了表示保证不再动了，我还用两只手紧紧抓住了凳子。
（张承滨 译）

本例的语境是：简·爱被绑在凳子上。关系副词 whereof 充当定语，指明 guarantee 的范围，译文 A、B 均未将其译出，因为"作为保证"已暗指"保证不动"，上下文语义清晰，减译 whereof 并不减损句义，也符合原文简洁的语言风格，更能忠实再现原文的紧张气氛。相反，译文 C 采用较长的短语"为了表示保证不再动了"，削弱了气氛的紧张感。

4. 形容词减译

形容词减译指减省原作中出现而译作中不必要的形容词。汉语形容词可做定语、谓语、补语等成分，英语形容词则可做定语、补语等成分。充当定语的形容词的意义已融入他处，完全可以删除，否则冗余。这类形容词包括近义或同义并列的形容词，以及与被修饰语意义相同的形容词。如：

[例 6.58]我们拥有不同的背景、不同的历史。因此，我们有权获得不一样的前途。

We have a different background and history. So we are entitled to a different future.（郑剑委用例）

例 6.58 第一句中有相同的定语"不同的"，旨在强调"我们"的独特性。译文将其译为 different 并同时修饰 background 和 history，表述简洁，且无歧义。此类提取公因的减译较为常见。又如：

[例 6.59]It gives the country the reassurance it needs that this will be a fair and impartial investigation.

它向这个国家保证，这将是一次公平的调查，而这个国家也正需要这种保证。

本例采自 *CNN Tonight* 2017 年 5 月 17 日节目 *No Pause for Russia Investigation*（https://haokan.baidu.com/?fr=pc_pz, 2021-09-16.），为主持人所言。并列形容词 fair 与 impartial 同义，通常连用表示审判、调查、待遇的公平性。作为电视节目字幕翻译，译为"公平"即可。再如：

[例 6.60]A lier in bed may be allowed to profess a disinterested indifference for his health or longevity.

卧床者可以承认他对自己的健康或长寿漠不关心。（张承谟 译）

例 6.60 选自英国作家詹姆斯·亨特（James Henry Leigh Hunt，1784—

1859）的随笔《冷天早起》（"Getting Up on Cold Mornings"）。形容词 disinterested 及其中心语 indifference 均有"冷漠""不关心"之意，原文借重复以强调卧床者对健康的态度。减译 disinterested，采用四字格成语，多少弥补了原文重复所具有的强调效果。

5. 动词减译

英汉语的动词主要充当谓语，也可充当其他成分，如汉语动词充当定语。全译中，译语的某个词或短语有时可以表达原语多个动词的含义，或动词的含义可由上下文体现，为避免重复，不妨减译动词。作定语的动词往往因其语义含于被修饰语而得以减省。如《习近平谈治国理政》（第一卷）两例汉译英可生动佐证上述两种减译规律：

[例 6.61]坚持和运用好毛泽东思想活的灵魂

Carry on the Enduring Spirit of Mao Zedong Thought（外文出版社英文翻译组　译）

原文谓语动词"坚持和运用"被减译为 carry on，后者义为 do it or take part in it for a period of time（《柯林斯英汉双解大辞典》）或"to continue doing, pursuing, or operating"（*Merriam-Webster's Collegiate Dictionary*），已含"坚持"和"运用"二义。

[例 6.62]人民对美好生活的向往，就是我们的奋斗目标

The People's Wish for a Good Life Is Our Goal（外文出版社英文翻译组　译）

"奋斗目标"被译为 goal，充当定语的"奋斗"被减省，言简意赅，因为 goal 本指所追求的方向和目标，可见"奋斗目标"信息略显冗余。又如：

[例 6.63]在中国，"龟"是长寿的象征，眼前我们看见的就是明月山的神龟。

In China, "turtle" is a symbol of longevity. In front of us is the fairy turtle in Mount. Mingyueshan.

本例选自江西省宜春市明月山旅游景区云海山龟景点指示牌的中英文介绍。"眼前我们看见的就是"译作 In front of us is，省略了充当修饰语的动词"看见"，因为"看见"已含于"眼前"，这种语义性冗余信息翻译时理当删除。

公示语翻译也常减译动词，可结合图片删减原作冗余文字。例如，公交窗户紧急开窗锤旁边写有"仅在紧急情况下使用"，通常译为 Emergency Only，减省了"使用"，因为语境足以让乘客明白开窗锤的用途。如：

[例 6.64]"I am afraid you won't leave any of it for him, " said I, timidly; after a silence during which I had hesitated as to the politeness of making the remark.

我沉默了一阵，才怯生生地说："您也不留点儿给他？"因为拿不准这句话是否得体，所以犹豫了好一会才说的。（王科一　译）

译例选自小说《远大前程》的对话。减译 making，属于语用性减译，保留并将 making the remark 译为"说这句话"也无不可，但有啰唆之嫌。

6. 量词减译

量词是汉语相对于英语的特色性词类。英语并无量词，只有类似于量词的小品词，主要表示整体的一部分，且数量有限，因此量词减译主要发生在汉译英。如：

[例 6.65]海南师范大学每学年分春、秋两个学期。
Hainan Normal University offers spring and autumn sessions.

本例选自《2019 年海南师范大学国际学生招生简章》（http://eng.hainnu.edu.cn/html/Admission/sp/，2021-09-18.）。"两个"作为量词，表示"春、秋"学期数量。译文减省"两个"，符合信息交流的经济原则，反之则显累赘，也不符合网站简洁化的语言特征。

网站文字信息的比例远低于图书等传统纸媒。网页视觉吸引力表现为大图片（占网页面积 40%）和小文本（不超过 218 个词）（Djamasbi et al., 2010），这是英文网站的典型特征。网站文本特别是中文网站（中文网站的文字信息比例偏大）英译可充分运用减译，以适应其模态分布特征。

（二）短语减译

短语减译一般出于语义和语用的目的。为精炼起见，译者删减原作的语义或语用冗余。短语删除是翻译时将原作信息上冗余的短语直接删除。多模态翻译中，短语减译尤其表现为情境（如图片、画面、现实场景）的存在导致原作特定短语出现符际信息的冗余，即非文字信息与短语表达的文字信息重复，因此原文短语语用上已无必要。如：

[例 6.66]And that sounded just fine with us.
而这听起来没什么不好。（《星际穿越》电影台词）

例 6.66 中，充当状语的介词短语 with us 所指涉的对象即是自己，这一隐含的对象可省略，而非直译为"而这对我们而言听起来没有什么不好"。这一减译充分体现了影视字幕翻译的情景性。字幕翻译区别于其他媒介的主要特征是时空构建的情境。情境提供了大量信息，可以适当删减情景中已有的文字信息。字幕翻译要求文字精简，因为字幕具有时空限制性：时间限制指字幕在屏幕上保留的时间较短，一闪而过，大约 5 秒；空间限制指字幕受屏幕空间的局限，出现在屏幕下方，一行字母数不多于 35，汉字数不多于 18（王华树，2019：219）。又如：

[例 6.67]请正确使用电扶梯
不当使用有危险之处
Please use the escalator in the proper way, or it may cause injuries.

本例为武汉地铁电扶梯玻璃侧壁上的告示。"不当使用有危险之处"译为 or it may cause injuries，而非 and it may cause injuries if used in an improper way，删除了充当条件状语的动词短语"不当使用"，因为连词 or 借现实场景的信息补充表明了相反情况，作出了警告或忠告。

（三）句子减译

句子减译，即减删原作的句子，因其包含的信息在译语中全部或部分属于语义或语用冗余，分为小句减译和复句减译。从减译的单位数量来说，句子减译明显少于短语减译和词减译，尤其是复句减译，因为复句所指信息为冗余信息的情况较少。原语句子所含全部信息相对于译语若有语义或语用冗余，译者可将其删除，以求译作通顺流畅。余承法（2014：126-127）阐释了多个并列小句重复相同结构时的删除。请看实例：

[例 6.68]Click a category to explore the events that made us who we are today.
点击相应类别，浏览成就宝洁今天的事件。

译例选自宝洁集团官方网站（https://www.pg.com.cn/，2021-09-18.），中文网站为英文网站的全译版本。网站是通过计算机或者电子媒介的传播产生的信息空间（Munt，2001：11），可以展示文字、图片、动画、音像等模态作品。同时，相对于纸媒文字，信息碎片化，尤其是导航信息，网站的文字信息要求更加简洁明了，因此译作同样要求文字简洁。原句设在图标旁，属于导航信息，不宜过长，否则影响浏览者判断图标的功能，小句 who we are 在语用上应当删除，以求译文简洁。减译或使译文略失友好，但机构的中文网站通常采用正式语体，过多使用代词会削减权威性，少用代词是常态。又如：

[例 6.69]我一向没有对任何问题作高深研究的野心，因之所买的书范围较广，宗教、艺术、文学、社会、哲学、历史、生物，各方面差不多都有一点。

Since I have never entertained ambition for making a profound study of any subject, the books have acquired cover almost everything — religion, art, literature, sociology, philosophy, history, biology, etc.（张培基　译）

"所买的书范围较广"英译时被删，因其所示的信息与"各方面差不多都有一点"重复，违反了经济原则。更因为散文随感而发，感情充沛，结构松散，句子不见得经济、严谨，全译时可以适当删冗去复。再如：

[例 6.70]建设网络良好生态，发挥网络引导舆论、反映民意的作用
Let a Healthy Internet Guide and Reflect Public Opinion

本例系外文出版社英文翻译组所译《习近平谈治国理政》（第二卷）中文章的标题，既列于目录，也置于正文右上角的页眉，二处的空间都十分有限。汉语精简，文字之间不用空格，可以很好地适应这种空间限制。英译要完整表达或许超出页面的限制，因此减译势在必行。译者减译"建设网络良好生态"，仅提取"健康"译作 healthy，与其后 Internet 合成短语 healthy Internet，完整传达了原作小句的信息。

第七章　全译移换论

在全译七法中，移译和换译旨在移动语言单位或交换表达形式以摄取原作内容和精髓。本章将从移换辩证关系出发，对移译和换译分而论之，形成移译方法体系和换译方法体系。

第一节　移　换　论

作为全译七法的成员，移译和换译可谓相伴而生，又各有特点。二者为了传达原作语义、再现其语用，译者需要移动或交换原作语表，移译着眼于语言单位在空间位置上的单向度变化，换译着眼于语言单位或表达方式的双向交换。

一、移换机制

全译实践中，移换机制以完整再现原作语用、准确传达原作语义为前提，翻译时对原作语形进行必要的移动和交换。全译移换机制可再分为移位换序的移译机制和双向互动的换译机制：移译机制体现双语转换中"移形不易意不变值"的原则，换译机制遵循"换形不改意不动值"的原则，其核心在于通过译作语形的移动或交换，化解全译实践中原作与译作的形义矛盾。移换常相伴而生，通过空间位置的改变和语表形式的交换，力求信息不变，译文通畅。

（一）移位换序的移译机制

移译机制的具体操作包含一个策略、三种类型和三个技巧。移译选择移位换序的意译策略，即根据译语语法要求移动相应的原文单位。涉及三种方法，即原形移译、有形移译和无形移译；运用三个技巧，即词移译、成分移译和小句移译。全译实践中，移译方法和技巧既可单独用于某一语言单位，也可组合操作用于多个语言单位，译者通过移动语形，在译作中完整准确地再现原作语用和语义。如：

[例 7.1]那是力争上游的一种树，笔直的干，笔直的枝。

With straight trunks and branches, white poplars aim high.（张培基　译）

原文是由三个部分构成的单句，小句在前，其后两个偏正短语作状语。译文单句由两个部分构成，介词短语置于句首作定语，主句在后。译文介词短语由原文句末的偏正短语移译而来，译文主句由原文小句移译而来，但不再是判断句，而是主谓句（即换译）。其他换译，后文将会详述。

（二）双向互动的换译机制

换译机制的具体实施包含一个策略和六个具体技巧。换译机制采取双向互动的意译策略和六个技巧，即词类换译、句类换译、动静换译、肯否换译、主被换译、意象换译，多层次换译时常交错发生。如：

[例 7.2]雨后，院里来了个麻雀，刚长全了羽毛。

As soon as the rain stops, a young sparrow, almost full-fledged, comes to the courtyard.（刘士聪　译）

原文由三个部分构成，句首是充当时间状语的介词短语，之后是两个并列小句。细察译文，原文介词短语换译为时间状语从句，并列复句换译为主从复句，"院里"置于句末作宾语，"麻雀"提前作主语（即移译），"刚长全了羽毛"换译为形容词短语，紧跟中心语提前。

二、移换关系论

全译实践中，移译机制和换译机制相辅相成、和谐统一：二者的运用理据不同，但操作的语言单位基本相同，目标都是追求译文的准确流畅，符合译语表达习惯。

（一）移译机制和换译机制的不同

移译机制和换译机制在运用理据上是不同的：移译发端于语序差异导致的空间变化，以位置移动为主要特征，通过空间关系的调整实现双语转换过程中语里意义和语用价值的再现；换译植根于语言单位的交换属性，以语形交换为基本操作，可在语素到句群的各层面上进行，语内交换如此，语际转换亦然。

（二）移译机制和换译机制的协同

移译机制和换译机制的运用理据不同，但目的都是解决形义矛盾，确保译文准确自然。原作和译作属于不同的语文系统，反映不同的思维模式和文化背景，在双语转换过程中，必然产生原语与译语之间的形义矛盾。

为了适应译语语法规范和表达要求，移译在移动语言单位、调整语序的同时，随之引发"移出"后的补位问题和"移入"后的适应问题，相应语言单位的增删不可避免，语形交换势在必行。此外，在完成语形交换后，换译同样面临译语语法规范和表达习惯的规约，增删语言单位与调整语序和/或位置，方能在实现语义转换的同时，最大限度地满足语形和语用要求。如：

[例 7.3]But the philosopher had not buckled before unpopularity and the condemnation of the state.

但是这位哲学家宁愿失欢于众，获罪于邦，而决不折腰。（资中筠 译）

例中原文是英语简单句，由于介词短语汉译一般需前移，移译的同时将名词 unpopularity 与 condemnation 换译为动词短语"失欢"和"获罪"，与原文谓语结构 had not buckled 表达的"决不折腰"合并，换译且增译为选择复句"宁愿……而决不……"。整个移译通过语形移动，带来词类和句类的换译，再通过增译，最终实现语义的准确传达，同时符合译语表达要求。

第二节　移　译　论

移译是因语义传达和语用再现之需而移动语表形式或引申语义范围的全译方法，其原则是：移形不易意不变值，即原语的语表形式发生空间位置移动，力求不改动其语里意义，不改变语用价值。移译遵循全译的三大原则，视具体情况将原文的某些语表形式原封不动或空间移位，或将其所表达的内涵作进一步引申，可分为原形移译、有形移译和无形移译三种主要类型。

一、移译界定

翻译实践中的移位现象由来已久，但"译学界对移位或换序这种翻译现象的认识不尽相同，术语不统一，内涵不明确，外延不具体"（余承法，2014：129）。黄忠廉等（2019：90）近年来对移译进行了较为全面、系统的研究，对其认识不断走向深入，由对转译、换译"不作严格区分"，到区分"转译"和"换译"，再到提出"移译"以避免概念混淆，涵盖原形移译、有形移译和无形移译，并定义如下：移译，即转移式全译，指为照顾译语结构和表达习惯转移原文语表形式的全译活动。

二、移译理据

根据对原语单位的移动的不同方式，移译分为三种方法：原形移译即零翻译，是原封不动地照搬原语单位，运用频率较低；有形移译即移位，源于语言表层以及思维和文化深层，使用最为频繁和典型；无形移译实为性质转移，移动的不是原语单位的表层形式，而是其深层语义。

（一）原形移译

原形移译是因为原语单位（主要是词语）在译语中没有对应物，只能退而求其次，将其声音和拼写形式原封不动地移入译语，或者为了某种特定的表达需要，必须保留原语的语表形式。原形移译多见于亲属语言之间的互译，在某些欧洲语言的文学作品中有意识保留一些外语词句，如毛姆英语文学作品《月亮和六便士》保留了多处法语（如 tête-à-tête）表达方式，而在汉外之间书面语表达中非常少见，主要见于表达最新科技成就的术语或缩略语，如 CT、iPhone、Microsoft Word、NBA、USB、VR 等。

（二）有形移译

有形移译即移位，直接原因是双语在表达方式尤其是语序方面存在差异，而其深层原因则是不同思维模式在两种语言表达习惯上的表征，正如余承法（2014：132）所言："与汉英表达顺序密切相关的中西思维方式的差异，主要体现在整体性与分析性、后馈性与超前性、归纳性与演绎性三个方面。"下面稍加阐述。

1. 整体性思维与分析性思维

中华民族历来提倡"天人合一""物我两忘"，物质与精神、思维与存在、主体与客体相互交融，和谐共生。这种思维模式在语言表达上体现为遵循时空先后、因果逻辑等自然顺序，描述事件按照从大到小、从重到轻、从整体到局部的逻辑进行。

西方哲学的二元对立逻辑要求明确区分主体与客体、物质与精神、思维与存在、现象与本质等，以辩证思维分析世界。这赋予英语以明显的形合特点：追求语义的主次轻重，先空间再时间，在空间描述上通常采取由点及面的视角，在逻辑上既由因到果，也从果到因，描写事物采取从小到大、从轻到重、从部分到整体的顺序。

2. 后馈性思维与超前性思维

我国绵延两千多年的封建社会，多数时间以"大一统"的帝国统治方式存在，在经济形态上以农业为主。人口上占少数的封建地主阶级，通过对土地等生产资料的控制，实现了对绝大多数人口的统治。即便王朝出现兴替，社会治理模式并没有发生根本变化。地主阶级为了加强统治，维护社会稳定，强调权威崇拜，不重逻辑论证，给先民的思想烙上了后馈性特征。汉语句式的安排大多以时间为线索，向左、向句首扩展，句法上重语序而少形态变化。

另外，源自古希腊海洋文明的西方文化，带有强烈的城邦制政治形态，各种自治政权长期并立，经济上则主要依赖海洋资源实现生存和发展。独立意识和特殊的自然环境让西人把目光投向远方，注重当下和未来，在词句和语篇层面表现句子向右、向句尾扩展，中间可以安排插入语，修饰语位置灵活，可前可后，以逻辑思维和显性的连接手段实现衔接和连贯。

3. 归纳性思维与演绎性思维

中国传统思维方式注重直观经验和直觉体悟，于万千事实之中归纳总结原理和机制，这种归纳性思维在语言上造就了流水句层层推进之势，形散而神聚，近代汉语欧化进程对此有所影响，但并未造成根本改变。这使得汉语成为语序相对固定、缺少形态变化、偏重意合的分析型语言。肇始于古希腊的形式逻辑，以及近代西方经验主义与理性主义的论战，使西人意识到归纳与演绎的优劣，而近代实验科学的诞生又使之注重二者的结合，但仍以演绎为主。语言形态上，英语类语言的句子结构犹如参天大树，无论枝叶如何繁茂，主干结构只有一个，较之印欧语系中其他语种，其语序相对固定，比汉语略显灵活，是偏重形合的综合—分析型语言（连淑能，1993：1）。

（三）无形移译

无形移译即语义引申，旨在深层次传达原作语义，精准再现其语用，实为一种性质转移。面对原语单位（多为词语）在具体语境中获得的新意，据字面意思直译显然无法奏效，必须发挥译者创造性的一面，进行语义引申，并用恰当的译语形式表达出来。究其原因，人类对事物本质的认识都经历了由表及里、由浅入深、从简到繁的思维过程，认知共性使得语言在表征和再现客观现实的过程中体现一些共性特征。跨文化交际中，某一词语出现在相同或近似的双语词汇、句法和语用环境时，需要进行专业化、普通化、具体化或抽象化引申，以确保表意清楚明白，表达符合译语规范和习惯，为译语受众理解和接受。

三、移译过程

移译过程主要体现为原语单位的转移路径、方式和流程。根据原语单位在译语中的转移方式，移译分为原形移译、有形移译和无形移译三种主要方法。有形移译涉及面最广，从短语（名词短语、动词短语、形容词短语）到小句各成分（定语、状语、否定成分、疑问成分、倒装成分），再到分句（汉语的因果、并列、转折复句；英语的定语从句、状语从句等）。尽管原语的词、短语、小句、复句和句群等语言单位都可直接移入译语，但在实践中，移译操作较多体现在词和短语层面。

移译的操作过程包括三个阶段和五个步骤：①原文理解阶段把握原文总体轮

廓和脉络，厘清语言单位间的深层语义关系。②语际转换阶段包括两个步骤：将原语语言单位如词、短语、小句、复句等转换为思维单位中对应的简单概念、复杂概念、简单判断、复杂判断；将概念和判断外化为词、短语、小句和复句等译语单位。③译文表达阶段包括两个步骤：按照译语表达规范移动语言单位；增删因移译引起的其他语言单位，使之达到移位不改语义不变语用。

四、移译方法体系

移译方法体系，既涉及从整体照搬（如原形移译），也包括无形摄取（如语义引申），重点表现在有形移译。

（一）原形移译

原形移译即零翻译，将原语的词句表达原封不动地移入译语，多发生在亲属语言之间，英语同印欧语系的其他语种之间时有发生，而汉外之间的原形移译很少出现，但多见于汉日之间。全译实践中原形移译主要分为两个小类：词语原形移译和缩略语原形移译。

初次引介域外专有名词或代表新兴事物的普通名词时，有时难以找到对应的译语表达，意译难以为人接受，音译可能因发音不同而导致译名混乱。在当今互联互通的世界，人名、地名、机构名等专有名词层出不穷，译者难以在短时间内确定恰当译名，若不妨碍语际交流，直接原装引进既省时省力省心，又为受众保留异国情调。如今汉语中不难发现 Wi-Fi（无线保真）、Windows（电脑操作系统）、Kindle（电子阅读器）、Model 3（特斯拉汽车）、ThinkPad（联想电脑品牌）、e-mail（电子邮件）、flash（网页动画设计软件）等专有名词或普通名词被原形植入汉语，成为汉语表达有机组成部分，丰富了汉语语言和文化。

无论汉语还是英语，都有大量缩略语，互联网时代似乎正在助其快速传播。缩略是一种构词机制，英语主要涉及首字母缩略法（如 NATO、WTO）、拼缀法（如 motel、brunch）和节略法（如 exam、lab）。蒋向勇（2017）综合已有研究，提出了汉语缩略语构型三原则：取首原则（网红←网络红人；高知←高级知识分子）、显豁原则（检修←检查维修；影评←电影评论）和避歧原则（家装←家庭装修；家饰←家庭装饰），认为其分别通过对原式进行位置、语义和词形突显，完成了缩略建构。缩略语原形移译，理论上遵守合作原则之数量准则和方式准则以及语言经济性原则，实践中也遵循行业惯例，为业内人士喜闻乐见。近年来，汉语在吸收外来缩略语时，也开始采用原形移译，如 R&B、mp3、GDP、app、GPS。若按照原意逐一译成"节奏布鲁斯""动态影像专家压缩标准音频层面 3""国内生产总值""应用程序""全球定位系统"，既费时费力费事，不易读写，不便记忆，也不利于同行对话交流。

原形移译有其优势，但从汉语发展的趋势来看，原形移译的名词通常会逐渐退出，就像风靡一时的纯音译词"德律风""康拜因""因士披里纯"被"电话""联合收割机""灵感"等意译词替代一样。对于译者而言，普通名词的原形移译只是权宜之计，必要时还是需要将原词的内涵或所指传达出来。

（二）有形移译

有形移译，指根据译语句法结构和修辞表达之需对原语单位进行显而易见的转移，局部上看，是移动语言单位的空间位置，即移位后再译；整体上看，是调整原语句子成分的顺序，即调序。如前所述，语序通常指句中词和短语的排列顺序，与语言类型密切相关，是言内意义在句法层的突出表现，也是作者思维模式的一种反映。语言之间的共性使得汉英语序存在某些相同之处，总体上都遵循SVO 的安排顺序，但中西不同的思维模式造成汉英表达方式和习惯有很大不同，因而全译中双语单位小到语素、大到句群都存在移位或调序的问题。

中西不同的思维认知方式导致汉英两种不同的语言文字系统及其在语音、词汇、句法、语篇、语义、语用等方面表现出很大差异，尤以语序的差异更为突出，它作为句子成分的排列组合顺序是外露的、显见的，体现在汉外互译时语言单位的各个层级如语素、词、短语、小句都可能需要移位。

1. 语素移位

汉语合成词的构成方式有重叠、附加和复合三类，其中复合构词法占据主导地位。绝大部分复合词可再分为主谓式（如日出、脸红）、述宾式（如读书、跑路）、偏正式（如电脑、飞行）、述补式（如提高、加强）和联合式（如道路、废除）。汉英翻译时，一般不涉及词素移位问题。

英语构建新词方法众多，常见者有创新词、派生词、融合词、缩短词、首字母拼凑词、转化词、逆成词、专有名词通用词、外来词、类比词、复合词和析取词等 12 种（王文斌，2005：244-245）。汉译时，发生语素移位的主要是能产性最强的派生词和复合词。

1) 派生词汉译语素移位

英语派生词指由词干+词缀构成的词汇，词缀包括前缀、后缀和中缀。大多数英语派生词汉译时不涉及语素移位问题，如 unimportant — 不重要的、socialism — 社会主义。但少量英语前缀汉译需后移，充当后置语素，如 preschool — 学前的、malnutrition — 营养不良；部分英语后缀汉译需前移，如 paperless — 无纸的、acceptable — 可接受的。

2) 复合词汉译语素移位

英语复合词指由两个或两个以上的词组合而成的词汇，这类词汇在英语新词中占据优势。英语复合词主要包括名词、动词和形容词，构型主要有 n.+n.（如 textbook）、n.+v.（如 daybreak）、n.+adj.（如 lifelong）、v.+n.（如 pickpocket）、v.+v.（如 stir-fry）等15种（王文斌，2005：303-304）。

大部分英语复合词汉译时，语素无需移位，但 n.+v.及其衍生构型 n.+v.-ing 的部分复合词，译成汉语时，需将动词语素前移，如 brainwash——洗脑、snowfall——降雪，labor-saving——省力的。这一移位现象与汉语是动词优势语言，强调动态有关。

2. 词移位

汉语短语中词的排序主要遵循语义和语音原则，英、俄短语中词的排序主要受到语义和结构的制约（陈洁和高少萍，2009）。这意味着在汉外互译有时需调整词序，以符合译语习惯。词移位不仅涉及词序调整，也带动句子成分变化。为便于分析，在此仅从短语层讨论词的移位，即词序调整，句序调整将由下文"短语移位"详述。

名词短语全译时的词移位。汉语名词短语大致分为联合式和偏正式两类。人类认知的共性让汉外民族对一些现象的描述呈现诸多相同或类似之处，但汉外互译时涉及词移位的情形并不少见。试比较：

[例 7.4] 衣食住行—— food, clothing, shelter and transportation，东南西北—— east, west, north and south，有趣的事情—— something fun，醒着的人们—— people awake

例 7.4 中，前两个为联合式名词短语，英译后词语前后顺序发生对调；后两个为偏正式名词短语，前置修饰语"有趣的""醒着的"英译后都后置，以符合英语表达习惯。

汉语动词短语与形容词短语英译时涉及句子成分的移译和/或换译，将在后面相应小节予以探讨。

3. 短语移位

短语移位，指翻译时移动充当原文小句成分的短语位置。从语言类型学角度看，汉英都属于 SVO 型语言，作为句子主干的主语、谓语和宾语的常态顺序完全一致，但作为修饰或补充成分的定语、状语和补语在句中的位置不尽相同。汉英单句的一般句型结构表现如下。

汉语：〔状语〕（定语）主语 ‖〔状语〕谓语〈补语〉（定语）宾语

英语：〔状语〕（定语）主语（定语）‖〔状语〕谓语（定语）宾语〈补语〉〔状语〕

汉语缺乏丰富的形态变化，以动词为核心形成层层推进的流水句；英语则具备较为丰富的形态变化，要求句子成分之间在名词和代词的性、数、格以及动词的时、体、态等方面必须保持一致，整个句子以主谓结构为核心，其他成分通过语法手段叠加其间，形成繁复的树状结构，对句子成分之间的顺序要求不严格。因此，汉英互译时，必须按照译语的句法特点和表达习惯重组句子成分。英语否定句、疑问句通过助动词、系动词或情态动词进行移位操作，特殊疑问句除了进行相同的移位操作之外，还必须将疑问词移至句首，这就决定了英汉互译时否定句、疑问句必须对句子成分的移位。英语存在大量的倒装句，而汉语的倒装现象不如英语普遍，汉英互译时还涉及倒装句的移位和复位。

作为句子主干成分的主、谓、宾在常态顺序上完全一致，但作为修饰成分的定语和状语差异较大，英语单句中定语和状语的位置比汉语灵活，互译时必须根据译语的表达顺序施以移位。另外，虽然汉英都有补语，但用法和位置不同，互译时可能需要同时移译和换译。在此只关注单句中定语和状语的移位。

1）定语移位

因受思维模式和语言规则的影响，汉英定语在构成和排序上存在一些差异。汉语定语多为前置定语，不仅由词充当，如形容词、名词、动词、代词，也可由短语充当，如名词短语、形容词短语、主谓短语、动宾短语、动补短语、连动短语等，通常位于所修饰的词语即定心语之前，形成"定语（+的）+心语"的常态，如"美食、晚霞、训练手册、人工智能专家、上门安装服务"。相比之下，英语前置定语多为词，主要是形容词和分词形容词，充当后置定语的主要是短语和（定语）从句，如 a beautiful mind、hard-working students、a man with a camera、the dock where we filled up with petrol。因此，汉英互译时，必须结合译语修饰成分的构成和排序采取必要的移位。如：

[例 7.5]足见有感觉的动物、有情趣的人类，对于秋，总是一样地能特别引起深沉、幽远、严厉、萧索的感触来的。

All that goes to show that all live creatures and sensitive humans alike are prone to the feeling of depth, remoteness, severity and bleakness.（张培基 译）

[例 7.6]Miss Caroline pointed a shaking finger not at the floor nor at a desk, but to a hulking individual unknown to me.

卡罗琳小姐举着颤抖的手指，既没指向地面，也没指向桌子，而是指着一个我不认识的大个子。（高红梅 译）

例 7.5 原文共有三组前置定语"有感觉的""有情趣的""深沉、幽远、严厉、萧索的"。英译时，前两组分别对译为前置定语 live 和 sensitive，第三组前置定语则以介词短语"of depth, remoteness, severity and bleakness"译出（同时将形容词短语换译为介宾短语），充当后置定语，避免英文前置定语过多，造成头重脚轻，以更好地适应译语表达习惯。例 7.6 原文有三个定语，两个前置（shaking、hulking），一个后置（unknown to me），译文都是前置定语"颤抖的""我不认识的""大"。

汉语定语不论其构成和长短，多为"定语+心语"的常态组合模式。英语定语的构成复杂，前置和后置都是常态，定语与心语的位置排列有三种模式，即定语+心语、心语+定语、定语+心语+定语。汉译英时，首先需要将某些前置的汉语定语后移，处理为后置的英语定语（词、短语或从句），其次需要调整多个前置或后置定语之间的顺序；英译汉时，需要先将某些后置的定语（词、短语或从句）前移，处理为前置的汉语定语，再调整多个汉语定语之间的顺序。

2）状语移位

汉语状语在词类性质上可以是名词、动词、形容词、副词及其短语，通常形成"状语（+地）+心语"的格局，位于主谓之间。有时为了强调，可将状语后置，形成"心语+状语"的格局。汉语状语根据其与心语之间的语义关系，可分为九种类型：性态状语，如"积极（配合）"；幅度状语，如"再（检查）"；程度状语，如"极其（愤怒）"；否定状语，如"没有（实现）"；因由状语，如由"由于/依据/为了"等构成的介词短语；关涉状语，如由"把/对/向/跟"等构成的介词短语；语气状语，如"一定""也许""几乎""到底""何必"等副词；时间状语，如"明日（再议）"；地点状语，如"学校（集合）"；数量状语，如"首次（会面）"；事物状语，如"军人（出身）"。这些状语同时出现的次序大致为：因由—时间—地点—语气—幅度—否定—关涉—性态—数量（邢福义，1996：103-104），如：大家〈为了你〉〈昨天〉〈在现场〉〈确实〉〈都〉〈没有〉〈对所有的物品〉〈仔细地〉〈一箱箱地〉检查。

英语状语的使用更为复杂灵活。首先，充当状语成分的不仅包括词（通常是副词）和短语（如介词短语、分词短语、不定式短语、名词短语等），还有表示时间、地点、原因、条件、让步、方式、目的、结果等的各种状语从句。

其次，状语的位置非常灵活，单词作状语，可根据句子需要置于句首、句中、句末；较长的状语一般置于句首或句末。一般而言，单个副词充当状语修饰形容词或副词时，大多前置，如 quite good，但个别词也后置，如 good enough；副词修饰动词作方式状语时，通常后置，但有些副词前置、后置均可，如 He suddenly flew into a rage 与 He flew into a rage suddenly；频度副词，如 occasionally、often、sometimes 等修饰动词作状语时，通常置于被修饰的动词之前，系动词与补语之间，如 "Diligent students occasionally fail this subject." 与 "He is often late for school."。各种短语作状语时，前置、后置均可，但修饰整个句子的状语前置，如 "Needless to say, that didn't resonate for me."。大多数状语从句前置、后置均可。

最后，多项状语同时使用时，其排列顺序通常是：（时间状语）—主语—（语气状语）—（频度状语）—谓语—宾语—（程度状语）—（方式状语）—（地点状语）—（时间状语）—（原因/目的状语）。因此，英汉互译时必须根据译语中状语的排序进行移位，以符合译语表达习惯，实现交际效果。如：

[例 7.7]It would scarcely be acceptable, for example, to ask in the course of an ordinary conversation what our society holds to be the purpose of work.

例如，在平常的谈话中提出问题：我们社会认为工作的目的应该是什么，是不合规矩的。（资中筠　译）

[例 7.8]I wouldn't have known what to do if I had come face to face with a German soldier holding a machine gun.

如果直面一名端着机枪的德国士兵，我都不知道该怎么办。（濮阳荣　译）

例 7.7 原文的介词短语 in the course of an ordinary conversation 充当时间状语，汉译时前移译为"在平常的谈话中"。例 7.8 原文中后置条件状语从句 if I had come face to face with a German soldier holding a machine gun 汉译时移至主句之前，译作"如果直面一名端着机枪的德国士兵"，其中后置修饰语 holding a machine gun，汉译后移至中心词之前。

3）否定成分移位

汉英的否定表达在语形、语义、语用三方面都有所不同，表达否定概念的方式和在句中的位置也不尽相同。

第一，表达否定概念方面。汉语运用否定副词"无""不""未""别""没""未必""不用"等实现句法层的否定，表里一般同时否定，依特定语境可构成语形肯定、语义否定的含蓄否定句，如"我谢谢你！"可在特定情况下表示生气和恼怒，而非感谢。

英语否定手段既可以是句法层的，也可以是词汇层的，既用否定词 no + 名词、none + of + 名词或代词、由 no- 为前缀构成的不定代词直接表达否定，也用 not、neither、nor 与助动词、系动词 be 和情态动词一起表达否定，还可用否定频度副词如 never、rarely、seldom、hardly 等，形成表里同时否定的格局。另外，英语既由否定前缀或后缀构成的派生词表达否定意义，如 unhappy、impossible、helpless 等，也可用一些暗含否定概念的词来表达否定，如"He failed to do so."。

第二，表达否定位置方面。汉语的否定副词均可用来否定充当谓语的名词、动词、形容词，否定副词大多直接放在被否定对象之前，如"不甜、未婚、无趣、没意思";英语的否定副词 not 则通常放在助动词、情态动词或系动词之后,谓语动词之前,如 "Of course, correlation does not equal causation" "You may not be chosen" 等。简略回答中有时也将 not 放在表推测、期盼的谓语动词之后,如 I guess not;也可用 no(或由 no-为前缀构成的不定代词)否定主语、宾语,如 "None of the cookies are left" "No cookies are left" 等。

汉英否定词的位置不同,表达的功能不一样。汉语否定词置于表达全称范围的词语之后,属于全部否定,如"都不、所有……不";否定词置于表达全称范围的词语之前,属于部分否定,如"不都、不是所有……"。英语用 neither(of)+范围(两者以上),或 none of+范围(三者以上),或 no+名词,或由 no-为前缀构成的不定代词表达全部否定,而用 all、every、both、much、some 等词与 not 搭配,无论 not 位置在前在后,都表达部分否定。如:

[例 7.9]许多工夫,单四嫂子的眼泪宣告完结了,眼睛张得很大,看看四面的情形,觉得奇怪:所有的都是不会有的事。

After a long time, when Fourth Shan's Wife had no more tears to shed, she opened wide her eyes, and looked around in amazement. All this was impossible!(杨宪益、戴乃迭 译)

例 7.9 原文中汉语否定副词"不会"置于本例表示全称的词语"所有的"之后,表示全部否定,换译为 all this was impossible。若将 impossible 改为 not possible,则表示部分否定。

4)疑问成分移位

英汉语都可借助语序和虚词表达语法关系,但相较于汉语缺乏形态变化,英语的形态变化丰富得多,可借助各种形态变化,通过移位来表达否定、疑问、祈使、感叹等语气,特殊疑问句还需借助疑问代词和疑问副词,并置于句首。

汉语一般疑问句英译时,需要根据语态和时态增加相应的情态动词(根据汉语的能愿动词或语气副词增译),将第一个助动词或系动词 be 移至句首;汉语的特殊疑问句英译时,需将译出的疑问代词(疑问代词作定语时,其心语也需一并移至句首)或疑问副词移至句首,并将情态动词、第一个助动词或系动词 be 移至疑问词和主语之间。反之,英译汉时,需将各种疑问词(作句子主语的 who 除外,作定语的疑问代词连同其心语)复位到其充当句子成分的地方,即作宾语的 whom 译成"谁"移至动词之后,作时间状语的 when 译成"何时/什么时候",移至时间状语的位置,依次类推;同时省去汉语中不必要的情态动词或助动词,若必须保留断是动词"是",也需要将其复位。如:

[例 7.10]Haven't you ever walked along a lonesome road at night and passed by a hot place?

你难道从没在夜里走荒路经过一个热烘烘的地方吗？（高红梅 译）

[例 7.11]你怎的连半个秀才也捞不到呢？

How is it you never passed even the lowest official examination?（杨宪益、戴乃迭 译）

例 7.10 原文为一般疑问句，助动词 have 需前移至句首，汉译时采用陈述语序，可译为"（你）有没有……"；由于该句为否定疑问句，为了加强语气，译为"（你）难道从没……"。例 7.11 原文为特殊疑问句，英译后疑问副词 how 需移至句首。

5）倒装成分移位

英语句子成分必须在性、数、格和时、体、态等方面保持一致，但相互位置比较灵活，有时将句子成分之间的常态语序进行变换，形成疑问倒装、祈使倒装、感叹倒装、假设倒装、平衡倒装、衔接倒装、点题倒装、否定倒装、韵律倒装等（连淑能，1993：5-7）。汉语的句序相对固定，倒装现象并不多见，远没有英语丰富。因此，汉英互译时必须根据语义传达和语用再现的需要，结合译语的表达习惯和规范进行倒装性移位和复位。如：

[例 7.12]Not only was it unnecessary, as the place was always spotless, but it was dreadfully boring and a waste of my time.

这些地方总是干干净净的，我的工作根本就没必要存在，而且无聊透顶，完全就是在浪费生命。（濮阳荣 译）

原文并列句前半部分 not only was it unnecessary 为倒装结构，译文通过移位恢复了正常语序"我的工作根本就没必要存在"。

4. 小句移位

复句是汉英语共有的语法现象，但其类型、结构、分句位置等在双语中存在较大差异，互译时应据需移动分句的空间位置。汉英复句互译时，需将原文某些短语增译为译语分句（详见第六章第二节"增译论"），或原文分句减译为译语短语（详见第六章第三节"减译论"），或将原文分句换译为译语另外一种功能类型的从句（详见本章第三节"换译论"），并根据译语从句的常态位置，将其前移（多用于英译汉）或后移（多用于汉译英）。在此主要关注汉英互译时复句中分句移位。

1）汉语复句英译时的分句移位

汉语复句按照分句之间的意义关系，分为并列复句、因果复句、转折复句。并列复句中的前后分句通常按照时间或逻辑顺序排列；因果复句通常采取先因后果、先原因后判断、先假设/条件后结果的顺序排列；转折复句大多采取先让步

（或假设）后转折的顺序。不同类型的汉语复句英译时，应该结合原文的衔接连贯、语义重心及其复句构成诸多因素，保留前置从句的原位或进行后移：英译的主句前已有一个从句时，另一个必须移位；英译的主句太短、从句太长时，从句必须后置；汉语复句中从句后置，通常是为了强调或修辞需要，汉译时从句也常后置。

A. 汉语并列复句英译时的分句移位

汉语并列复句中前后分句通常按照时间或逻辑顺序排列，可译成英语并列句或压缩后的简单句，大多遵循原文顺序，不需移位。如：

[例 7.13]他提起笔来，把（顺弟）庚帖上的八字改正，又把三先生的八字写出。

He picked up his writing-brush and made the necessary corrections on Shun-ti's birth certificate, and at one side he wrote down Master Three's Eight Characters.（乔志高 译）

原文三个并列复句（①他提起笔来，②把（顺弟）庚帖上的八字改正，③又把三先生的八字写出），英译为两个英语单句（①He picked up his writing-brush and made the necessary corrections on Shun-ti's birth certificate, ②and at one side he wrote down Master Three's Eight Characters.）。

B. 汉语因果复句英译时的分句移位

汉语因果复句的常态格局是前因后果，英译时原因分句可译成英语的原因状语从句（短语），通常不需移位；若是原因状语从句太长或带几个并列或连锁的原因时，需将原因状语从句移至主句之后。因果复句的异态格局是由果溯因式，即前果后因。英译时将原因分句译成英语原因状语从句（短语），前置或后置，或者采用英语强调句型 "It is because (of)...that..."，这时需将原因状语从句（短语）前置。

汉语推断式复句的常态格局是据因断果式，即前因后果。英译时原因分句通常译成由 since、now that 或 seeing that 引导的原因状语从句，不需移位。如：

[例 7.14]我不能爱上海与天津，因为我心中有个北平。

With Peiping possessing my heart, I can never become attached to either Shanghai or Tianjin.（张培基 译）

原文是因果复句的异态格局，前果后因，英译时未按原文语序进行，而是对调了顺序，以介词短语 with Peiping possessing my heart 先交代原因，既符合译语表达习惯，又理顺了因果逻辑关系。

C. 汉语转折复句英译时的分句移位

汉语突转式复句通常译成由 but、yet 或用分号和 however/nevertheless 一起连接的英语并列分句，句序固定，不需移位。

让步式复句中，以"虽然……但是……"为代表的实让复句和以"即使……也……"为代表的虚让复句，通常将让步分句分别译成 though/although、even if/though 引导的让步状语从句，可置于主句前后；或者分别减译为 despite/in spite of + 名词短语、even + 介词短语充当的状语短语，可置于主句前后，如例 7.15。

[例 7.15]一切安排皆极其自然，结果是什么，两人虽不明白，但也看得极其自然。

It all sounds quite simple and natural, although neither of them knows what the upshot will be.（杨宪益、戴乃迭　译）

总让式复句中让步句译成由"no matter+疑问词"或 however、whoever、whatever 等引导的让步状语从句，可位于主句前后，如例 7.16。

[例 7.16]不论他们怎样丑陋，怎样顽劣，怎样……也会被人们像捧天上的星星一样捧来捧去，因为他们是贵人。

原译：No matter how ugly or mean or whatever they might be, they would be praised to the skies and worshipped like stars because of their noble origin.（刘士聪　译）

试译：They would be praised to the skies and worshipped like stars because of their noble origin no matter how ugly or mean or whatever they might be.

忍让式复句通常译成"would rather + 动词原形 + than + 动词原形"结构的英语单句，一般无需移位，如例 7.17。

[例 7.17]与其因为他有才能而被夺，我宁愿他是一个一无所长的没出息的人呵。

I would rather he be a mediocrity than a talented person and lose his life.（刘士聪　译）

2）英语复合句汉译时的从句移位

英语复合句中从句种类很多，位置灵活，包括名词从句、定语从句和状语从句。名词从句根据充当的句子成分，又可分为主语从句、补语从句、宾语从句和同位语从句，大致对应于汉语的主谓短语；定语从句起修饰作用，大多置于主句之后，相当于汉语的定语短语、并列分句或从属分句；状语从句根据作用和功能，又分为时间、地点、原因、条件、方式、目的、结果、让步、比较等类别，置于主句前后即可，相当于汉语的状语短语、并列分句或从属分句。英语各种从句译成汉语时，先根据具体情况确定是否需要减译为汉语短语、换译为其他从句类型，再据其在汉语中的句子功能确定是否移位。英语名词从句汉译时一般无需移位，下面将重点讨论定语从句和状语从句的位移。

A. 英语复合句中定语从句汉译时的移位

英语复合句中定语从句汉译时，通常需减译为名词或形容词短语，并将其移至中心词之前。定语从句过长，汉译时也可单独成句并后置。如：

[例 7.18]"Goods" means all things that are treated as movable for the purposes of a contract for storage or transportation.

"货物"指为储存或运输合同的目的而可转移的所有物品。（张法连 译）

[例 7.19]Socrates encourages us not to be unnerved by the confidence of people who fail to respect this complexity and formulate their views without at least as much rigour as a potter.

苏格拉底鼓励我们不要被那些人的信心十足唬住而泄气，他们根本不理会其中的复杂性，至少不如制陶的工序那么严格就断然得出自己的看法。（资中筠 译）

例 7.18 原文含有定语从句 that are treated as movable for the purposes of a contract for storage or transportation，位于被修饰的名词之后，汉译时先压缩为形容词短语"为储存或运输合同的目的而可转移的"，再前移至中心词"所有物品"之前。例 7.19 原文同样含有定语从句 who fail to respect this complexity and formulate their views without at least as much rigour as a potter，位于句末，修饰 people。该定语从句长且复杂，译成前置定语不符合汉语表达习惯，于是增译为小句且后置。

B. 英语复合句中时间状语从句汉译时的移位

英语复合句中时间状语从句汉译时，通常减译为汉语中由时间名词短语或介词短语充当的时间状语，位于主语之前或紧跟主语，有时也换译成汉语的原因分句、条件分句、让步分句或并列分句，大多位于主语之前。如：

[例 7.20]Atticus met her when he was first elected to the state legislature.

阿蒂克斯第一次当选州立法委员时遇见了她。（高红梅 译）

译者将状语从句 when he was first elected to the state legislature 减译为介词短语"第一次当选州立法委员时"，并前移至主谓之间。

C. 英语复合句中地点状语从句汉译时的移位

英语复合句中地点状语从句通常减译为汉语中的地点状语。状语较长时，需要移至谓语之前；谓语动词为不及物动词时，可将状语短语保留在动词之后，无需移位。如：

[例 7.21]Walter stood where he was, biting his lip.

沃尔特咬着嘴唇，站在原地不动。（高红梅　译）

[例 7.22]I remember the day when I finally knew a genuine thought and could follow where it went.

（我）也永远记得那一天，我终于有了属于自己的真实想法，并且按照这个想法去生活。（李军、章力　译）

例 7.21 原文中地点状语从句 where he was 位于不及物动词 stood 之后，译文位置不变：（站在）原地不动。例 7.22 原文中地点状语从句 where it went 同样位于动词 follow 之后，汉译将其位置前移"按照这个想法（去生活）"。

D. 英语复合句中原因状语从句汉译时的移位

英语复合句中原因状语从句汉译时，译成表达原因的分句或短语，通常无需移位。若原因状语从句位于主句之后，汉译时可前移或保持不变，但从句较复杂时，一般不移位。如：

[例 7.23]There was no hurry, for there was nowhere to go, nothing to buy and no money to buy it with, nothing to see outside the boundaries of Maycomb County.

人们不需要急着赶路，因为没有地方可去，没有东西可买，而且也没有钱去买，梅科姆县之外也没什么可看的。（高红梅　译）

例中原因状语从句 for there was nowhere to go, nothing to buy and no money to buy it with, nothing to see outside the boundaries of Maycomb County 位于主句之后，从句结构复杂，不宜前移。

E. 英语复合句中条件状语从句汉译时的移位

英语表条件的状语从句可译成汉语假设/条件的分句或短语，大多置于另一分句之前，后置的条件从句汉译时一般需要移位。如：

[例 7.24]To follow his example, we will best be rewarded if we strive instead to listen always to the dictates of reason.

如果我们追随他的榜样，努力做到永远听从理性的律令，就会得到最大的回报。（资中筠　译）

本例的条件状语从句 if we strive instead to listen always to the dictates of reason 位于主句之后，译文将其位置前移，理顺了逻辑关系，也符合汉语表达习惯。

F. 英语复合句中让步状语从句汉译时的移位

英语表让步的状语从句可译成汉语让步分句或短语，大多置于另一分句之前，后置的让步从句汉译时一般需要移位。如：

[例 7.25]I thought she felt the same although we didn't talk about it.

虽然我们并没有诉说彼此的情感，但我认为她的感觉和我一样。（濮阳荣　译）

例中让步状语从句位于句末，译文将表让步的从句（"虽然我们并没有诉说彼此的情感"）移至句首，更符合汉语自然语序。

G. 英语复合句中比较状语从句汉译时的移位

英语复合句中 as 和 than 引导的比较状语从句通常减译为汉语的比况短语，一般可移至主谓之间。如：

[例 7.26]The Directors may from time to time provide for the management of the affairs of the Company in such manner as they shall think fit.

董事可以随时以其认为合适的方式做出有关公司事务管理方面的规定。（张法连　译）

原文比较状语从句 as they shall think fit 位于句末，汉译为比况短语"以其认为合适的（方式）"，位置向前移至主谓之间。

H. 英语复合句中方式、结果、目的状语从句汉译时的移位

英语复合句中由 as if/though 引导的方式状语从句汉译时，通常译成"仿佛/如同……"之类的比况短语作状语，如例 7.27；结果状语从句通常译成汉语中的结果分句，有时减译为单句的补语，如例 7.28；目的状语从句通常译成目的分句，如例 7.29，一般都不需移位。

[例 7.27]An atrocious pain pulses in the temples and at the base of the head, as though the whole cranium had been placed in a clamp and tightened.

太阳穴跳得疼痛难忍，好像整个头盖骨都在不断收紧的紧箍中。（资中筠　译）

[例 7.28]And then she had to fill out so many forms she forgot why she had come and what she had left behind.

之后，她不得不填写一大堆表格，忙活得她都忘了自己为什么到这里来，也忘了她舍弃在国内的又是些什么。（李军、章力　译）

[例 7.29]I want youngsters to understand about the past so that they don't make the same mistakes as others did.

我希望年轻一辈了解历史，不再让悲剧重演。（濮阳荣　译）

（三）无形移译

无形移译，即语义引申，指从原文词语的概念义或字面义出发，使其产生符合原文实质的新义。汉译过程中，词典里找不到与原语对应的词，或者有对应词，但不符汉语习惯，或者出于修辞考虑等，需要使用引申法。无形移译大致可归纳为三种：专业化引申、具体化引申、抽象化引申。这时必须从原语的语形、语义、语用三个维度出发，引申出原语词语特定的语境意义，这包括三个阶段：原语的语内引申、语际的概念转移以及译语的选择和表达。

1. 专业化引申

专业化引申，指基于原语词语抽象、概括的语义，结合具体语境，压缩其概念的外延，扩大、丰富其学科内涵，并用明确、具体的译语词语传达原义。例如，部分科技词汇属于共核词汇，但在特定的学科领域获得了专业性语义，全译时应该通过多次的表里考察和验证，由其本义引申出特定含义，选用或创造译语中恰当的词汇形式，以符合具体的文体要求。

试以 board 为例。据《牛津高阶英汉双解词典》（第 9 版），其本义是"a long thin piece of strong hard material, especially wood, used, for example, for making floors, building walls and roofs and making boats"，可对译为"板；（尤指）木板"。但是，它在不同学科领域中的内涵有所不同，需汉译成相应术语，才能既达意又符合文体。以下四例均源自该词典。

[例 7.30]She has a seat on the board of directors.
她是董事会成员。
[例 7.31]He pays £90 a week board and lodging.
他每周的膳宿花费为 90 英镑。
[例 7.32]The puck went wide, hitting the boards.
冰球击偏了，打在了界墙上。
[例 7.33]Have the passengers gone on board yet?
乘客们登机了吗?

例中 board 分别出现在商业、教育、体育和交通等领域，其内涵由"木板"分别引申为"董事会""膳食花费""（冰球场周围的）界墙""船舶或飞机、火车等交通工具"。由此可见，汉译时不可生搬硬套其基本义，以免造成误译。

2. 具体化引申

具体化引申，即化虚为实，指结合具体语境将原语单位抽象、笼统的语义，用具体、形象的译语词语表达出来，多用于英汉全译。抽象表达在英语中非常普遍，尤其用于社科政论文章、报刊评论、法律文书、商业信件等。抽象名词指称笼统，含义概括，便于表达复杂思想和微妙情绪。与英语相比，汉语用词倾向于具体、明确、直观。因此，英译汉时，通常需要结合特定语境，将原文词语表达的宽泛、笼统、抽象的概念，通过增加范畴词和动词、采用具体形象表达等手段作出引申。如：

[例 7.34]During his first five years in Maycomb, Atticus practiced economy more than anything; for several years thereafter he invested his earnings in his brother's education.

在梅科姆镇的头五年里，阿蒂克斯的生活极为节俭；此后的几年里，他便用自己挣的钱去资助弟弟的学业。（高红梅　译）

原文 economy 是经济学术语，但根据上下文语境，阿蒂克斯是位律师，并未从事经济学方面的工作，汉译将其具体化为"勤俭节约；努力攒钱"，与后文"资助弟弟的学业"在逻辑上是明确合理的。

3. 抽象化引申

抽象化引申，即化实为虚，指原语单位在具体语境中已失去具体、形象的意义，需要抽象概括和模糊理解，并用译语中正确、恰当的形式再现出来，多见于汉译英。

英汉互译时，原文某些形象性表达带有很强的民族色彩或文化内涵，若按照字面直译，常无法传达作者的真实意图。因此，必须透过其字面意义引申出本质内涵，以符合译语的表达习惯，满足译文修辞达意的需要。如：

[例 7.35]我想皇帝一定是不坐龙庭了。

I don't believe there's an emperor again.（杨宪益、戴乃迭　译）

[例 7.36]真愿成为诗人，把一切好听好看的字都浸在自己的心血里，像杜鹃似的啼出北平的俊伟。

If only I were a poet so that, with all the sweet and beautiful words at my command, I could sing of the grandeur of Peiping in as longing a note as that of a cuckoo!（张培基　译）

例 7.35 中，非常形象化的"坐龙庭"指代中国封建帝制，英译放弃了 ascend the Dragon Throne 这一形象表述。后一例 7.36，原文选自老舍名篇《想北平》，作者借用"杜鹃啼血"的典故表达思念之情。译者指出："古代诗人认为杜鹃鸣声凄厉，旅人闻之，不禁产生思家的心情，故常用'啼血'形容其鸣声。'啼血'不宜直译，可结合上下文意译为 its longing note。"（杨平，2003：21）

第三节 换 译 论

无论汉字"译",还是英文单词 translate,"换"都是应有之义,用译语替换原语以求达意,这也是早期语言学视角翻译研究的核心要旨。本节所论的换译,基于汉外语言差异,将翻译置于语形、语义和语用三个维度展开综合考察。根据语言单位互换的不同维度,换译可分为词类换译、句类换译、动静换译、肯否换译、主被换译、意象换译六种类型。

一、换译界定

转换现象乃翻译之基本操作,无论是印欧语系内部,还是汉英语之间,翻译首先指语际转换。但翻译界对这一现象的认识尚不够深入,"转""换"不分,笼统对待,造就"转换法""翻译转换""转译""换译"等五花八门的名称,众说纷纭。近年来转换得到较为具体深入的研究,从不严格区分"转""换",到"移""换"分别对待,认为"换译"即交换式全译,属于双向交换行为(黄忠廉等,2019:104),确立了换译在全译方法论体系中的地位。

由此,可将换译定义为:"换译,即交换式全译,是指译者根据原文语用价值和语里意义以及译文语表形式的需要,交换双语表达手段和方式的全译方法。"(余承法,2014:171)换译有时与移译结合运用:移译重在转移语言单位的空间位置,是一种单向式全译行为;换译旨在交换语言单位的表达方式,是一种双向式全译行为,二者相得益彰,确保译文准确传义,并为读者理解和接受。换译的操作原则是:换形不改意不动值,即交换原文和译文的语表形式,力求不变换原文的语里意义,尽可能不更改其语用价值。

根据语际单位互换的不同角度和层面,换译可细分为六种类型:词类换译、句类换译、动静换译、肯否换译、主被换译、意象换译。有些换译类型是相互关联的,如名词和动词的换译,从词的语法性质看,属于词类换译;从词的造句功能看,属于小句成分的换译;从事物的运动状态来看,属于动静换译。有些换译基于较低层次的语言单位及其性质,如词类换译和成分换译;有些基于句子及其以上单位,如句类换译;有些基于语言单位的不同视角,遵循事物运动的客观规律和人类认识客观世界的辩证规律,如肯否换译、动静换译等。

二、换译理据

换译因不同操作类型的差异而缘起有别,如词类换译是因为双语词类划分依据、词汇的使用频率以及词义对应关系的殊异,句类换译是因为双语句子类型及其构成规则不同，动静换译是因为双语表达事物运动和静止状态的方式不尽相同，等等。

（一）词类换译的理据

汉英互译中词类换译的原因在于：不同的词类划分依据、不同的词汇使用频率、不同的词义对应关系。

现代汉语不是形态发达的语言，词类的语法特征主要体现在组合能力和句法功能两方面，尤其是前者。据此，可将现代汉语的词类分为实词和虚词两大类：实词包括名词、动词、形容词、数词、量词、代词，可以充当句子的主干成分即主、谓、宾；虚词包括副词、介词、连词、助词和拟音词，不能充当主干成分，有的甚至不能充当任何句子成分。英语词类的划分依据是意义，分为实义词和功能词：实义词有明确的概念意义，相当于汉语的实词，包括名词、代词、动词、形容词、副词、数词；功能词没有独立的概念意义，主要是表达概念之间的关系以及词语之间、句子之间的关系，相当于汉语的虚词，包括介词、连词、冠词、感叹词等。

首先，汉英语词类划分依据不完全一致，双语互译时，对原语特有而译语缺失的词类，除适当增减之外，还需根据具体情况恰当换译，才能准确完整地传达原文语义，确保译文通顺流畅。其次，虽然汉英语都是实词多于虚词，构成词汇的主体，但汉语惯用人称主语，属于"动词优势"语，而英语更多地使用非人称主语，属于"名词优势"语。最后，汉英语词义关系一一对应者是极少数，一对多或者零对应者屡见不鲜，词类换译可谓必由之路。

（二）句类换译的理据

句类换译指双语不同句子类型之间的相互交换，包括单句之间、单句与复句之间、复句及其分句之间不同类型的互换，每种类型还可细分为若干次类，其原因在于：单语内部本身就存在句类互换的现象，英语句类互换尤其频繁，可用陈述句分别表达疑问、祈使和感叹，可将各种从句压缩为短语从而将复句变为单句，可将并列句与复合句互换，还可进行不同从句类型互换。

这种转换是人类思维共性在语言中的反映，以词语为单位的简单概念、以短语为单位的复杂概念、以小句为单位的简单判断、以复句为单位的复杂判断是人类认识世界的手段，其间存有必然联系和逻辑关联。句类换译以不改逻辑判断为前提，通过概念和判断的形式替换，实现从原语到译语的价值转移。

（三）动静换译的理据

动静换译体现为双语之间动词与其他词类的互相换译。这首先是汉英语言类型差异造就的，汉语是孤立语，动词缺乏时、体、态等方面的形态变化，使用时灵活多变；英语作为屈折语，受到严格的形态规则约束，大大降低了动词使用的频率和英语的动态性。英汉互译时，需在偏动态的汉语与偏静态的英语之间展开互换。

其次，中西思维认知模式的差异是深层原因。中国传统思维模式注重直观体验和直觉体悟，善用动态语言描述和反思瞬息万变的万千世界；西方民族长期浸润于形式逻辑，长于客观分析，以概念、判断和推理观察和思考宇宙万物，语言作为表征手段没有体现出显著的动态性。

（四）肯否换译的理据

任何语言都有正面肯定和反面否定的表达结构，含否定词的句子通常称为否定句，不含否定词的句子称为肯定句。首先，汉英都有否定词及其构成的否定结构，但它们在类别、数量、范围、结构和语义方面都存在较大差别，这是构成汉英否定句不对应的首要原因之一，也是肯否换译的原因之一。汉语没有严格意义的形态变化，以词汇手段表达否定，而英语包括"词否定"和"句否定"两种方式和三种类型：全句否定、局部否定和谓语否定。

其次，中国传统思维中，谦逊美德常表现为贬己尊人，否定自己，抬高他人，汉语某些否定表达实则应从正面理解和传译，以符合英美人的思维习惯和译语表达习惯，达到最佳交际效果。

另外，肯定与否定是客观世界对立统一的反映，相反相成，无论单语内部，还是双语之间，肯定与否定之间的转换都是人类思维共性的体现。肯否换译只涉及语际表达方式的相互交换，不会改变词和短语表达的概念、小句表达的判断、复句和句群表达的推理，符合人类认识客观世界的辩证思维原理。

（五）主被换译的理据

汉英两种语言都能表达被动意义，但形态有所不同。汉语虽有"被""为"等被动结构标记，但使用情况远不如英语被动结构广泛，且常带有消极内涵。英语被动语态是一种常态语法现象，在某些文体中更是一种表达习惯。基于语法、语义、语用和文体等方面的需要，被动句在英语中大量使用，造成物称倾向。

主动和被动是人们对客观世界的两种认知和表征方式，而以 SVO 构型为主的汉英两种语言中，主语和宾语的转换，客观上反映了主体和客体内在逻辑的互动关系。英语被动句换译为汉语使动句或处置句，或者反之，也都体现了事物运动相反相成、辩证统一的客观规律。

（六）意象换译的理据

意象，或涉形象、物象，是人类认识世界的重要方式，各民族对世界的思考都离不开意象，通过特定意象之间的象似性，激活人的主观经验，将人的认知由已知领域向未知领域进行投射（倪璐璐，2021）。但由于政治、经济、文化等方面的差异，不同民族在意象选择上不尽相同，甚至同一意象在不同民族文化中传达的内涵也大相径庭。例如中文"狗"和英文 dog，前者指人时常有贬义，而 dog 常带"忠诚"之义。跨语交际过程中，意象的处理自然值得关注。2020 年 6 月 28 日，环球网的一则标题报道《约翰逊受访时做俯卧撑自称"壮如屠夫家的狗"，却被网友吐槽"尴尬"》，大致内容是，英国首相约翰逊不幸染上新冠肺炎后恢复情况良好，接受记者采访时自称"壮如屠夫家的狗"。此后，《参考消息》《中国经济网》《潇湘晨报》相继转载。读者或许能猜出报道意在说明英国首相很"壮"，但为何"壮如屠夫家的狗"，却不是"体壮如牛"或"龙马精神"？究根溯源，约翰逊接受采访时所说的英文原文是 as fit as a butcher's dog，意在强调：他的身体很强壮，恢复得很不错，公众不必为此担忧。如此直译，恐有弄巧成拙之嫌。

三、换译过程

换译过程主要体现为原语、译语单位交换的路径、方式和流程。根据语言单位互换的不同维度，可分为词类换译、句类换译、动静换译、肯否换译、主被换译、意象换译等六种类型。其中，词类和句类换译最为典型，二者相互区别又彼此关联，其他换译类型主要基于词类和句类换译而推进。

换译的操作过程包括三个阶段和六个步骤：①原文理解阶段把握原文总体轮廓和脉络，厘清原文单位的深层语义关系。②语际转换阶段包括两个步骤：将原文单位如词、短语、小句、复句等转换为思维中对应的简单概念、复杂概念、简单判断、复杂判断；将概念和判断外化为译语的词、短语、小句和复句。③译文表达阶段包括三个步骤：按照译语表达规范替换语言单位；必要时，根据译语语序移动相关语言单位；增删换译和移译引起的其他语言单位，使之换形而不改语义，不变语用。

四、换译方法体系

换译过程主要体现在词类换译、句类换译、动静换译、肯否换译、主被换译和意象换译六个方面。

（一）词类换译

作为常见的换译类型，词类换译在汉外互译中使用非常普遍，主要体现为名词、动词、形容词、副词之间的语际互换，有时还体现为原语特有的词类与相应的译语词类的互换，如汉语量词换译为英语冠词和名词，英语冠词有时可换译为汉语代词、数词等。词类换译有时伴随移译、增译等：词的语法性质发生改变时，可能引起位置移动，如汉语动词换译为英语名词时，动词后面的名词可能译成另一个英语名词，此时涉及两个名词之间的位置排列，有时还需增添其他词如介词、连词，才能明确其间的语法、语义关系。

1. 汉语动词与英语名词、介词、形容词、副词换译

汉语动词无形态变化，使用灵活，英语动词受句法规则制约，小句通常只有一个谓语动词（并列谓语动词除外）。因此，汉译英时应结合上下文理解动词的具体含义，将行为动词换译为英语名词（动名词）、介词、形容词，将趋向动词换译为含动作义的英语副词。汉语动词换译为英语的非动词，以削弱动作义，突出事物的性质、情态，强化词语之间的逻辑关系，确保译文表意明晰；可以区分动词与非动词、谓语动词和非谓语动词，从而使译文主次更加分明；可以减少谓语动词的量，避免多用小句，从而使译文结构简洁，符合英语表达习惯。因此，此类换译多半是强制性的。

英语一些由动词词根派生而来或含动作义的名词，常需换译为汉语动词；英语介词的使用频率非常高，词语之间的关系常用介词，含动作义，因此可换译为汉语动词；英语有些与动词同源的形容词常与 be 一起做谓语，常带动作意味，通常可换译为汉语动词。英语有时用副词表达动作义，与系动词搭配作主语的补语时，往往需要译成表状态的汉语动词；与动词搭配充作宾语的补语时，通常可译成汉语趋向动词。如：

[例 7.37]画给人一种心灵上的享受，不可言说，说便不着。

The pleasure it (a painting) offers is meant for the heart, not for the lips, as words from the lips would miss it.（朱纯深　译）

[例 7.38]小溪流下去，绕山阻流，约三里便汇入茶峒的大河。

The stream winds down three *li* or so through the rocks to join the big river at Chatong.（杨宪益、戴乃迭　译）

[例 7.39]然而巨声却又模糊了，低微了，消失了；蜕化下来的只是一段寂寞的虚空。

Yet that great sound became indistinct again, became fainter, and disappeared; all that remained from this metamorphosis was a lonely void.（Robert Neather　译）

[例 7.40]And when I say that it is certainly true, that our marriage is over, I know what else she will say: "Then you must save it."

我若又说这是真的，我们的婚姻的确结束了，我知道她仍会来一句："那你必须挽回它。"（李军、章力　译）

例 7.37 原文的动词"言说"换译为名词 the lips,译文进行了逻辑重组,以 the pleasure(享受)作为叙事起点,串起了"画"和"不可言说"。例 7.38 原文的动词短语"绕山阻流"换译为英语介词 through,以静译动。例 7.39 原文中的动词"模糊"和"低微"分别换译为形容词 indistinct 和 fainter,充当主语补足语。例 7.40 原文的副词 over 换译为"结束"。如上种种换译,旨在让译文更合译语的语法规则和表达习惯。

2. 汉语名词与英语动词、形容词、代词换译

汉语名词带有动作意味时,可换译为英语动词,以使表达的力度更强、语义更实;汉语名词带有修饰、限定和描写作用时,可换译为英语形容词,确保描写更为细腻、逼真;部分重复使用的汉语名词,可换译为英语代词。英语由名词派生或转换而成的动词,已经失去原有的动作意味,只表示主语的状态或性质,可将其换译为汉语名词;英语有些形容词用作补语时,说明人或事物的特征,汉译时往往在相应名词之后加"性、体、度"等(类)词缀,或者直接替换为名词;为了避免重复,英语往往用代词替换前面提到的名词,汉译时可运用减译承前省略,也可将代词还原或者换译为相应名词。

[例 7.41]一到金秋,满山枫叶绛红。

As summer merges into autumn, the maple trees turn fiery-red, splashing color through the thickly forested hills.(何志范 译)

[例 7.42]山谷顶端,残留着一座道教建筑,名"黄龙古寺"。

On the hilltop stands the Yellow Dragon Monastery, a Taoist retreat built in the Ming Dynasty(1368-1644).(边幽芬 译)

[例 7.43]Lily also wanted to broaden her horizons and had an eye on working again using her sewing skills.

原译:莉莉也想拓宽眼界,打算重拾她的缝纫手艺。(濮阳荣 译)

试译:莉莉也想拓宽眼界,打算重拾缝纫手艺。

例 7.41 原文"满山枫叶绛红"未使用动词,但结合前一小句分析,该句静中有动,译文使用动词 turn 予以显化,紧随其后的现在分词短语增用 splashing,让"变红"的范围一步步扩大,直至"满山"。值得注意的是,该译文另有一处增译,也是恰到好处。时间状语从句增译了 summer,照应原文季节轮替的语境。例 7.42 原文中名词"道教"修饰"建筑",换译为英语形容词 Taoist。例 7.43 原文有两个代词 her,原译减译了第一个代词,试译则减译两个代词,更简洁地道。

3. 汉语形容词与英语名词、副词换译

汉语形容词可分两类，除了典型的性状形容词之外，还有一类定质形容词，它性质固定，没有极度变化。英译时有两种选择：性状形容词对译成英语形容词，定质形容词换译为相应的英语名词；修饰动词的汉语形容词必须换译为英语副词，汉语形容词修饰的名词换译为英语动词时，形容词需要相应地换译为英语副词。

英语常用名词表达事物的性质或状态，最常见的结构是"of + 抽象名词"或"抽象名词 + of"，其用法相当于同根的形容词，通常需要将这类抽象名词换译为相应的汉语形容词。英语形容词可自由转换为副词，而汉语副词较少，相当一部分英语副词在汉语中无对应，需要换译为相应的形容词。如：

[例 7.44]沿着荷塘，是一条曲折的小煤屑路。
Alongside the Lotus Pond runs a small cinder footpath.（朱纯深 译）

[例 7.45]Without following a Socratic method, we may realize that people with no money may be called virtuous if they have lived through situations in which it was impossible to be virtuous and make money, or that acting courageously can involve retreat in battle.
即使不用苏格拉底的方法，我们也会认识到如果处境使道德与赚钱不能两全，一个没钱的人是可以称为道德高尚的，或者在战场上进退都可以是勇敢行为。（资中筠 译）

例 7.44 原文含有四个形容词，两个表示性状——"曲折的"和"小"，一个表示定质——"荷（塘）"和"煤屑（路）"。英译时，性状形容词"小"对译为形容词 small，"曲折"被减译，而定质形容词则换译为名词 lotus 和 cinder。例 7.45 原文 acting courageously 汉译为"勇敢行为"，英语动名词换译为汉语名词后，副词相应换译为形容词。

4. 汉语副词与英语名词、形容词、动词和介词（短语）换译

汉语副词"以能修饰谓语动词作为必要条件"，"以纯状语性作为充要条件"（邢福义，1996：181-182），通常直译成英语中作状语的副词，但有些时间副词可换译为英语中作状语的时间名词（短语）；汉语动词换译为英语名词时，修饰该动词的副词也要相应地换译为英语形容词；有些频率副词可换译为英语的实义动词，以增强动态感；汉语有些表示时间、程度、语气的副词可换译为英语的介词短语。

英语中"all the + 时间/地点名词"表示动作持续的时间或地点，相当于汉语中作时间状语的副词，因此可以互换；英语表示属性、情态的形容词可表达动作

的情状，可换译为汉语副词；英语名词换译为汉语动词或形容词时，修饰它的形容词需要相应地换译为汉语副词；英语动词 continue、tend、cease 后面接动词不定式时，实际上修饰不定式，表示动词持续进行、频繁发生或不再发生，汉译时可替换译为副词"不断""往往""不再"。如：

[例 7.46]"蒙娜丽莎"的微笑，即是微笑，笑得美，笑得甜，笑得有味道，但是我们无法追问她为什么笑，她笑的是什么。

Mona Lisa smiles, but no more than a smile. Beautiful, sweet, and profound her smile is, we are in no position to quest why she smiles, or what she smiles about.（朱纯深　译）

[例 7.47]Twenty years ago, she had been a famous Shantung sing-song girl, a woman of some respect, especially among married men who frequented teahouses.

二十年前，她是个当红的山东歌女，这女人有些名气，那些已有家室又常去茶馆的男人们尤其青睐她。（李军、章力　译）

例 7.46 原文"笑得美，笑得甜，笑得有味道"中"美""甜""有味道"均为副词，译文将"笑"换译为名词，上述三个副词相应换译为形容词：beautiful、sweet 和 profound。例 7.47 原文中的 frequent 意为"经常光顾"，故汉译时将此内涵显化为副词"常"。

5. 汉语量词、助词和拟音词的换译

1）汉语量词与英语名词的换译

量词是汉语特有的一类词，英语与部分汉语惯用物量词对应的是一些数量名词（用在不可数名词之前）或集合名词（表达名词复数概念），与部分汉语惯用动量词对应的是少数几个名词，如 once、twice、times。因此，汉语量词英译时，除了一部分需要适当减译之外，其他一部分则需换译为英语名词；英译汉时，则需要增译汉语量词，或将英语名词换译为汉语量词。如下例中原文含有两个物量词"叠"和"群"，分别换译为英语名词 stack 和 bevy。

[例 7.48]一叠未回的信，就像一群不散的阴魂，在我罪深孽重的心底幢幢作祟。

A stack of unanswered letters battens on me like a bevy of plaintive ghosts and plays havoc with my smitten conscience.（David Pollard　译）

2）汉语助词与英语介词等的换译

助词也是汉语特有的一个词类，包含结构助词、时态助词等，具体换译情况如下。

汉语典型的结构助词"的"是定语的标志，有时可换译为 of、in 引导的介词短语或表示所有格的-'s 等；典型结构助词"地"是状语的标志，只能借助屈折词缀来体现，有时可语素化为副词后缀-ly；典型结构助词"得"是补语的标志，大多需要减译。反之，英译汉时，需要将相应的屈折词缀词化为结构助词"的、地"或增译为作补语标志的结构助词"得"。

汉语典型的时态助词"着""了""过"紧随动词，分别表示动词的持续时态、实现时态和经验时态（邢福义，1996：234），只能借助英语帮助表达时态的助动词和主动词的屈折词缀来体现。

汉语复数助词"们"在英语中无对应的词汇形式，只能借助表达名词复数的屈折词缀来体现；序数助词"第"通常需要换译为表达序数的定冠词 the。

汉语比况助词附着在词语之后，形成以"（像）X 似的"为典型代表的比况结构（短语或小句），用于表达比喻、拟人或作出某种推断，一般可换译为介词 like。如：

[例 7.49]我想画的最高境界不是可以读得懂的。

To my mind, the best of painting is not to be read so as to be understood.（朱纯深　译）

[例 7.50]去的尽管去了，来的尽管来着，去来的中间，又怎样地匆匆呢？

Those that have gone have gone for good, those to come keep coming; yet in between, how swift is the shift, in such a rush?（朱纯深　译）

[例 7.51]一个人在学问上果能感觉到趣味，有时真会像是着了魔一般。

A man who is really interested in learning sometimes does act like one possessed.（张培基　译）

例 7.49 含有三个结构助词：两个"的"和一个"得"，第一个"的"是定语标志，换译为 of 引导的介词短语；第二个"的"是语气助词，被减译了；"得"是补语标志，也被减译了。例 7.50 原文时态助词"了"，换译为英语完成体 have gone；"着"换译为进行体 keep coming。例 7.51 原文中的比况助词"（像是着了魔）一般"换译为英文介词 like (one possessed)。

3）汉语拟音词的换译

汉语的拟音词是模拟声音的词，既能独用，也能活用为名词、动词、形容词，分为叹词和象声词：叹词与英语感叹词的用法和表达含义类似，可采取直译；汉语象声词在英语中没有对应的词类，而表达这类意义的词通常为名词或动词，因此汉英互译时必须进行适当换译，即汉语象声词换译为英语名词或动词。如：

[例 7.52]在答，答，答的小响外，这次我又听到了呼——呼——的巨声。

This time, besides that slight tap-tapping, I could hear also a great howling sound.（Robert Neather 译）

例中原文含有两类象声词"答"和"呼"，无法对译为英语相应词类，但分别换译为动名词 tapping 和 howling 后，其语里意义得到补偿。

6. 英语助动词的换译

英语助动词本身没有词义，不能单独使用，协助主要动词构成谓语，包括三类：基本助动词（be、do、have）、情态助动词（can、may、will、must、dare 等）和半助动词（be、have、seem）。

基本助动词协助主要动词构成进行体、完成体、完成进行体和被动语态，在否定句和疑问句中充当移位的操作词，而汉语无与之相应的词类或词汇形式。英译汉时，或者减译，或者以"着""了""过"换译这些表达时态的助动词和主动词的曲折后缀。

英语情态助动词本身有情态意义，一般可对译为汉语的能愿动词。由半助动词 be 和 have 构成的短语可换译为相应的汉语能愿动词或时间副词，seem 通常换译为汉语副词"似乎、（看来）好像"等。如：

[例 7.53]We were sorry to have to bid a fond farewell to our dear friend Suyuan and extended our sympathy to the Canning Woo family.

对于我们亲爱的朋友宿愿的离世，我们深表遗憾，并向吴坎宁全家表示深切的同情。（李军、章力 译）

[例 7.54]For a short period we tried selling ready-weighed packs of vegetables which I bagged up in advance but people didn't seem keen on them.

有一小段时间，我们尝试售卖称好重量的袋装蔬菜，我提前把它们装好，方便顾客购买，但他们似乎不太喜欢袋装蔬菜。（濮阳荣 译）

例 7.53 原文中 be 动词的过去式 were 同后接形容词构成谓语，助动词被减译；半助动词 have (to)无实意，也被减译。例 7.54 原文中半助动词 seem 同形容词 keen 构成谓语部分，seem 换译为副词"似乎"。

（二）句类换译

句类换译与增译、减译、分译、合译既相互关联，又有所不同。它们之间存在部分重合，单句与复句的换译必然伴随分句的分译和合译，而复句及其分句的换译,除了分译与合译,时常需要增译或减译相应分句、短语、单词等。但是,句类换译通常发生在句子层(包括小句和复句),而增译、减译、分译、合译还包括语素、词、短语层的增减。句类换译包括四种单句类型的换译、单句与复句的换译、复句及其分句类型的换译三种类型,每种类型可细分为若干次类。

1. 四种单句类型的换译

单句是结构独立和意义完整的小句,汉英单句按照所带的不同语气,都可分为陈述句、疑问句、祈使句和感叹句四种类型。为准确传达原文语义、再现其语用,单句的语气对译是汉英互译的主体。但由于交际的主体、意图、环境、话题、方式等因素的不同,句子语气类型与句子用途并非完全一一对应,不同的句类可以表达相同的语气、语义和语用,同一句类也可表达不同的语气、语义和语用。单语交际是如此,跨语交际如汉外互译,因为译者作为第三交际主体的参与,句子类型在语气和用途之间的不对应则更加突出。因此,在原文语义不变、语用不改的前提下,为了准确、鲜明、生动地传达原文发出者的语义及其蕴含的语气,为了精确、有效、成功地帮助译文读者理解和接受原语信息内容以及信息发出者的交际意图,译者还必须进行不同语气类型单句之间的换译。

在表达语气上,汉英除了都采用不同的句子类型之外,汉语还可借助数量丰富的语气助词,不同的语气助词可帮助不同语气类型的表达,这些数量繁多、表意丰富的语气助词为英语所缺,英语中不同语气大多通过语音语调、词汇(尤其是情态动词)、语序(如变序)以及标点符号等组合表达,如"I may go now."(陈述)、"May I go now?"(疑问)、"May you safe and sound!"(感叹)。通过变序表达语气又为汉语所无,因此汉英语气表达形式存在不对应,汉语语气助词的频繁使用表明句子类型之间并非泾渭分明,相互变换时有发生,汉英互译时就必须相互换译单句的语气类型。

1)陈述句的换译

陈述句用于陈述事实或说话人的看法、观点等。由于交际主体的主体性、语用环境以及单句语气与用途不完全对应,陈述句可进一步细分为疑问陈述句、祈使陈述句、感叹陈述句三个次类。因此,汉外互译时,根据单句语义的兼容性和具体的交际环境,可将原语的陈述句换译为疑问句(例 7.55)、祈使句(例 7.56)或感叹句(例 7.57)。

[例 7.55] ……立刻就要吃饭了,还吃炒豆子,吃穷了一家子。

… Just one minute to supper time, yet still eating roast beans — do you want to eat us out of house and home?(杨宪益、戴乃迭 译)

[例 7.56]你不要为他做说客。

Don't you ever try to talk me into consent on his behalf.(夏乙琥 译)

[例7.57]I longed to join them.

译文A：我渴望加入到他们中间去。（高红梅　译）

译文B：我渴望加入到他们中间。（李育超　译）

试译：我多想成为他们中的一员啊！

例7.57 取自经典文学作品《杀死一只知更鸟》。本句之前，作者用丰富的细节描写，表现了小主人公斯科特期待入学读书的急迫心情。译文A、B分别来自该作品的两个中文译本，遣词造句几乎一致，表达的情绪也都稍显不足。试译为感叹句，更有利于再现其语用价值。

2）疑问句的换译

由于交际主体的主观意图、交际的语用环境以及单句语气与用途不完全对应，除了主要用来提出疑问之外，疑问句还可间接隐含地陈述事实或看法，提出要求、建议或作出指示，表达强烈不满、严厉批评或发出感叹。据此，汉外互译时根据单句语义的兼容性，结合具体的交际环境，可将"语表上有问、语义上无疑、语用上更不用回答"（黄忠廉，2010）的原语疑问句换译为陈述句（例7.58）、祈使句（例7.59）或感叹句（例7.60）。

[例7.58]难道他们还没有知道我已经投降了革命党么？

Maybe they still don't know I have joined the revolutionaries.（杨宪益、戴乃迭　译）

[例7.59]宝玉道："咱们大家今儿钓鱼，占占谁的运气好？"

"Let's all fish to try our luck," proposed Baoyu.（http://corpus.usx.edu.cn/hongloumeng/）

[例7.60]Where did you get such a notion?

你怎么会有这种想法？！（高红梅　译）

3）祈使句的换译

除了主要用来作出请求/要求之外，祈使句还可间接隐含地陈述观点或看法，提出疑问或表达感叹，据此可将其表意类型细分为陈述祈使句、疑问祈使句、感叹祈使句三个次类。因此，汉外互译时根据单句语义的兼容性，结合具体的交际环境，原语祈使句换译为陈述句（例7.61）、疑问句（例7.62）或感叹句（例7.63）。

[例7.61]把她扔掉！

I must shake her off me.（夏乙琥　译）

[例7.62]第五个人说：何必那么激动！

The fifth expostulates: why get all worked up?（朱虹　译）

[例 7.63]Act happy when you arrive. Really, you're very lucky.

你到黄家的时候高兴着点儿，说实在的，你够有福的了。（李军、章力　译）

4）感叹句的换译

除了主要用来表达喜怒哀乐等强烈感情之外，感叹句还可间接隐含地进行陈述、作出请求/要求或提出疑问，原语感叹句也可换译为陈述句（例 7.64）、疑问句（例 7.65）和祈使句（例 7.66）。

[例 7.64]……只要我读书，或写作，他们对我的热情鼓励和鞭策，他们对我的关怀，他们的话在我耳边响着！他们好像就在我面前！

Whenever I read or write, I think of them as if they were still in the flesh before my eyes and their earnest instructions were still ringing in my ears. （郭建中　译）

[例 7.65]Soon there would be no Poland to guarantee!

原译：很快就根本不会有波兰的存在了，还需要什么担保呢？

试译：波兰将亡，何需担保？（黄忠廉用例）

[例 7.66]还是从火车上说起吧！

Let me begin with the trip on the train.（刘士聪　译）

2. 单句与复句的换译

换译类型中，除单句与单句同级换译外，单句与复句有时可以跨级换译。单句与复句的语际换译与增减、分合密切相关，小句增译为复句、复句减译为小句已在第三、第四章探讨过，小句分译为复句、复句合译为小句将在第八章涉及，此处从简论述。

英汉互译过程中，汉语主谓短语通常增译为英语小句，从而将单句换译为英语复句。英语的分词短语、不定式短语、动名词短语甚至某些名词、形容词、副词及其短语，本身可能由相应的从句换译而来，相对独立表意的能力很强，汉译时可增译为小句，从而将英语单句换译为汉语复句。

汉语某些分句可减译为英语短语甚至单词，从而将汉语复句换译为英语单句；英语名词性从句、定语从句以及部分状语从句也可减译为汉语中的短语或单词，从而将英语复句减译为汉语单句。如：

[例 7.67]我担心老母亲从此会离我而去。

There and then I was afraid Mother would leave me forever.（夏乙琥　译）

[例 7.68]Our battles were epic and one-sided.

我们之间的战争没完没了，而且总是一边倒。（高红梅　译）

例 7.67 中，原语"老母亲从此会离我而去"为主谓短语，但英译时换译为小句 Mother would leave me forever，充当宾语从句，而原语单句由此换译为带有宾语从句的复句。例 7.68 原文两个形容词 epic 和 one-sided，与系动词构成复合谓语，换译为两个相应的短语"没完没了""总是一边倒"，节奏感更好，更符合汉语表达习惯。

3. 复句及其分句类型的换译

复句换译，指双语不同复句类型之间的相互交换，既包括联合复句（即汉语的并列复句与英语的并列句）和偏正复句（即汉语的因果复句、转折复句与英语的各种主从复合句）之间的互换，也包括两大类型复句中各种次类复句之间的互换，具体落实在构成双语复句的分句之间的互换。单语交际中，在语义不变、语用不动的前提下，复句及其分句之间的换译非常自由、频繁；在语际转换中，不同语种中复句逻辑关系的体现形式更加丰富多彩，各类复句及其分句之间的互换更加频繁、活跃、多变。

1) 复句层的换译

复句层的换译指双语不同复句类型如联合复句与偏正复句之间的换译。根据分句间的逻辑语义关系，汉语复句分为三大类，即因果类复句、并列类复句、转折类复句。英语复合句也分为三大类：主句+名词性从句、主句+定语从句、主句+状语从句。汉语部分因果类复句相当于英语的并列句、简单句和其他类型的复合句（即带有原因状语从句之外的其他状语从句），因而需要进行双语不同复句类型之间以及复句与单句之间的换译；汉语并列类复句大致对应于英语并列句，但有些并列句需要换译为英语的主从复合句，如"一……就……"之类的连贯式并列复句需要换译为英语中带时间或条件状语从句的主从复合句；部分转折类复句对应于英语主从复合句（以带让步状语从句的复合句为多），以"但是"为代表的突转式复句对应于 but 连接的英语并列句，以"……否则……"为代表的假转式复句相当于英语用 or 连接的并列句或带条件状语从句（由 unless 引导）的主从复合句。如：

[例 7.69]龙船过寨，鸣放铁炮传告亲友，岸上以鞭炮声相呼应。
When they approach a village, they fire guns to announce their arrival. The villagers set off firecrackers in response and then go to meet them.（边幽芬　译）

[例 7.70]So Jem received most of his information from Miss Stephanie Crawford, a neighborhood scold, who said she knew the whole thing.
杰姆的大部分信息都来源于斯蒂芬妮·克劳福德小姐，她是邻居中的一个长舌妇，她说她知道事情的全过程。（高红梅　译）

例 7.69 汉语原文是并列复句,含有两个小句("龙船过寨,鸣放铁炮传告亲友""岸上以鞭炮声相呼应")。译文将其换译为两个独立的句子,第一个为复杂句,含时间状语从句 when they approach a village,译自原语的主谓短语"龙船过寨"。第二个为并列句,除了译出原文"岸上以鞭炮声相呼应",还增译了"然后去迎接他们"(then go to meet them)。例 7.70 原文为含有定语从句的复杂句,换译为含有三个并列小句的汉语复句,英文原语通过同位语短语(a neighborhood scold)和定语从句(who said she knew the whole thing)形成的逻辑层次感不再外显。

2)主句与分句的换译

汉英复句中,主句与分句的位置、功能、表意重心等不尽相同,不同交际对象在不同场合对主句与分句之间逻辑关系的把握和处理也不一样,译者应该结合原文的语义传达、译文的表达习惯以及具体语境确定是否需要换译,以及如何进行主句与分句之间的换译。英译汉时,定语从句、名词性从句、时间状语从句、地点状语从句等常需换译且增译为汉语复句的小句甚至单独成句。汉译英时,汉语小句或单句,常换译且减译为英语从句甚至短语。如:

[例 7.71]他们到了村口,远远望见他们的父亲挑着一担石头进村来。

When they came to the edge of the village they spied their father coming toward the village with a load of rocks.(乔志高 译)

[例 7.72]This was enough to make Jem march to the corner, where he stopped and leaned against the light-pole, watching the gate hanging crazily on its homemade hinge.

这就足以让杰姆大踏步走到街角那儿去了。他在那儿停下来,靠着路灯柱子,凝望着那扇挂在自制合页上摇摇欲坠的院门。(高红梅 译)

例 7.71 原文第一个分句"他们到了村口"换译为英文时间状语从句 when they came to the edge of the village,整个汉语复句换译成英语主从复合句。例 7.72 原文为主从复合句,where he stopped and leaned against the light-pole, watching the gate hanging crazily on its homemade hinge 为非限制性定语从句;译文将主句和从句分别换译成一个单句和一个复句,定语从句换译为由三个并列小句构成的复句"他在那儿停下来,靠着路灯柱子,凝望着那扇挂在自制合页上摇摇欲坠的院门"。

3)分句层的换译

分句层的换译,指双语不同分句类型之间的互换。复句类型不同,分句间的逻辑语义关系不同,分句在复句中的地位也不同。联合复句的各分句之间属于并列关系;偏正复句中各分句的地位不同,存在正偏之分、主从之别,甚至从句的位置不同也会导致复句语义重心的改变。分句换译与复句换译既存共性，也有不同：将原文复句的并列分句换译为译文复句的主从分句，在小句层属于分句类型之间的换译，但在复句层则属于不同复句类型之间的换译；将原文复句的主句换译为译文复句的从句，或者将原文复句的分句换译为译文复句的主句，只是在小句层进行不同分句类型的换译，并不涉及复句层的换译。因此，汉英互译时，译者应准确把握原文复句的层次关系和逻辑语义，结合译语的表达习惯和译文复句的结构需要，进行不同分句类型之间的恰当换译。

汉语偏正复句的分句之间地位和关系并非总是泾渭分明，"复句语义关系具有二重性，既反映客观实际，又反映主观视点"（邢福义，1996：362）。与之不同的是，英语复合句中主从句之间地位和关系一目了然。根据句法功能，英语从句可分为主语从句、宾语从句、补语从句、同位语从句、定语从句和状语从句。定语从句可分为限制性和非限制性，状语从句则可再分为表示时间、地点、原因、条件、方式、目的、结果、让步等语义功能的从句。英语从句种类多、数量大、体系完备，在此重点探讨英语从句汉译时的换译问题。

第一，英语名词性从句包括主语从句、宾语从句、补语从句、同位语从句，在句法功能上相当于名词，汉译时除了换译为相应分句外，通常还可换译（也属于减译）为汉语中主谓短语、动补短语、偏正短语等。如：

[例 7.73]What immediately distinguished his philosophy was an emphasis on the importance of sensual pleasure…

他的哲学最显著的与众不同之处就是强调感官的快乐……（资中筠　译）

[例 7.74]I apologized for being late and told him what had happened getting across town.

我为迟到表示了歉意，告诉他途中发生的事情。（濮阳荣　译）

例 7.73 原文含有主语从句 what immediately distinguished his philosophy，汉译时换译为主谓短语"他的哲学最显著的与众不同之处"；例 7.74 原文中的宾语从句 what had happened getting across town 换译为偏正短语"途中发生的事情"。

第二，英语定语从句可分为限制性和非限制性两类。限制性定语从句通常减译、换译为汉语作前置定语的偏正短语，从而将英语复合句减译、换译为汉语单句；定语从句太长、太复杂时，不适合译成汉语中的前置定语，则运用分译，将其换译为汉语复句的后一分句，视具体情况重复或省略定语从句的先行词。非限制性定语从句与主句的关系相对松散，只对整个主句起补充、说明作用，因而汉译时多采取分译，将其换译为汉语复句的独立分句，并根据具体情况重复或省略原文定语从句的先行词，或者换译为汉语句群的单句。如：

第七章　全译移换论

[例 7.75]It was January 1945 when we left the camp with our guards, in one of the worst winters of the twentieth century with temperatures as low as −25℃.

1945 年 1 月，我们在德国卫兵的看押下离开劳改营，那是 20 世纪最严寒的冬天之一，当时气温低至零下 25 摄氏度。（濮阳荣　译）

[例 7.76]Uncle Jack, who is Auntie Ying's younger brother, is very keen on a company that mines gold in Canada.

杰克叔叔是莹映阿姨的弟弟，他非常热衷于一家在加拿大挖金矿的公司。（李军、章力　译）

例 7.75 原文中定语从句 when we left the camp with our guards 修饰 January 1945，由于该从句较长，且后接更为复杂的介词短语结构，汉译时定语从句换译为分句"我们在德国卫兵的看押下离开劳改营"，其后的两个介词短语亦分别译为相应并列分句。例 7.76 原文含有两个定语从句：非限制性定语从句 who is Auntie Ying's younger brother 修饰 Uncle Jack，限制性定语从句 that mines gold in Canada 修饰 a company。非限制性定语从句及其先行词合并一起，直接译成了分句"杰克叔叔是莹映阿姨的弟弟"，而限制性定语从句则译成了前置修饰语"在加拿大挖金矿的"。

第三，英语的时间、地点、方式状语从句通常减译、换译为汉语中表示时间、地点、方式的状语短语，时间状语从句有时也可换译为汉语的并列分句，地点状语从句可换译为汉语的条件、转折分句等；表示原因、条件、结果、目的、让步等关系的状语从句通常译成相应的汉语分句，有时也可减译、换译为相应的状语短语。如：

[例 7.77]When Walter caught up with us, Jem made pleasant conversation with him.

沃尔特追上我们，杰姆和他愉快地聊起来。（高红梅　译）

[例 7.78]If you slipped, you would only fall into a bed of soft moss and laugh.

要是滑一跤，也只会跌倒在一床松软的苔藓上，笑笑而已。（李军、章力　译）

例 7.77 原文的时间状语从句 when Walter caught up with us 换译为汉语并列分句"沃尔特追上我们"。例 7.78 中的条件状语从句 if you slipped 换译且减译为表示条件的短语"要是滑一跤"；由于原语从句和主句的主语 you 双双被删，主句也同样减译为动词短语。

（三）动静换译

动静换译，指运动与静止两种表达方式的语际相互交换。动静换译既能反映单语从不同角度如何客观地再现事物的运动和静止状态，也能反映双语如何从动、静两个视角观察同一种运动状态，同时折射不同的语言表达方式的主观性。

动静换译与词类换译相关，动态和静态表达同双语动词和非动词的使用休戚相关；动静换译也与主被换译有关，除了词类换译，主动和被动语态的使用对动态和静态的呈现是不可忽视的。在此主要从静态动译和动态静译两个角度探讨。

1. 静态动译

静态动译指将原文的静态表达换译为译语的动态表达，主要用于英译汉。

英语常常通过动词的派生、转换、弱化和虚化等手段，采用非动词形式如名词、介词、形容词、副词等表达动词的概念和意义，甚至将动词转变为分词、动名词、不定式等非谓语动词，从而呈现静态。这具体体现为六个方面：名词化、用名词表达施事、用名词代替形容词、名词优势造成介词优势、动词的弱化和虚化、用形容词或副词表达动词的含义。因此，应该根据汉语的动态表达倾向以及具体的语用环境，将这些静态的表达方式换译为汉语的动态表达。

1）抽象名词的具体化动译

英语往往充分发挥名词的表达优势，习惯用动词或形容词派生而来的抽象名词表达行为、活动、变化、情状、性质、品质、情感等概念，如 move — movement、realize — realization 等，遣词灵活，句式简洁，叙述贴切，行文自然，适于表达较为复杂的思想内容。但与此同时，名词负载过重势必带来介词增加和动词虚化，削弱表达的动感，汉译时宜增加动态表达，以符合译语表达习惯。如：

[例 7.79]Recognition of this should teach us to think that the world is more flexible than it seems, for the established views have frequently emerged not through a process of faultless reasoning, but through centuries of intellectual muddle.

认识到这一点，就可以教会我们想到世界比看起来更有可变性，因为传统的成见不是从无懈可击的推理中得出来的，而是从几世纪的混沌头脑中涌现出来的。（资中筠 译）

例中抽象名词 recognition 换译为动词"认识"，赋予该行为以动态，相比名词短语"（对于这一点的）认识"等表达更生动。至于原因状语从句，汉译为原因分句后，动词 emerged 汉译为两个动词（"得"和"涌现"），其中，"涌现"为增译，同表示方式的介词短语搭配，更符合译语表达习惯。

2）施事名词的动译

英语中大量由动词加后缀-er/-or/-ance/-ence 派生的名词既表达施事功能，又多少保留了原来的动词义，但已失去动词固有的动感，常与前置形容词构成静态结构，有时并不指代人，只是表达一种静态动作。相应的汉语名词大多只能表达身份或职业，没有动作意义，通常需要换译为动词，以体现动态含义（详见前文"英语名词换译为汉语动词"）。如：

[例 7.80]Mrs. Dubose lived alone except for a Negro girl in constant attendance…

杜博斯太太一个人住，有个黑人女佣常年伺候她。（高红梅　译）

原文 attendance 虽为名词，但保留很强的动作义，因此译作"伺候"；形容词 constant 相应地换译为副词"常年"。

3）连用名词、复合名词的动译

英语报刊、书文标题常常名词连用，或大量使用复合名词，以节约篇幅，精简表达。在科技语篇中此种用法也不少见。但简练表达能提高效率，也使语言失去了活力，有时甚至产生歧义。汉译时，需要将某些名词换译为动词，或适时增加动词，以增强动态表达，符合汉语的表达习惯。如：

[例 7.81]The Voice from the Wall

隔墙有声（李军、章力　译）

[例 7.82]Samsung investors look for guidance on plans for $100bn cash pile

投资者寄望于三星动用巨额现金储备展开并购（https://mp.weixin.qq.com/s/-72MRK2QsrLhLKe7CAJsnw）

以上两例均为标题，少动词，而多用名词、介词等。例 7.81 原文为名词短语，不含任何动词，汉译套用成语"隔墙有耳"，介词换译为动词"有"，抛弃"墙外的声音"等译法，简洁有动感，颇能吸引人。例 7.82 原文为报刊标题，由 11 个单词构成，动词一个（look）；除将 look for 对译为"寄望"外，译文将名词 plans 换译为"动用"，并增译了动词短语"展开并购"。

4）介词的动译

英语的名词优势成就了介词优势，使英的静态倾向更为显著，如常用介词短语取代动词短语，以"静"代"动"。汉译时必须根据汉语的表达习惯，增用动词，将静态换译为动态。如：

[例 7.83]The green curtains with their peacock design, hung in straight lines, and the green carpet, in the pattern of which pale rabbits frolicked among leafy trees, suggested the influence of William Morris.

  印着孔雀图案的绿色窗帘线条笔直地高悬着。地毯也是绿色的，地毯上白色小兔在浓郁树荫中嬉戏的图画使人想到是受了威廉·莫利斯的影响。（傅惟慈 译）

  原文是对一间餐室内部装潢的描写，主句动词用 suggested，从句动词用 frolicked，虚化的动词有 hung，介词用了六个（with、in、in、of、among、of）。汉译动词用了八个（印、悬、是、嬉戏、使、想、是、受），其中"印""受"分别由 with 和 of 换译而来。虽然原文是静态描写，但汉译仍旧增加了多处动态表达，以符合中文表达习惯和交际效果。

  5）弱化动词的强化和虚化动词的实化

  英语动词中使用频率最高的是动作义最弱的系动词 be，其使用和搭配缺乏动感。另外，英语还存在大量弱化的轻动词，如前文提到的 have、make、give、do 等。汉译时，必须强化动作意味，实化动态效果，确保动词有动态、描述有动感、行文有动势。

  [例 7.84]In case of an equality of votes, the Chairman shall not have a second or casting vote.

  原译：如果出现票数相同的情况，董事长不得第二次投票或者投决定票。（张法连 译）

  试译：如果出现票数相同的情况，董事长不得投第二票或者决定票。

  例中原文含有弱动词 have，汉译为"投票"，激活虚化动词的动态，更具动作意味。试译使用"投……票"结构，更简洁。In case of an equality of votes 是介词短语，表示假设，换译为条件分句"如果出现票数相同的情况"，增译了"出现"，同样强化了动态效果。

  6）形容词、副词的动译

  英语经常用与动词同源的形容词、表示生理或心理感觉的形容词与弱化动词 be 等构成"系动词+补足语"结构，表达动作含义，有时也用副词表达动词的意义，而汉语无与之对应的词类或用法，必须换译为相应的动词形式，以突出动作和情态。如：

  [例 7.85]We may be powerless to alter certain events, but we remain free to choose our attitude towards them…

  我们可能无力改变某些事态，但还是有自由决定对待它们的态度……（资中筠 译）

  原文中形容词 powerless 和 free 分别充当主语补足语，第一个"系动词+主语补足语"结构换译为副词"无力",第二个系补结构则动译为"有自由",更好地实现了与后文动宾结构("改变某些事态""决定对待它们的态度")的衔接。

2. 动态静译

动态静译,指将原语的动态表达换译为译语的静态表达,主要见于汉译英。汉语作为动词优势的语言,动词的使用频率很高,可充当各种小句成分,经常重叠、重复和连用,构成多动词谓语句。因此,汉译英时应结合具体语境,将汉语动词换译为英语名词、介词、形容词、副词或非谓语动词,或根据需要减译,以使译文符合英语注重静态的表达方式和习惯。如:

[例 7.86]两岸的豆麦和河底的水草所发散出来的清香,夹杂在水气中扑面的吹来;月色便朦胧在这水气里。

The scent of beans, wheat and river-weeds wafted towards us through the mist, and the moonlight shone faintly through it.(杨宪益、戴乃迭 译)

原文包含五个动词(发散、夹杂、扑、吹、朦胧),英译包含主动词两个(wafted、shone〈faintly〉),对应"吹"和"朦胧","夹杂"和"扑"分别换译为静态介词(through、towards),而"发散"被省去。

(四)肯否换译

肯否换译,指双语中正面肯定与反面否定两种表达方式的相互交换。人类对于同一事物现象的认识,既可从正面切入,也可从反面切入,既可作肯定表达,也可作否定陈述,既可用肯定形式表达否定意义,又可用否定形式表达肯定意义,还可以用双重否定表达加强肯定。汉语与英语一样,既有肯定和否定表达,也有正面和反面陈述。一般而言,语际肯否换译,变换的是语表形式,语里意义不变,语用价值可能发生改变。根据具体操作方式,肯否换译可分为否定肯译和肯定否译两种类型,运用原因相同,操作方式正好相反。

1. 否定肯译

汉英有时存在不同的正反、肯否表达方式,否定肯译既包括将汉语原文的反面否定表达换译为英语译文的正面肯定表达,又包括将英语原文的反面否定表达换译为汉语译文的正面肯定表达,还包括将原文的双重否定换译为译文的弱化肯定或加强肯定。无论是英译汉还是汉译英,否定肯译都是为了符合译语的表达习惯,为了突出强调或修辞达意的需要。

1)汉译英时的否定肯译

汉译英时的否定肯译主要包括以下四种情况。

第一，汉语有些否定表达尽管包含否定词，但已完成词汇化（不管、无论、不胜〈感激〉、好不〈热闹〉等），单个否定词的含义丧失，英译时将否定形式作肯译处理。如：

[例 7.87]可是有时毫不可笑的事，他会冷不防放声大笑，笑得翻江倒海，仰面朝天，几乎连人带椅子要翻过去，喉结在脖子上乱跳，满脸胡子直抖。

However, when it came to topics of the most dull nature, he would burst into uncontrollable laughter, roaring while rocking in his chair, almost falling flat on his back, his Adam's apple dancing up and down in his throat and his whiskers fluttering all over his face.（刘先农 译）

例中，"冷不防"已词汇化，修饰"放声大笑"，意指"预料之外突然发生"，不可根据字面意思硬译。译文将其内涵内化于动词短语 burst into。

第二，汉语有些成语、谚语、俗语包含否定词，但英译时不可忽视内涵按字面硬译，常需从正面简练恰当地译出真实含义。如：

[例 7.88]第一个人说：活得太累了。没完没了的解释，无休无止的小心，成年累月为别人活着。

The first one says: life is such a drag... a round of self-justifying explanations, a ceaseless tiptoeing around, of living for the sake of other people.（朱虹 译）

"没完没了""无休无止"为汉语四字格，二者都喻指没有穷尽。译文在处理上有所不同，"无休无止"对译为 ceaseless，而"没完没了"换译为 self-justifying（自圆其说），强调"解释"的核心在于阐述自己，说服别人，而非一次又一次地重复陈词滥调。从意义入手，变换了语形，未改变语义。

第三，一些带有否定词的汉语反义疑问句，表意实为肯定，英译可选正面表述，更好地实现语用效果。如：

[例 7.89]天天不上班，呆在家里头干什么？不正好领着我们到处逛逛吗？亲戚们说。

What, not go to work? What do you do with your time? Perfect for showing us around, our relatives would say.（朱虹 译）

本例含有两个疑问句，其中"不正好领着我们到处逛逛吗？"形式上为反义疑问句，实为表达肯定，译文换译为肯定语气 perfect for showing us around，变换了语形，实现语义和语用效果。

第四，一些汉语否定表达形式，英译为肯定的正面表达，有利于加强语气，突显交际效果，更好地再现语用价值，如例 7.90。

[例 7.90]像把生命要从两眼中流出，它不叫也不动。

It keeps quiet and still as if waiting for its life to flow out of its eyes.（刘士聪　译）

2）英译汉时的否定肯译

英译汉时的否定肯译主要包括以下两种情况。

第一，英语某些否定结构在汉语中无相应的否定表达，无法以否定结构对译，只能采取肯定形式，进行正面换译，如例 7.91 的 not... until。

[例 7.91]I didn't know the meaning of hard work until I went to that quarry.

去了那个采石场，我才懂得何为艰辛。（濮阳荣　译）

第二，英语有些看似否定的语形，实际上间接表达肯定的语义；某些低调陈述，看似是轻描淡写的否定，实际意在加深对方印象的肯定。汉译时需根据上下文和表达习惯化反为正，以保留原语的感情色彩。

[例 7.92]The creatures are no more than an inch long, and when you touch them they roll themselves into a tight gray ball.

译文 A：这种虫子不到一英寸长，你一碰，它就把身体紧紧地蜷成一个小灰球。（高红梅　译）

译文 B：这种虫子顶多有一英寸长，你只要一碰，它们就会紧紧缩成一个灰色的小球。（李育超　译）

例中 no more than 是常见的比较结构，意为"仅仅，只有"，并非"不到，不足"，可见译文 A 有误。

3）双重否定的肯译

汉英都有双重否定结构，表达语气与直接肯定相比，有时更加婉转或强烈，有时加强肯定，如"未尝不可、并非没有、没有白干、不无遗憾"等，英语用 no rare occurrence（=a frequent occurrence）、not without（=with）、not unkindly（=kindly）、not unnaturally（=naturally）等。互译时大多保留原文的双重否定，若无相同的双重否定时，就需换译为弱化肯定或加强肯定。

[例 7.93]咬着小鸟，猫一头跑进厨房，又一头跑到西屋。我不敢紧追，怕它更咬紧了，可又不能不追。

With my eyes fixed on the bird, I watch the kitten run first to the kitchen and then to the west room. I know I must not press too hard after her, but I have to follow her in case she tightens her jaws.（刘士聪　译）

[例 7.94]I noticed not without satisfaction that the mark of my knuckles was still on his mouth.

译文 A：我不无得意地注意到，他嘴上还有我指甲留下的印记。（高红梅　译）

译文 B：我发现他嘴上还有我的拳头留下的印记，心里不免暗暗有些得意。（李育超　译）

试译：看到他嘴上还有我拳头留下的印记，我心中颇有几分得意。

例 7.93 汉语原文含有双重否定结构"不能不追"，表明没有其他选择，语义上基本等同于"必须追"，故译文将此否定结构肯译为 have to follow。例 7.94 原文 not without 以双重否定结构表达某种程度肯定，译文 A、B 分别对译为"不无"和"不免"，以双重否定结构对译双重否定，试译以肯定结构"颇有（几分）"进行换译，可谓异曲同工。

2. 肯定否译

汉英有时存在不同的正反、肯否表达方式，肯定否译既包括将汉语原文的正面肯定表达换译为英语译文的反面否定表达，又包括将英语原文的正面肯定表达换译为汉语译文的反面否定表达，还包括将原文的肯定换译为译文的双重否定或间接迂回否定。运用肯定否译是为了符合译语的表达习惯，突出强调或修辞达意的需要，有时是为了准确地表达原文的精神风貌，但具体操作时汉译英与英译汉的形式略有不同，故分开论述。

1）汉译英时的肯定否译

汉译英时，肯定否译主要是为了化解汉英在表达否定意义时采取不同语表形式之间的差异，有时为了加强语气而采用双重否定；有时为了使原来用肯定形式表达的隐含否定意义更加明确，便于英美读者更准确理解；有时为了充分发挥英语的表达优势，使译文更加精当。如：

[例 7.95]我到现在终于没有见——大约孔乙己的确死了。

Nor have I ever seen him since — no doubt Kong Yiji really is dead.（杨宪益、戴乃迭　译）

原文副词"的确"表示强调，换译为 no doubt 更好地实现了其语用功能。

2）英译汉时的肯定否译

英语的否定表达除了使用带有否定前缀和后缀的单词以及否定句之外，还经常用肯定形式表达否定含义，词汇层面的表达包括：动词 defy、escape、fail、lack；形容词 far [from]、free [from]、little、short [of]；名词 failure、negation、shortage；副词 hardly、rarely、scarcely、seldom；介词 against、beyond、rather than、without。句法层面的结构包括含蓄虚拟句、反意疑问句等。汉语除了少量肯定的词汇和句法形式（如用疑问句或感叹句）表达否定意义之外，大多需要采取肯定否译，即使用否定形式。如：

[例 7.96]Am I free from bonds now?

我现在难道就丝毫不受束缚吗？（资中筠　译）

[例 7.97]The jury learned the following things: their relief check was far from enough to feed the family…

陪审团了解到如下情况：他们的救济支票远远不够让这家人吃饱肚子……（高红梅　译）

例 7.96 原文形容词 free 含有"不受影响、控制"之意，因此肯定否译。
例 7.97 原文 far from enough，肯定形式表达否定意思，译为"远远不够"。

（五）主被换译

人类语言都有主动句和被动句，通过主、客体语法关系反映施事和受事间的互动：主动句指主语为谓语动词的动作行为发出者的小句，即主谓之间是施事与动作的关系；被动句指主语是谓语动词的行为承担者的小句，即主谓之间是受事与动作的关系。对于同一动作行为的描述，可有不同的视角，既可取施事角度，也可取受事角度。语内交际时常出现主动与被动的转换，跨语交际如汉外互译时，由于汉外语言表达方式不同，表意重心有异，语言背后存在文化差异或思维方式有别，主被之间经常需要互换，包括将原语主动换译为译语被动，或将原语被动换译为译语主动，才能使表意更加准确、明晰，表达更加通顺和地道，更符合译语的表达规范和习惯。

主被换译与成分换译密切相关：主被换译大多涉及双语小句的主语和宾语（多为介词宾语）之间的互换，而后者有时也是伴随前者进行。主被换译与动静换译既有联系，又有区别：主被换译属于动词语态在表达方面的换译，往往牵涉句法层的调整和换译，而动静换译大多属于词汇层（如词类之间）的换译；主被换译主要属于动词的形态变化之间的换译，而动静换译是动词与非动词之间的换译，有时并不涉及语态换译。另外，主被换译往往与移译结合使用：主被换译涉及双语小句主语、宾语之间的换译，会引起主语、宾语在换译过程的移位。

根据流程和模式，主被换译可分为被动主译和主动被译两类。

1. 被动主译

被动主译，指将原语被动句换译为译语主动句，多用于英译汉，有时也用于汉译英。汉语多主动句，英语多被动句，并非所有英语被动句都必须译成汉语被动句，有些是不必，有些则不能，否则不符合汉语表达习惯，甚至产生歧义。因此，英语被动句汉译时，大多需要摆脱被动的形式束缚，将其换译为汉语主动句或其他相应结构；汉语被动句英译时，大多保留为英语被动句，有时也可根据需要换译为英语主动句。

1）英译汉时的被动主译

英语被动句汉译时，除了换译为汉语主动句之外，还可根据具体情况换译为判断句、无主句、泛指人称主语句、中动句、处置句以及其他句式，从而走出"被动"局面。如下三例。

[例 7.98] Unless this account is paid within next ten days, we will take further measures.

除非在 10 天内把账付清，否则我们将采取进一步措施。（张法连 译）

[例 7.99] The table had a very thick pad, so that when the *mahjong pai* were spilled onto the table the only sound was of ivory tiles washing against one another.

桌上铺着一层厚厚的毯子，把麻将扣倒到桌子上时，就只会听到那些象牙牌互相碰撞的声音。（李军、章力 译）

[例 7.100] Our houses had no cellars; they were built on stone blocks a few feet above the ground, and the entry of reptiles was not unknown but was not commonplace.

我们家的房子没有地下室，它是建在地面几英尺高的石头基础上的，爬虫进来的事虽然有，但很不常见。（高红梅 译）

例 7.98 原文条件状语从句使用了被动结构，换译为汉语条件小句时使用了无主句结构。例 7.99 原文中目的状语从句套用了时间状语从句 when the *mahjong pai* were spilled onto the table，其中被动结构换译为汉语处置结构"把麻将扣倒到桌子上时"。例 7.100 原文的分句 they were built on stone blocks a few feet above the ground 换译成主动句，更符合汉语表达习惯。

2）汉译英时的被动主译

汉语被动句通常对译成英语被动句，但有时可换译作英语主动句：汉语有些动词结构如"遭受（损害/损失）""受到（欢迎）""接受（治疗）"等只能英译为主动；汉语"使"字句含有被动结构时，英译时可换译为动宾（补）结构；出于衔接连贯需要，将汉语被动换译为英语主动。如：

[例 7.101] 现在你大嚷起来，惊起了较为清醒的几个人，使这不幸的少数者来受无可挽救的临终的苦楚，你倒以为对得起他们么？

Now if you raise a shout to wake a few of the lighter sleepers, making these unfortunate few suffer the agony of irrevocable death, do you really think you are doing them a good turn? (杨宪益、戴乃迭　译)

[例 7.102]林黛玉赶到门前，被宝玉叉手在门框上拦住，笑劝道："饶他这一遭罢。"

He barred Daiyu's way at the door and urged with a chuckle, "Do let her off this time!" (《红楼梦》汉英平行语料库，http://corpus.usx.edu.cn/hongloumeng/)

例 7.101 原文"受无可挽救的临终的苦楚"英译为 suffer the agony of irrevocable death，以主动形式表被动意思。例 7.102 的原文包含三个分句，动作主体分别是"黛玉""宝玉""宝玉"，但前两个动作的叙事视角却都是"黛玉"；译者为了更好地衔接上下文，将第二、第三个动作主体统一起来，转换叙事视角，由"宝玉"充当主语。第二个被动分句换译为主动。

2. 主动被译

主动被译，指将原语主动句换译为译语被动句，多用于汉译英，有时也用于英译汉。

1) 汉译英时的主动被译

汉语主动句除了对译成英语主动句之外，需要换译为英语被动句的原因有：①汉语原文为形式主动、意义被动的句子；②汉语为判断句，强调受事；③汉语原文施事不明确或不言自明；④汉语原文为无主句和泛指人称主语句；⑤汉语出于修辞目的，为了使语气庄重、表达委婉、措辞礼貌；⑥汉语复句英译时出于衔接连贯的考虑。如：

[例 7.103]人的头盖骨，结合得非常紧密与坚固，生理学家和解剖学者用尽一切的方法，要把它完整地分出来，都没有这种力气。

The bones of a human skull were so tightly and firmly joined that physiologists and anatomists had tried ways and means to take them apart, but they were not powerful enough to do it. (刘先农　译)

[例 7.104]这几天心里颇不宁静。

I have felt quite upset recently. (朱纯深　译)

[例 7.105]现在的七斤，是七斤嫂和村人又都给他相当的尊敬，相当的待遇了。

Today Sevenpounder is once more respected and well treated by his wife and the villagers. (杨宪益、戴乃迭　译)

例 7.103 原文"人的头盖骨，结合得非常紧密与坚固"为形式主动、意义被动的句子，换译为 the bones of a human skull were so tightly and firmly joined。例

7.104 原文施事不明确，换译为被动结构。例 7.105，译文出于衔接连贯的需要，"又都给他相当的尊敬，相当的待遇了"换译为 is once more respected and well treated，流畅且简洁。

2）英译汉时的主动被译

英语的主动被译并不多见，仅涉及某些英语动词（如 deserve、require、want、need、requirement、command 等）及其相应的名词带特殊结构，看似主动，实为被动。如：

[例 7.106]And my mother, of course, considered the four remaining crabs and gave the one that looked the best to Old Chong, because he was nearly ninety and deserved that kind of respect, and then she picked another good one for my father.

当然，我母亲也对仅剩的四只螃蟹权衡了一番，将其中看上去最好的分给老钟，因为他已年近九旬，理应得到如此礼遇。此后，她将还不错的一只分给我父亲。（李军、章力 译）

原文动词结构 deserved that kind of respect，换译为"理应得到如此礼遇"，从句主语 he 应该是"礼遇"的对象。此处"得到"或"受到"表示被动意义。

（六）意象换译

作为汉语言载体的汉字兼具表音、表形和表意的功能，言、象、意三合为一。英语等西语仅具表音和表意功能，"象"（即意象）蕴藏其间，不如汉语外显。无论"三维"的汉语，还是"二维"的西语，"言象意的关系是所有语言的共性"（王斌，2008）。魏晋时期，王弼在《周易略例·明象》中写到：

夫象者，出意者也。言者，明象者也。尽意莫若象，尽象莫若言。言生于象，故可寻言以观象；象生于意，故可寻象以观意。意以象尽，象以言著。故言者所以明象，得象而忘言；象者，所以存意，得意而忘象。

换言之，"言"和"象"都是服务于"意"的工具，而"象"比"言"更直接。"象"也可以被看成是翻译的对象，翻译者的任务是把此"象"转化成彼"象"，尽管两"象"之间可能在同一层次上也可能在不同层次上（刘华文，2006）。

意象是人类共有的认知载体，广泛存在于各类文本。受文化差异和表达习惯等因素的影响，不同语言和文化的意象有其特殊性，意象翻译不仅需要达意，更要解决作为载体的意象与其内涵间的关系，努力做到形义兼备。总体来说，意象翻译涉及四种可能：①原语的意象直接对译为译语的意象，不变形不换义不改语

— 164 —

用；②原语的意象换译为另一译语意象，变形不换义不改语用；③原语的意象化为无形，通过意译解释原语的内涵，变形不换义力争不改语用；④原语的意义换译为译语意象，变形不换义力争不改语用。

以英汉互译为例，意象可以通过对译进行对等替换（如 turn a blind eye 与"视而不见"），也可换译为译语的另一个意象（如"落汤鸡"与 a drowned rat），更多的是通过意译解释内涵而放弃原语的意象。上述后三种情况涉及意象换译，在此重点讨论。

1. 意象替换

由于意象在汉外语言文化中的内涵差异，意向对译虽然兼具语形、语义和语用三方面的优势，但可行性极低，前文"壮如屠夫家的狗"就是典型反例。作为次优选择，在实现语里意义和语用价值同时，意象替换照顾了语形要求，即将原语中的甲意象换成译语中的乙意象。如：

[例 7.107]如果浅尝辄止，甚至躐等躁进，当然味同嚼蜡，自讨没趣。

On the other hand, you will find learning as dry as sawdust and feel frustrated if you refuse to go into a subject in depth or even make impetuous advances without following the proper order.（张培基　译）

原文以"味同嚼蜡"喻指文章或行为缺乏趣味性，令人生厌。译文放弃了意象"蜡"，代之以"木屑"，换译为 as dry as sawdust，避免硬译造成的不解和误读。语形改换了，但未失语义和语用。这一处理方式也被喻作"借帆出海"（曹明伦，2019），在中国文化外译中受到较多关注。

2. 意象虚换

意象翻译时，如不能对应或替换，则只能是对其内涵进行解释，以语义传达为核心，突破意象限制，接近语用价值。

[例 7.108]My brothers had deaf ears. They were already lining up the chess pieces and reading from the dog-eared instruction book.

原译：我的哥哥们可不听她这一套，他们早已摆好棋子，正翻阅着那本皱巴巴的说明书。（李军、章力　译）

试译：我的哥哥们对她的要求充耳不闻，他们早已摆好棋子，正翻阅着那本皱巴巴的说明书。

原文 deaf ears 意在表明行为主体对意见、要求等不予理会，不加重视。换译为"不听她这一套"，解释了内涵，但无法兼顾语形和语用要求。试译以"充耳不闻"对译，或许能更好地再现语形、语义和语用。

3. 意象实换

某些情况下，原语未使用意象，但译语以意象进行换译，传递语义保持语用的同时，变换了语形。如：

[例 7.109]你以为当官的都活得挺舒坦？

An official's life is not a bed of roses! （朱虹 译）

原语未使用意象，而译语以 a bed of roses 换译"活得挺舒坦"，在传义的同时，让译语读者尤其非英语母语者，对 roses（玫瑰）产生联想和想象，达义的同时进一步追求语用效果。

第八章　全译分合论

分与合是客观世界存在与发展的规律。正确认识分与合的对立统一关系，有利于更好地认识世界。在语际转换的过程中，分译与合译能够呈现不同民族、不同语言之间的哲学、思维以及句法结构的差异。正确认识和运用分译与合译，有利于译者脱离原文语言外壳，产出符合译语表达习惯的地道译文。本章将详述全译分合机制的哲学关系，以及分译与合译的界定、理据、过程和方法体系。

全译分合机制基于中西哲学思维与句法结构的差异，在实践中侧重对原文结构的切分与合并。分译与合译根据不同目的与需要，兼从语法、语义、语用三层次进行探讨。就具体语言单位而言，分译将原文语形化整为零，分离原文部分单位并进行独立转化；合译操作则化零为整，将原文单位进行融合、压缩。全译实践认同分译与合译的客观必然与对立统一，两者通过对原文语形的拆分重组，促成原文语用价值再现与语义精准传达。

第一节　分　合　论

正确认识事物发展过程中所出现的分与合的必然趋势，有利于掌握事物发展规律，提高工作效率。在语际转换过程中，正确认识语际表述中分与合的必然性，有利于更好地掌握语言规律，提高语言运用与翻译转换的能力。

在语际转换过程中，分合机制运用思辨与统筹的眼光把握语言转换规律，统摄全译的分合实践：分与合指涉分译和合译的全译方法，对原作语言单位进行切分与合并。全译方法尊重客观事物的发展趋势，承认分与合的发生必然，倡导分与合在翻译中的对立统一、相辅相成。

一、分合机制

机制指各要素之间的结构关系和运行方式，是事物之间既相互联系又相互作用形成的统一整体。将机制引入不同领域，能产生不同的机制，如：引申到社会领域，就有社会机制；引申到思维领域，就有思维机制；引申到翻译领域，就有翻译机制。分与合两种思维方式，可构成一对思维机制。在分合机制中，分与合呈对立统一关系，两者并行不悖、不可分割。

（一）分的哲学内涵与外延

在《现代汉语词典》（第7版）中，"分"的第一个释义是"使整体事物变成几部分或使连在一起的事物离开（跟'合'相对）"。分是认识事物发展必要的一环，通过分，事物将被观察得更仔细、理解得更透彻。至于如何分，主要有两种方法，一种是分解、分离，一种是思辨、辨析。自然科学中，通常采用前一种方法，分解的水平越高，人们的认识就越深刻。社会科学中，通常采用后一种方法，通过思辨进行分析和探求，有利于拓展思维、明辨是非、去粗取精。

（二）合的哲学内涵与外延

在《现代汉语词典》（第7版）中，"合"的第二个释义是"结合到一起；凑到一起；共同（跟'分'相对）"。合同分一样，也是认识事物发展必要的一环，观察事物要有综合的眼光，不能"头痛医头、脚痛医脚"，要用统筹的方法看问题。合不是简单的合并相加或排列组合，需要遵循事物发展的规律进行重新组合。

（三）分合机制辨析

事物的性质不仅取决于它的组成部分，而且取决于这些组成部分以何种方式组合起来。分与合的对立统一，是一切事物发展的客观过程。只讲分不讲合，或只讲合不讲分，看不到两者的统一共生，这种认识不符合事物发展的客观规律。在翻译实践中，这种认识也不符合语言之间的转换规律。分合机制论认为，分与合不可分割，并行不悖，相辅相成；与此同时，分与合均有章可循，不可随意为之。

二、分合关系论

一分为二，合二为一，前者侧重于分，后者侧重于合。自然界中的生物变化常常分分合合，社会中的事物发展常常分分合合，人的思维发展也是分析与综合交替或并行展开的（张楚廷，1997）。分与合既对立统一，又相辅相成。

自然界中的一切生物时刻都在进行着极为复杂的分与合的对立统一运动。一切生物都要通过各种不同的形式不断地吸收自身所需要的物质，这种吸收就是合，同时要排出无法吸收的物质，这是分。社会中的事物发展，分与合始终同时进行，正所谓"天下大势，分久必合，合久必分"。人脑的思维发展也是分与合的对立统一运动。人脑的活动过程是不断存储信息并合成观点的过程；与此同时，对头脑中已接收的信息进行综合分析，排列取舍，分离次要信息。这是人脑思维模发展的常见模式。

综上所述，分与合的对立统一、相辅相成是客观存在的。在语际转换中，由于中西传统哲学、民族思维和语言句法结构的差异，译语与原作的形义矛盾不可避免，采用归化手段使得分与合的应用成为必然，即通过原作之形的分合成就译语之意的晓畅，因此，分与合是完成语际转换、思想传递的必要环节。如：

[例 8.1]①实现 5.5%左右的增长，②这是在高水平上的稳，③实质上就是进。

We aim to achieve about 5.5 percent growth this year to ensure the steady performance of the Chinese economy at a high level, which is in itself a show of progress.（2022年李克强总理答记者问的现场口译）

原文为时任总理李克强对美联社记者关于"中国经济增速"提问的回答。相较于书面文本而言，口头文本多短句，更显汉语"形散"特点。本句由三个分句组成，②③平行，作为对①的界定和说明，与①通过代词"这"连接，旨在阐明制定经济增速的目标。若按照汉语的分句结构翻译，译文虽具备说话者的语气，但需两次补充原作中隐匿的主语，使译文重复拗口，远不及原文言简意赅。这种情况下，合译法就显得尤为必要：将②转化为①的目的状语，并用非限制性定语从句表示③，原文的分句在译文中合三为一，读起来表意清楚、逻辑流畅。因此，原文的"分"与译作的"合"在翻译过程中有时存在必然联系。

作为全译方法中的共生主体，分译与合译对立统一、相辅相成，分与合互为存在条件，否认排他性：原作语言结构的"分"一定程度上要求了译语调整的"合"，反之亦然，翻译则完成了分与合的语际转化与相互渗透。如上例，汉语的分句经翻译后在英语中合并为整句，分与合二者相互转化。

分译与合译两种行为的发生原因相同，操作方向相反，在语际转换中达成了双语形变的辩证统一。认识双语转换中分与合的客观必然与对立统一，有利于脱离原文语言外壳，产出符合译语表达习惯的地道译文。

第二节 分 译 论

分是认识事物发展的必要环节，分可以让事物观察得更仔细、理解得更透彻。分译，是应原文语用再现、语义传达和译语表达之需，将原文单位（多为复杂长句）进行拆分和重组的一种全译方法。分译并非随心所欲，任意为之，而是基于中西传统哲学与思维方式的差异，以及汉英两种语言句法结构的区别而得以实现。根据不同目的和需要，分译可分为语形性分译、语义性分译和语用性分译；根据具体操作的单位，分译可分为词分译、短语分译、小句分译和复句分译。

一、分译界定

分译，即分离式全译，指译者根据原文语用再现、语义传达以及译文语形的需要，将原文某一单位从中分离出来，转为相对独立的译语单位的全译方法。

分译与增译有相通之处，两种译法存在部分重合，有时组合使用，但也存在较大差异。增译的操作手段是增补，侧重增添译语单位，实际操作时多着眼于小句及其以下语言单位；分译的操作手段是化整为零，侧重拆分原文结构，主要运用拆分方法，实际操作时多着眼于小句及其以上单位，常为复句，即拆散原文复句中的小句，分离其中的词或短语，将原语单位截长为短、一分为二或一分为三，但不一定必然增添语言单位。如：

[例 8.2]鼓励石窟寺景区通过建设数字博物馆、智慧景区以及虚拟体验等措施，提升游客参观游览体验。

Management teams of grotto relics are also encouraged to create digital versions of museums, develop smart relic sites, and introduce VR services to offer better touring experience.（中国日报网双语）

例 8.2 原文关于如何改善景区设备的动词只有一个"建设"，后带"数字博物馆""智慧景区""虚拟体验"三个宾语，符合汉语言简意赅的特征。转换成英文时，若照搬此结构，译文会显得单调，因此，译者采用了增译和分译，将"建设"这一动词分别译为 create、develop、introduce，组成三个动词短语，更能精准呈现原文内容，让译语读者明确景区将要如何提升改造。这是增译与分译灵活结合的范例。又如：

[例 8.3]Louis Vuitton and art is, therefore, about choices, decisions, risks, and always emotions.

路易威登与艺术，是做出选择，是坚定决心，是敢于冒险，是恒久的情感撼动。（傅钰琳 译）

例中原文 about 后接多个名词，若将其直译为相应的汉语名词，可得"路易威登与艺术，是关于选择、决心、冒险和情感的"。这种译文语言生硬，不符合汉语表达习惯，易让读者产生困惑。译者将这些名词从句中拆分，形成流水小句，据其作用和意义并结合整句的安排，联合增译，将 choices、decisions、risks 译为动宾短语，将 emotions 译为偏正短语，将原文状语 always 换译为形容词

"恒久的"，充当译句的定语。如此一来，译文语义更为显豁，层次分明，读来顺畅，富有节奏感。

分译过程中，原文从某一单位中分出，若能成为相对独立的译语单位，则可能涉及词性转换与语序调整。因此，分译有时会与换译、移译等全译方法合用。如：

[例 8.4]There was a start and a troubled gleam of recollection, and a struggle to arrange her idea.

她一惊，露出一种因回忆而苦恼的神色，竭力使自己镇定下来。
（杨苡　译）

本例原文采用 there be 句型，start、gleam、struggle 均为名词。若直译，则出现"有一个惊讶和因回忆而苦恼的神色以及一份整顿她思想的努力"，它既不合汉语表达习惯，又让读者如坠云雾。但读罢汉译，不得不惊叹杨苡的灵活：她首先采用增译，为无人称句增加主语"她"，并采用换译，将 start、gleam、struggle 换译为动词，又采用分译，将其分离出来，分别转换成"一惊""露出……神色""竭力……"，最后根据句义将其重组，分译为汉语小句，整个汉译准确而传神。

当科技类或经贸类英语的原句较长、主从句结构复杂时，译者可在综合理解原句逻辑关系的基础上，将其重新调整语序后，再进行拆分，以确保译文逻辑清晰，语义表达准确。如：

[例 8.5]With respect to Paragraph 8, sales promotion, marketing and after-sales service costs, royalties, shipping and packing costs, and non-allow-able interest costs included in the value of materials used in the production of the good are not subtracted out of the net cost in the calculation under Article 402（3）.

试译：关于第 8 段，根据第 402 条第 3 款，产品生产中使用的材料所包含的促销、营销和售后服务成本、专利使用费、运输和包装成本和非许可利息成本，不应从净成本的计算中扣除。

例 8.5 原文选自美国海关边境保护局官网（https://www.cbp.gov/）。经贸类语言较为正式，结构较为复杂，包含两个状语短语 with respect to Paragraph 8 和 under Article 402（3）以及含有多个名词（短语）和两个分词短语 included in、used in 的主语结构。如此复杂的长句，若直译，不符合汉语习惯，会显得生硬、冗长，让读者不得要领。试译根据原文逻辑关系，将其拆分成三个相对独立的结构，同时运用移译，调整原文语序，力求逻辑清晰，使译文表述符合汉语习惯。

二、分译理据

分译不是任意而为，而是有其哲学、思维科学和对比语言学基础。中国人常用"气"的观点去看待事物，因此产生了"神韵、味道、意境"等诸多抽象概念及意合的语言结构；西方人则惯用实体的观点去看待世界，因此产生了"逻辑、实体、现象"等诸多实体概念及形合的语言结构。鉴于汉语与英语在哲学传统、思维方式及句法结构上的差别，英汉全译时多用分译，汉英全译时多用合译。

（一）中西传统哲学与汉英民族思维模式上的差异

中西方传统哲学的主要差别在于不同的宇宙观。源自《易经·大传》的中国哲学宇宙观，是气论、生成论的宇宙观。"气"是一种意象，性质如水，可意会，不可言传，令亚里士多德式概念范畴的西方语言与思维无法适从（安乐哲，2017：76）。"气"同时是"一"，也是"多"，随时可变换，无固定形态。西方哲学宇宙观是原子论、构成论的宇宙观。自古希腊以来，西方世界就已被一分为二，分成上层和下层，上层世界是超越的，属于精神或宗教层面；下层世界是现世的，属于实体或物质层面。从形而上学层面看，中国传统哲学不用二分法看待问题，而是持有"一多不分"、万物相系的观点，以求看到全局，打造"旁通系统"；西方透过二分法把完整的世界一割为二，或上界与下界对立，或内界与外界对立。

在民族思维模式方面，东方人的宇宙秩序是不断开放、拥有不预定结局的，即哲学家阿弗烈·诺夫·怀特海（Alfred North Whitehead，1861—1947）所称的"审美秩序"。审美秩序是整体性的，整体中每个细节彼此相关。这种审美秩序涵盖了一切明显的理性秩序，其理性只是暂存于流变的过程性。换言之，审美秩序不可能有最终的统一性（Whitehead，1968：55-63）。怀特海认为西方的宇宙由各种规则、齐整的模式构成，模式一旦确立，则较少改变。他称之为"理性秩序"。西方科学的基础是形式逻辑体系和因果关系。相应地，西方主流哲学家善用理性演绎法去认识伦理学以及几乎所有问题。中国思维无此逻辑基础，在中国传统哲学与民族思维模式中，对价值的评判标准不是逻辑演绎与因果推断，而是综合感悟式的审美秩序。

受中国"一多不分"的宇宙观与关注整体性的审美秩序影响，中国人始终追求"道"。"道"存于人与万物之间，是二者的联系，需用心维护。"中国思维决定中国语言"（张岱年、成中英等，1991：197-198），中国的传统哲学观与民族思维模式衍生了中国人万物不分、万物相系的日常行为准则和倾向于动态（使用动词为主）的行为方式和语言规则。

西方历史上，自柏拉图至今，哲学家们一直在寻找"实体"，这种把"实体"视作前提条件、优先秩序的思路,就是实体性思维的体现。罗嘉昌(1996:327)认为,实体性思维是"把自己所认定的本原、实体看成是先于其他事物而独立自存的思维方式"。实体性思维包括以下四个特点:①有类似于"实体"或"唯一真神"的预设;②有主客二分的思维模式,认为二者是对立的,中间存在不可跨越的界限;③有"本体"决定他物的单向单线决定式倾向;④事物都是独立的个体,独立于他者而存在。西方实体性思维最终衍生了西方人主客二分、单线单向的日常行为准则和倾向于静态(使用名词为主)的行为方式和语言规则。

(二)汉英句法结构上的差异

中国哲学"一多不分"的本体论思维,使得中国哲学注重过程性和变化性,万物(多)都可以转化,"多"的背后没有"一"。受其影响,中国语言可归为过程性语言(多用动词和流水小句等)。西方哲学"一多二元"的本体论思维,使得西方哲学注重逻辑,追求理性,强调寻找"多"背后的"一",对本质主义和实体主义深信不疑。因此,西方语言可归为实体性语言(多用名词和长龙句等),长于描述灵魂世界与现实世界分离的宇宙状态及客观永恒的世界。

两种语言,特别是汉语和英语,作为两种哲学传统与思维模式均不相同的语言,无法实现语形、语义与语用的完全对等。连淑能(1993:1-173)曾系统比较过英汉两种语言,认为在英语和汉语之间至少存在十种对应范畴,即综合语与分析语(synthetic vs. analytic)、聚集与流散(compact vs. diffusive)、形合与意合(hypotactic vs. paratactic)、繁复与简短(complex vs. simplex)、物称与人称(impersonal vs. personal)、被动与主动(passive vs. active)、静态与动态(static vs. dynamic)、抽象与具体(abstract vs. concrete)、间接与直接(indirect vs. direct)、替换与重复(substitutive vs. reiterative)。在全译过程中,采用分译与合译的主要理据在于英汉句法结构的区别,具体是二者的语序、主谓关系和句长的差异。

1. 语序差异

语序差异影响英汉语句子结构的安排。从语言性质来看,英语是以综合性为主、逐渐向分析性过渡的语言,汉语是以分析性为主的语言。综合性语言的语法关系是显性的,词与词、短语与短语、小句与小句之间的逻辑-语义关系主要用词形变化表示。分析性语言的语法关系是隐性的,词与词、短语与短语、小句与小句之间的逻辑-语义关系主要靠语序或借助虚词实现。这种差异的句法特点呈现为:英语重形合,句子结构通常按逻辑原则排列,句内与句际有大量关联词,信息安排一般是重心在前;汉语重意合,不重语言形式,句子结构较为灵活,无严格的词形变化,信息安排往往重心在后。因此,英汉互译时,除了调整语序,有时还伴生结构的离合。

2. 主谓关系差异

主谓关系差异影响英汉语句子结构的安排。从语法结构来看，英语是主语突出的语言，句子的基本结构是"主语—谓语"，主谓之间存在协调一致的关系。在英语长难句中，通常有多重语法关系同时制约主语和谓语。汉语是主题突出的语言，不一定用主谓结构统领全句。汉语的主语和谓语并非构句必要成分，有大量无主句和非动词谓语句，动词几乎没有词形变化。汉语注重的不是词与词、短语与短语、小句与小句的形式关联，而是话题与话题的关联。有鉴于此，英汉互译时，译者不应一味追求句子结构与语序的对应，而应根据实情分合，确保译文符合译语表达习惯和句法结构。

3. 句长差异

句长差异影响英汉语句子结构的安排。英语句子为葡萄型结构，句子以主谓宾（或主系表）为主干结构，以各种修饰词、短语、从句为依附，句子一般较长，可达几十、上百甚至更多单词；汉语句子为竹竿型结构，流水小句，铺陈展开，最佳平均长度为7—12个汉字（连淑能，1993：64），偶见较长句子，但常被标点符号断开，结构一般不复杂。

鉴于中西哲学传统与汉英民族思维模式的不同，以及双语在语序、主谓关系和句长的差异，英汉互译时不可一味保留原文的形式与结构，而应基于理解，按译语文化传统、民族思维特色和句法结构，重组原文的词、短语、小句的关系，以确保译文准确、地道、自然。就调整原文句子结构而言，最常见、最有效的全译方法是：分译与合译。

三、分译过程

分译的操作原则是：分形不断义、不损值，即原文的语形分离，但语义不中断，语用价值不受损，同时译文符合译语的表达习惯和规范，实现求真、求美的目的。

分译的操作过程是：①把握全句的总体轮廓和脉络；②区分全句的主干和枝干，即区分复合句中主句与从句以及小句成分；③根据关键结合标记，如复句的连接词、关联词、标点符号以及小句的主干与枝干、修饰成分和被修饰成分，将整句拆分为相对独立的词、短语、小句或复句；④将拆分的语言单位如词、短语、小句、复句等转换为思维中对应的简单概念、复合概念、简单判断、复合判断、推理；⑤将这些概念、判断或推理外化为译语的词、短语、小句、复句和句群；⑥根据原文语义层次和关系调整译语单位的顺序和结构；⑦按照译语表达规范和习惯组织成文；⑧比读译文和原文，校对和润饰。其中，前三项为原文理解阶段，中两项为语际转化阶段，末三项为译语表达阶段。

理解是全译的前提，理解有误，译语再地道、漂亮，也是误译。转化是全译的轴心，理解原文之后脱离语言外壳，转化才能化解语际形义矛盾。表达是全译的关键，只有丰富的表达、地道的译文，才能准备传达原文内容与言外之意。分译的操作过程，始终包含原文理解（在理解的基础上，合拢原文句子）、语际转化（通过分译、增译、移译、换译等方法传达原文含义）和译语表达（用符合译语读者期待的语言形式组织成文）。试举三例。

[例 8.6]However, we have not yet settled the question as to whether the Chinese religion is a religion in the full sense of the word.

然而，中国的宗教究竟是不是宗教？是宗教，就该是一种虔诚的信仰。（张爱玲 译）

例 8.6 原文句型结构不复杂，但因词与词之间有重合和替代等包孕关系，若采取直译，就会出现翻译腔现象。原文 whether 引导的从句是对 question 的解释说明，而汉语鲜见较长后置定语修饰名词的情况。因此，译者将原文一分为二，第一句设问，第二句回答，句义明了，更符合汉语表达方式。值得注意的是，译者根据对西方宗教的了解，将 in the full sense of the word 译成"虔诚的信仰"，实属妙译；原文本在对比中国的宗教和西方的 religion，因而假设"虔诚的信仰"是西方认同的 religion 的内涵，即可为中国读者提供必要的背景信息。又如：

[例 8.7]So great were the delights of flying that they wasted time circling round church spires or any other tall objects on the way that took their fancy.

而且飞行带来的乐趣太大了，看到教堂的尖顶，或者别的什么高高的东西，他们就绕着转圈儿，浪费了许多时间。（马爱农 译）

例 8.7 原文是 so…that…引导的结果状语从句，为了强调而采用倒装句。若恢复正常语序，则应为 "The delights of flying were so great that…"。译者先将原文复合句在 that 处拆分，调整原文主句的语序，译作"而且飞行带来的乐趣太大了"，通过增加连接词"而且"增强递进语气，从而突显原文通过倒装形式所传递的强调效果。接着，将 that 引导的结果状语从句进一步拆分，将动名词短语 circling round church spires or any other tall objects on the way 扩展为小句"看到教堂的尖顶，或者别的什么高高的东西"，且将 that 从句分解为复句，其中的 wasted time 和 circling round church 分别增译为小句"浪费了许多时间"和"绕着转圈儿"，二者形成并列。最终将原文的单重复句分译为汉译的多重复句，语义层次分明，符合汉语流水句的表达习惯。再如：

[例 8.8]Tokyo Electric, the plant's operator, will construct equipment to dilute and release the water, which has accumulated since three reactors melted down during the 2011 tsunami that overwhelmed the facility.

福岛核电站运营方东京电力公司（Tokyo Electric）将建造用于稀释和排放这些水的设施。2011年的海啸淹没了该核电站设施，有三个反应堆的堆芯熔毁，这些污水就是从那时起开始聚积的。（FT每日英语）

例 8.8 原文是典型的从句套从句的多重复句，主句 Tokyo Electric will construct equipment to dilute and release the water、which 引导的定语从句（事件1）和带有 since 引导的时间状语从句（事件2），时间状语从句中又带有 that 引导的定语从句（事件3）。译者先将原文主句与从句拆分成单句+复句的汉语句群，然后根据时间顺序和汉语先因后果的表达习惯，调整了三个从句结构的语序，重建句子框架，将三个事件按照先后顺接，逻辑清晰，体现了事件之间的逻辑。

掌握分译操作过程，实现准确理解、灵活转化和丰富表达，需要译者全面理解分译方法体系，并感受和体验翻译的过程，感悟翻译的美妙。

四、分译方法体系

分译作为一种全译方法，一直受到译界重视。比较经典的翻译类书籍，如钱歌川《翻译漫谈》、张培基等的《英汉翻译教程》、吕瑞昌等《汉英翻译教程》，以及中国知网的论文大多认为，分译以外译汉（主要是英译汉）居多，汉译外较少，主要集于句子层（尤其是长句）。

黄忠廉等人先后著述研究分译，最初认为分译主要是将原文长句分译成几个短句，构成复句或句群，包括单句分化和复杂句分化，后来指出小到词语、大到复句都可以分译，将分译分为词分译、短语分译、小句分译和复句分译，从而确立了较为完备的分译方法体系（黄忠廉和李亚舒，2004：48-53；余承法，2014：284）。

根据不同目的和需要，分译可分为语法性分译、语义性分译和语用性分译；根据具体操作单位，分译可分为词分译、短语分译、小句分译和复句分译。单位越大，分译的可能性越大，频率也越高，而且是逐层操作，顺次推进。

（一）词分译

词分译，是将原文句中的词分离出来，成为相对独立的译语短语或小句，多用于英译汉，也见于汉译英。能分译为短语或独立小句的词，通常是起修饰作用的形容词和副词，有时也涉及动词和名词。

1. 形容词分译

形容词分译，指将原句的形容词分离出来，译成译语短语或小句。原文中形容词与被修饰词搭配时，大多遵循原语规范，属于习惯搭配。若取直译，译语无此习惯搭配，则会显得怪异。只有打破原文的习惯搭配，通过分译，将原文结构切分为短语或独立小句，才能再现原意，易于译语读者理解和接受。试看四例。

[例 8.9]The family runs a very profitable business in the clothing industry.

机译：该家族在服装行业经营着非常有利可图的业务。

试译：这家人做服装生意，利润颇丰。（郭薇用例）

例 8.9 原文 profitable 修饰 business，做前置定语，机译将其处理为汉语的偏正结构，表意清楚，但结构臃肿。试译抓住原文逻辑，充分发挥汉语小句的优势，将原文拆分成两个小句，先立"做服装生意"的主位话题，再以述位说明，拆分后的译文更符合汉语表达习惯。

[例 8.10]This season saw an ominous dawning of the tenth of November.

在这个季节，11 月 10 日黎明时分的景象，是个不祥之兆。（何三宁、唐国跃、范勇　译）

例 8.10 原文 ominous dawning（不祥之兆）是全句要传达的核心，译者将 ominous dawning 从名词短语中分出，先说客观事件，再用形容词评价，译成小句"是个不祥之兆"，置于句尾，符合汉语信息安排重心在后的原则，突出了原文要传达的内容。

[例 8.11]Huh, I don't know what to pick. Am I more thankful for my divorce or my eviction?

我不知道要感谢什么好。是感谢离婚呢？还是感激被赶出来呢？（《老友记》第五季第八集，人人字幕组　译）

例 8.11 原文属于典型的美式英语口语，是感恩节那天电视剧主角们关于"感恩"的长段对话。处理形容词 thankful 时，字幕组并未将其生硬地译作"对（离婚和被赶出来）的感谢"，而是换译为动词"感谢"，且将一句拆为两个小句，"是……呢？还是……呢？"读起来更加朗朗上口，符合汉语台词的特点。

[例 8.12]父亲高大雄伟漂亮。

试译：Father was tall, Father was magnificent, Father was handsome.（郭薇用例）

例 8.12 试译将原文描写父亲形象的"高大雄伟漂亮"三个形容词，分译成三个英语小句，三次大写 Father 的首字母，并连用 tall、magnificent、handsome 三个形容词，给读者留下了深刻印象。正是分译助长了译语气势，凸显了"我"心目中父亲的英雄形象，显化了主题。

2. 副词分译

副词分译，指将原句的副词分离出来，译成译语短语或小句。英语有些副词充当评注性状语，不属于句子的核心成分，而是外围成分；通常位于句首，偶现句中或句末，书面常用逗号与主句断开，与主句结构本身的关系并不十分密切。此类副词汉译时，宜分离成短语或小句，清晰呈现其与主句的逻辑关系。英语有些副词，形式上修饰其后的动词或形容词，若从语义深究，传达的却是对整个小句内容的评价或态度。汉译时，此类副词也应译成短语或小句。试举三例。

[例 8.13]Unfortunately, her schedule just isn't going to allow it.
不过遗憾的是，她的行程已经排满了。（《新飞跃比弗利》第五季第二十集，人人字幕组　译）

例 8.13 原文为电视剧对白，语言偏口语化，副词 unfortunately 置于句首，发挥评注性状语的作用，为后述内容定下基调，相当于一个小句表达的判断，若将其补充完整，应为"It is an unfortunate thing that…"。译者先还原此副词的完整形式，再从原句中分离，形成转折评价性小句"不过遗憾的是"，自然引出下文说话人的委婉拒绝，符合汉语台词表达习惯。

[例 8.14]Certainly the last thing an Englishman should despise is poetry.
毫无疑问，一个英国人决不会轻视诗歌。（钱歌川　译）

例 8.14 原文副词 certainly 置于句首，为评述性状语，是对下文的主观评价，相当于小句"It is certain that…"。译者将其补充完整，离句分立，译成省略性评价小句"毫无疑问"，这才符合汉语习惯。

[例 8.15]Real estate price in downtown Manhattan is prohibitively expensive.
曼哈顿市中心的地产贵极了，令人望而生畏。（陈德彰　译）

例 8.15 原文 prohibitively expensive 为副词修饰形容词，而副词所要传达的语义是对事实 Real estate price in downtown Manhattan is expensive 的评述。原文力图体现曼哈顿市中心地产价格之昂贵，程度达到 prohibitively，因而可以顺应汉语的思维习惯，将副词从短语搭配中分离，单独成句，译作"令人望而生畏"，语义表达更为清晰、自然。

这类副词内涵丰富，语境性强，其分译的方法充分体现了翻译的转化思维，值得翻译学习者和实践者体味与借鉴。

3. 动词分译

动词分译，指将原句的动词分离出来，译成译语短语或小句。英语某些动词充当复杂谓语时，并未表达核心信息，而是属于外围信息，汉译时可据实际将其从句中分离，单独译成小句，以免整个译句杂糅成欧化句。举三例分析。

[例 8.16]But their army had outrun their supplies.

机译：但是他们的军队已经超过了他们的补给。

试译：但他们军队行进太快，供给跟不上。（郭薇用例）

例 8.16 原文是典型的主谓宾结构单句，汉译时的难点在于如何处理谓语动词 outrun。机译将 outrun 译为"超过"，整句可简化为"军队已经超过补给"，语表虽行，但语义不通，可见机译未能理解原文语义，只采用对译法，对译出了原语结构。试译试图挣脱原文的束缚，将谓语动词连接的两重含义化分作小句处理，抓其因果关系：因为"军队行进太快"，所以"供给跟不上"。本例恰当地展示分译操作：原句谓语动词具有比较含义时，可以启用动词分译。

[例 8.17]With bitcoin, you can send any amount of money to anyone anywhere in the world, as easily as sending an email.

有了比特币，多少钱你随便汇，汇给世界上任何人任何地方，就像发电子邮件那样简单。（《比特币的崛起》，字幕组 译）

此例译文为字幕翻译，对句子长度有一定要求，且每个句子本身应相对独立，故译者采用了动词分译法。译者在处理原句主干部分时，将 send 译成"汇"，与"多少钱""给世界上任何人任何地方"分别搭配，再以两个小句呈现出来，思路清爽利落。这种动词连用方法符合汉语表达方式，避免汉译时可能出现的头重脚轻现象。

汉译时，译者可将含有报道性动词的单句结构"sb/sth. is said/thought/reported to..."扩展为复句"sb/sth. is said/thought/reported that + 从句"，再据汉语表达习惯，将报道性动词从句中分出，语态改被动为主动，译成"据 VP"类的短语或"人们/有人+VP"类的小句。

[例 8.18]It is often said that confession is good for the soul.

人们常说，"直认不讳，问心无愧"。（《绝望主妇》第三季第六集，人人字幕组 译）

例 8.18 中，译者将报道性谓语动词 is said 从句中分离，根据汉语习惯，将被动语态换成主动语态，译作"人们+VP"类小句，使得译文简洁明了，符合汉语表达习惯。

4. 名词分译

名词分译，指将原句的名词分离，译成译语短语或小句。英语多采用名词化结构，部分名词兼具名词和动词的功能，汉译时需将名词化结构从句中拆分，译成汉语小句，才能完整传达原义，符合译语习惯。请看下面四例。

[例 8.19]I'm an early riser and a dead sleeper.
我可以起得很早，也可以睡得很死。（张国君、肖文　译）

如果将例中原文两个名词 riser 和 sleeper 简单替换成名词短语"起床的人""睡觉的人"，则显得生硬。译者将其从原文中拆分，根据其在原文中的含义，译为汉语小句，将静态名词转化成动态行为，准确再现了原文语义。

[例 8.20]A phase-3 trial showed 100 percent efficacy in the prevention of symptomatic COVID-19, the drug-makers said.
制药商表示，一项 3 期临床试验显示，该疫苗预防有症状 COVID-19 的有效率达到 100%。（FT 每日英语）

例 8.20 原文中抽象名词 efficacy 与 prevention 均含动作义，译者将其从原文中分离，前者补上一个动词，译成短语"有效率达到 100%"；后者译成动宾结构"预防+疾病"的。两个名词分译所得的短语结构前后缀连而成"疫苗预防××的有效率达到××"，译文读起来通顺明了。

[例 8.21]Just need you to review and sign this document acknowledging that you understand the university will own 75% of the patent.
你们只需要审核和签署这份文件，确保你们已经知道，这项专利带来的收益大学将占有百分之七十五。（《生活大爆炸》第九季第十八集，人人字幕组　译）

例 8.21 原文的动名词 acknowledging 包含 that 引导的宾语从句，后者又嵌套另一个宾语从句 the university will own 75% of the patent，结构较为复杂，给理解和汉译增加了难度。译者先将原文一分为三，分别在 document 和 understand 后断开，但未改变句序；再将 patent 从句子中抽离并前置，译成相对独立的短语"这项专利带来的收益"，准确传递了原文的意思。

[例 8.22]Four Loko makes sure the Watermelon is always in season with this sweet and juicy flavor.
四洛克西瓜，始终选用当季西瓜制作。这酒之风味，一如西瓜之

季，始终甜美多汁。

本例采自第 16 届中国-东盟博览会进出口食品推介会的现场口译。原文中核心词 Watermelon 是双关语，既指四洛克西瓜味酒，又指酒的西瓜原料。同理，sweet and juicy flavor 既指酒的味道，又指应季西瓜的味道，还隐含产瓜季节——夏之味。若保留原文双关，译作"我们保证，四洛克'西瓜'始终应季，始终甜美多汁"，广告词美感虽存，语义却不清晰，读者将难以辨认广告对象是"酒"还是"西瓜"。笔者现场口译将广告词一分为二，配以汉语四字格，既保了美感，又藏了双关。

（二）短语分译

短语分译，将原文短语从句中分离重组为译语的小句。短语分译多见于英译汉，因为同为修饰语，英语多用短语，汉语惯用小句。英译汉时，形容词短语、名词短语、介词短语、不定式短语和分词短语常用分译。汉译英时，某些成语尤其是紧缩复句型成语多采用分译。

1. 形容词短语分译

形容词短语分译，指将原文（多为英文）的形容词短语分离出来，成为相对独立的译语（多为汉语）小句。形容词短语分译对象多是并列形容词，如：

[例 8.23] Sad and weary, he slowly walked home.
他又忧伤又疲倦，慢慢地走回家去了。（钱歌川　译）

原文形容词短语 sad and weary 作原因状语，相当于状语从句 as/because he was sad and weary。译者将其扩展，分译为原因状语分句，并按照汉语行文，将主语提前，隐藏关联词，以求译文简洁。

2. 名词短语分译

名词短语分译，指将原句（多为英文）的名词短语分离出来，成为相对独立的译语（多为汉语）小句。英文有些名词短语表达的内容复杂，等同于汉语的简单判断句。若按原结构译出，会导致译文行文不畅、欧化严重，不易为汉语读者理解，于是可将短语从句分离出来，换作译语小句，以免译文结构的肿胀，以增加可读性。如：

[例 8.24] Hippasus's fateful discovery was that a fundamentally mathematical reality might not be so rational after all.
希帕索斯的重大发现是，"万物皆以数学为根基"的理论虽被普遍接受，但并非那么合理。

例中原文选自第六届"LSCAT 杯"浙江省笔译大赛英译汉本科组赛题，是整套赛题中的翻译难点。名词短语 a fundamentally mathematical reality 含有"万物皆以数学为根基"和"这是世人公认的现实"两层含义；若直译成"一个根本的数学现实"，则表意不清，令人费解。笔者试译时采用分译，解构名词短语的含义，分译为两个小句，原文因此而层次清晰，语义明确。又如：

[例 8.25]Her study of 62 formerly inactive women who began exercising three times a week for six months was published in the journal Medicine & Science in Sports & Exercise.

她对 62 名妇女进行了研究，并将研究结果发表在《体育运动医学与科学》期刊上。这些妇女之前很少运动，后来开始了为期 6 个月，每周 3 次的锻炼。（郑树棠用例）

例 8.25 属于科技文本，具有逻辑性强、结构严密、表达明确等特征。原文复句表意为"针对 62 名妇女的研究结果发表于《体育运动医学与科学》"。主语 Her study 与谓语 was published 之间夹有带有定语从句的介词短语，旨在补充说明研究样本，即 62 名妇女的情况。该后置定语较长，若随同主语直译，则显赘余生硬，译语读者也很难立即产生与原文读者同等的阅读感受。其实，它在语义上具有相对独立性，与主语分离后仍可以成为独立小句，因此可以将其从主句中拆分，以逻辑划分层次，组织语序，确保译文贴切自然，符合汉语流水小句短句的习惯。采用分译处理的译文看似未忠实于原文形式，却简明扼要，且层次清晰，严谨易懂，成功传递了科技文体的特征。面对类似的复杂句，译者不妨尝试将句子的主干与分支分开，再从主要到次要、从概括到具体分别处理，进而实现全译求似的目的。

3. 介词短语分译

介词短语分译，指将原文（多为英文）的介词短语分离出来，成为相对独立的译语（多为汉语）小句。英文句中的介词短语一般起附加说明、补充的作用，常常是汉语一个小句所表达的内容，可增译、分译为汉语分句。请看以下四例。

[例 8.26]Volvo Cars will offer full parental leave across the company to fathers, with 24 paid weeks for either parent regardless of gender, in a move the carmaker hopes will eventually help raise the number of senior female managers and bolster its image among potential car buyers.

沃尔沃汽车（Volvo Cars）将为全公司的新生儿父亲提供完整产假，即新生儿父母均可享受 24 周带薪假期。这家汽车制造商希望此举最终将有助于提高该公司高层女性经理的人数，并提升其在潜在购车者心目中的形象。（FT 每日英语）

例 8.26 原句中介词短语 in a move 充当方式状语，对整句起附加补充作用，move 指代沃尔沃公司为新生婴儿的父亲提供完整产假的举措，即主句表达的含义。译者将主句与从句在此分离，译为两个汉语长句。用介词短语 in a move 另起一句，将其升格为汉语小句"这家汽车制造商希望通过此举……"，添加主语并强调特殊指代"这家制造商"，表明前后两句的关联。前句说明举措的内容，后句强调此举的目的，结构清楚，表意完整。

[例 8.27]Inner speech can take a compressed form, which allows our words to flow at a rapid pace.

在进行自我对话时，内部语言可采取"压缩"形式，这时语速会很快。（郭薇用例）

原文主句描述事实，which 引导的定语从句表示 compressed form 的特性，其中介词短语 at a rapid pace 修饰动词 flow，本身带有动感，对定语从句的谓语动词 allows 加以说明。汉译并未拘泥于原文"内部语言可采取压缩形式，这种形式可让语速快"的描述性，而是依上下文情境，增译条件状语"自我对话时"，用"这时"连接前后小句，并将介词短语分译为小句"会很快"，体现动态变化，语言生动形象，将译语读者带入了主句所述事实的适用场景。再如例 8.28。

[例 8.28]In the doorway lay at least twelve umbrellas of all sizes and colors.

原译：门口放着至少有十二把五颜六色、大小不一的雨伞。

改译：门口放着一堆雨伞，少说也有十二把，五颜六色，大小不一。（连淑能用例）

原文中介词短语 of all sizes and colors 修饰中心词 umbrellas，可直接处理为前置定语，如原译"五颜六色、大小不一的雨伞"。但就以小句见长的汉语而言，两个以上的修饰是超荷负载，因此连淑能将前置、后置的定语拆分，先陈述"门口放伞"的事实，再补充数量，最后描写颜色和大小，确保译文结构简明、层次清晰。

[例 8.29]He suddenly leaped to his feet with surprising agility.

他突然跳了起来，动作敏捷得令人吃惊。（陈德彰 译）

例 8.29 原文中介词短语 with surprising agility 充当状语，描述"突然跳了起来"的状态，含评价意味。译者化静为动，采用增译和分译，将介词短语扩为小句"动作敏捷得令人吃惊"。整个译文按汉语的思维逻辑，先摆事实，后作评价，译文简洁、准确，富有画面感。

4. 不定式短语分译

不定式短语分译，指将原文（多为英文）的不定式短语分离出来，成为相对独立的译语（多为汉语）小句。英语不定式短语常表达目的、状态、条件等，功能上相当于状语从句，汉译时宜处理为小句，以使译文行文流畅、逻辑明晰。举两例分析。

[例 8.30]On earth, where fog or rain would interfere with transmission, lasers would have to be beamed through evacuated pipelines to prevent power loss.

地球上的雾或雨会干扰激光的传播，因此，为了防止能量的损失，激光必须从真空管道通过。（连淑能用例）

例 8.30 原文中不定式短语 to prevent power loss 充当目的状语，表示行为发生的目的。基于原句中地点状语与谓语所隐含的因果关系，译者增译关联词"因此"，以求语义连贯；同时采用移译，调整原文语序，使译文逻辑更为清晰。

[例 8.31]Chatter can sabotage us by undermining our ability to think clearly and perform well.

一旦陷入"碎碎念"境地，思路将不再清晰，行为也出现偏差，这对我们都不是好事。（郭薇用例）

例 8.31 原文中不定式短语 to think clearly and perform well 后置限定 ability，意为"清晰思考、行为良好的能力"，结合前面的否定 undermining our ability to do sth., 可知"无法清晰思考，行为良好"。句子主干表明观点 chatter can sabotage us。试译将原文拆分成条件和结果两个分句，抽象名词 chatter 转化为条件"一旦陷入'碎碎念'境地"，方式状语 by undermining our ability to think clearly and perform well 则成了条件的结果"我们的……不再……"，can sabotage us 作为判断放在句末，符合汉语表达习惯，"这对我们都不是好事"。整体来看：条件假设 + 衍生结构 + 做出判断，分句各司其职，确保译文语言流畅、逻辑清晰。

5. 分词短语分译

分词短语分译，指将原文句（多为英文）的分词短语分离出来，成为相对独立的译语（多为汉语）小句。分词短语在英文中常做定语或状语，汉译时可处理成表定语或状语义的小句，避免译文欧化。如：

[例 8.32]Hidden by the trees, the tomb was difficult to find.
深藏在树木中，那坟墓很难找到。（钱歌川 译）

原文中过去分词短语 Hidden by the trees 作原因状语，其逻辑主语是 the tomb，该短语可扩展为 the tomb is hidden by the trees。汉译时将原文信息补充完整并做拆分，处理为小句"深藏在树木中"，作为原因分句，置于结果分句之前，更符合汉语表达习惯。

6. 汉语成语分译

如前所述，英汉互译中短语分译常用于英译汉，但汉语成语英译时，也常采用分译。汉语成语分译是指汉语成语英译时，将其视作一个短语结构、小句甚至复句，从句中分出，译为英语短语结构、简单句或复句。汉语成语的特点是形式简洁而内涵精辟，多为四字结构，包括主谓式、动宾式、连动式、兼语式、联合式等类型。英译时，应根据成语本身含义、典故及其在上下文中的作用，将其译为英语短语、简单句或复合句。若强行译成英文四字结构，一是不符合英文的表述特征，二是不符合英美民族的思维方式。如：

[例 8.33]民生在勤，勤则不匮。

A good life hinges on diligence. With diligence, one has no fear for shortages.（郭薇用例）

汉语喜用四字成语，常将两个意思相近的四字格并列。原文两个四字格都强调"勤"的重要性，译者将其拆分为两个单句，用两套主谓结构快速分译四字格组合，将原文含义用两个句子精准表达。又如：

[例 8.34]中方秉持"授人以渔"理念，通过多种形式的南南务实合作，尽己所能帮助发展中国家提高应对气候变化能力。

As we in China often say, "it is more important to show people how to fish than just giving them fish." China has done its best to help developing countries build capacity against climate change through various forms of results-oriented South-South cooperation.（新华网双语）

"授人以渔"在句中充当定语，修饰"理念"。译者为实现等值的交际效果，弥合文化间的差异，将该词扩展为完整的主语从句 it is more important to show people how to fish than just giving them fish，并将其从主句中拆出，形成独立小句。拆分后的两个句子使英文表达更为流畅，表义更为准确。

（三）小句分译

小句分译，指原文句中的词或短语分离出来并重组为译语小句之后，原语小句自动扩展成译语复句或分解为译语句群。小句分译以词和短语的分译为基础和前提，是二者综合运用的结果，包括两种情况：原语单句分译和原语复句中分句分译。

1. 原语单句分译

原语单句分译，指原文句中词或短语分离出来并重组为译语小句之后，原语小句自动扩展为译语复句或分解为译语句群。如：

[例 8.35]Life in the wide world goes on much as it has this past Age. Full of its comings and goings.

外面的世界就如往常一样继续着。人来人往，熙熙攘攘。（《指环王》，人人字幕组　译）

原文 Full of its comings and goings 是省略主语和系动词 is 的单句，comings and goings 意为 the way people keep arriving at and leaving a particular place，即"来来去去"。若直译，显得生硬，观众无法明白其义。译者用汉语四字格将其分译成两个短句，充分传递了原句旁白之意，更是朗朗上口。又如：

[例 8.36]劝君更尽一杯酒，西出阳关无故人。

I pray thee to quench one more full to the brim

This farewell cup of wine.

For after thy departure from this western-most pass

Thou will have no friends of thine.（孙大雨　译）

原诗通过动作（劝酒）与地名（阳关，指中国古代陆路对外交通的关隘）的描写，营造送别意境，让读者真切感受诗人彼时惆怅和不舍的心境，以酒抒情，体现了诗人和友人离别时的依依不舍和深厚情谊。译文采用诗歌格式，将原诗歌两句分译为四句，用多种词汇弥补汉英文化的差异，比如 pray 表示情谊，quench 抒发豪爽，thou 和 thine 承载古朴，one more 体现不舍的离情，读者从中可品原诗的感叹之情，实属佳译。

2. 原语复句中分句分译

原语复句中分句分译，指将某一分句从原语复句中分离出来，重组为译语单句或复句。如：

[例 8.37]外长们期待以峰会为契机，更有效地应对全球挑战、化解安全风险、共享发展机遇，同时，在上合组织即将进入第三个十年之际，将其打造成多边主义和新型国际关系的典范。

The foreign ministers looked forward to taking the summit as an opportunity to respond to global challenges more effectively, resolve security risks, and share development opportunities. As the SCO is about to enter its third decade, the foreign ministers expected that it will become an example of multilateralism and new international relations.（王毅国务委员兼外长接受新华社记者专访，来自中华人民共和国外交部网站，https://www.mfa.gov.cn/web/ziliao_674904/zt_674979/ywzt_675099/2020/kjgzbdfyyq_699171/202009/t20200917_9278657.shtml）

英译将原文拆分为两部分，"方式状语+谓语"结构和"时间状语+谓语"结构，将二者重组为独立的译语复句。原句流水句结构较为松散，译文将其划分开，利用"take the summit as an opportunity to do sth."结构体现前一句的语义逻辑。后一句因句子变短，it 所代更加明确，即 SCO 而非前文的 summit，较好地遵循了全译极似律。

（四）复句分译

复句分译，指将原文复句的分句分出并重组为译语单句或复句之后，变成了更复杂的译语复句或句群。英语作为形合语言，常用含多层信息的长龙句式，而汉语作为意合语言，更倾向于使用流水小句，分层叙述。英译汉时，基于词、短语、小句的分译，长龙句式的英语复句可分为若干汉语短句，组成复句或句群。汉译英时，有些由流水小句构成的汉语长句，也可依具体情况分译为英语句群，以免译句过分烦冗。

1. 英语复句分译

英语复句分译，指将英语复句中的从句分离出来，译成相对独立的汉语小句之后，重组为更复杂的汉语复句或句群，它主要包括英语单重复句分译为汉语多重复句和英语多重复句分译为汉语句群。

1）英语单重复句分译为汉语多重复句

英语单重复句汉译时，分句中词或短语分译为汉语简短小句，分句分译为汉语复句，从而将英语单重复句译为汉语多重复句。如：

[例 8.38]Elizabeth was determined to make no effort for conversation with a woman, who was now more than usually insolent and disagreeable.

伊丽莎白不愿意再和这样一个女人说话，这个女人现在愈发傲慢无礼，让人厌恶。（孙致礼 译）

原文 who 引导的非限制性定语从句起补充说明作用，其功能相当于并列分句，因此可采用分译将定语从句与主句断开，并重复原来定语从句修饰的先行词 a woman 处理英语原文的定语从句。译者根据从句中"愈发傲慢无礼，让人厌恶"的修饰对象判断 who 修饰 a woman，故从此处断开，另起一句，并将 a woman 译为"这个女人"，以便与前分句衔接。又如：

[例 8.39]With drooping heads and tremulous tails, they mashed their way through the thick mud, floundering and stumbling between whiles, as if they were falling to pieces at the larger joints.

它们低着脑袋，颠着尾巴，蹚着深厚的泥浆，步履笨重地一路前进，在泥浆中挣扎，失蹄踉跄，仿佛浑身都散架了。（张玲、张扬　译）

原文包含较多修饰语，句首 with 短语用作伴随状语。若直译，置于句首，不符合汉语表述习惯。译者采用分译，先将主语前置于句首，接着用"低""颠""蹚"三个动词构成了三个并列小句，句法上更符合汉语流水小句、四字格的表述结构；从风格看，这几个动词更加生动形象地描摹了它们当时的狼狈，再现了狄更斯重细节的描绘画风格；在从逻辑上看，几个小句如此层层递进，逻辑清晰，原文复杂的长难句以更易于读者理解的方式——剥开并予以呈现。

2）英语多重复句分译为汉语句群

英语多重复句指从句套从句，语义层次较为复杂。英语长句多呈树状结构，主句与从句、句子主干与枝干彼此交织，汉译时可以分译为汉语句群，使汉语译文的语言结构清晰、表达顺畅。如：

[例 8.40]With a reluctant backward glance the well-disciplined child held to her nurse's hand and was pulled out the door, just as Tom came back, preceding four grin rickeys that clicked full of ice.

小孩儿很听话，依依不舍地回头看了一眼，抓着保姆的手，被拉出了门。正好汤姆回来，领着佣人端来了四杯杜松子利克酒，里面装满了冰块叮当作响。（姚乃强　译）

原文 With a reluctant backward glance 作伴随状语，译者对其加以拆分：reluctant 译为"依依不舍"，充当状语；backward 译为"回头"，充当状语；glance 译为"看了一眼"，充当谓语。整个短语借此分离扩展为小句，定语 well-disciplined 则分离出来，译为"很听话"，其中"很"作状语，"听话"作谓语，名词短语扩展为小句。并列谓语 held to her nurse's hand 和 was pulled out the door 作两个小句。原文 just as Tome came back 为套在原文复句中的时间状语从句，译者将其从中分离，处理为汉语复句的分句。原文 preceding four grin rickeys that clicked full of ice 充当伴随状语，包含一个定语从句。译者将这个短语拆分成两个汉语小句，并增译"领着佣人"，明示原文隐藏的信息（由 preceding 一词可推测"有人端着酒跟在汤姆身后"），便于读者理解。又如：

[例 8.41]①The gentlemen pronounced him to be a fine figure of a man, ②the ladies declared he was much handsomer than M. Bingley, ③and he was looked at with great admiration for about half the evening, ④till his manners gave a disgust which turned the tide of his popularity; ⑤for he was discovered to be proud, to be above his company, and above being pleased; ⑥and not all his large estate in Derbyshire could then save him from having a most forbidding, disagreeable countenance, and being unworthy to be compared with his friends.

男士们称他一表人才，女士们声称他比宾利先生漂亮得多。差不多有半个晚上，大家都艳羡不已地望着他。后来，他的举止引起了众人的厌恶，他在人们心中的形象也就一落千丈，因为大家发现他自高自大，目中无人，不好逢迎。这样一来，纵使他在德比郡的财产再多，也无济于事，他那副面孔总是那样讨人嫌，那样讨人厌；他压根儿比不上他的朋友。（孙致礼 译）

原文结构虽然冗长，但逻辑清晰、层次分明：①②③为三个分句，③语义上对前两个并列分句总结，结构上为长句后半段过渡，有承上启下的作用。④中till 有转折义。⑤用三个平行的不定式短语强调众人态度的转变。句法上，小句③和⑤形成隔空对称结构。⑥为全句的收尾。译者将原句拆分为四个独立句子。由三个小句构成的多重复句被切分为两句，小句①和②译成并列关系的长句，③单独成句，④和⑤合为一句，⑥译为一句。此外，汉译句间保留或添加了"后来""因为""这样一来""纵使"等连接性词语，增强了译文的连贯性。

2. 汉语复句分译

汉语复句分译，指将汉语复句中的某些分句分离出来，译成相对独立的单句或复句，从而将汉语复句切分为英语句群。古汉语无现代标点符号，有些表达出现由冗长复句构成的复合判断，汉译英时，采用分译有利于消除句式的肿胀，以保译文语义清晰。汉语复句分译主要包括以下情况：复句中出现语气或话题转折，复句包含总—分—（总）结构，复句包含举例小句，复句句末包含表示判断的陈述小句，以及数个平行小句并列。

第一，复句中出现语气或话题转折时，需在转折处分译。如：

[例 8.42]①突然的，紧急集结号吹起来了。②这原是家常便饭，③但那时候，有几位同事却动了感情，④代他惋惜，⑤恐怕第二天他会走不成。⑥后来知道没事，⑦又为他庆幸。

There was nothing unusual about such alerts, but on this occasion his friends commiserated with him and expressed the fear that he might not be able to leave the following day. Then they congratulated him when the alert turned out to be a false alarm.（王际真　译）

原文分句①②与③④⑤构成转折关系，其中②相当于对①的说明，即①所述的是"家常便饭"。③④⑤与⑥⑦之间构成时间上的顺承、情感上的又一次转折。③④⑤构成并列关系，表现同事们"那时候"为他着急担心的情感。⑥和⑦在语义和情感上又具有因果关系，即"（因为）知道没事，（所以）为他庆幸"。译者按照汉语复句的层次关系，结合英语的语义表达，先将①②调整顺序并合并，将①所述压缩为短语 such alerts，又用 but 和 and 将①②与③④⑤连成复句。从⑥起，通过 Then 独立成句，与原文一致，同时调整⑥⑦的语序，增加连词 when，引导时间状语从句，浮现原文隐含的因果关系。又如：

[例 8.43]今天的人已经很难体会像诺邓老黄一样体会到食盐的珍贵，交通和技术的进步已经使盐成为成本极低的商品，但我们仍然相信诺邓盐是自然赐给山里人的一个珍贵礼物。

The advancement of transportation and technology making salt very common and cheap, people today no longer take salt as serious as Lao Huang. But in our eyes, Nuodeng salt is still a special gift bestowed by nature.（《舌尖上的中国》纪录片海外版）

原文前两个分句和第三个分句构成转折关系，译文从转折处断开，将原文多重复句结构分成两个复句，用 But 体现原文的逻辑关系。前两个分句语义上为因果关系：交通和技术的发达导致人们不再像诺邓一样珍惜食盐，原文更侧重"果"。翻译时调整原文顺序，使用独立主格结构，将"因"作为从句，成为次重点，凸显"果"的重要。译文在原文转折关系处将句子断开，同时调整第二个语义层的"因果"顺序，以体现原文的侧重点，保留原文的行文风格和思路。

第二，复句包含总—分—（总）结构时，需要将表示总结、概括的小句从中分出。分译是从读者角度出发，以读者理解为前提的全译方法。汉译英时，根据意思层次将长句划分为若干短句，再译为相应的英语句子，更易于读者理解。如：

[例 8.44]稳是大局，要着力稳增长、保就业、防风险，守住金融安全、民生保障、环境保护等方面的底线，确保经济社会大局稳定。

Stability is of overriding importance. We should ensure stable growth, maintain employment, and prevent risks. To ensure overall economic and social stability,we must not allow the redline to be crossed concerning financial security, people's well-being, or environmental protection.（2017年政府工作报告）

原文包含三层意思："稳是大局""稳增长、保就业、防风险""守住……

的底线"。首先,"稳是大局"是后面内容的总括,英译时可以单独成句。其次,"稳增长、保就业、防风险"是排比句式,内容上较为紧凑,也应该单独成句,并增添主语。"守住金融安全、民生保障、环境保护等方面的底线,确保经济社会大局稳定"结构上是并列,逻辑-语义上是条件与结果,表达完整意思,可单独译成一句。循此,汉语长句译作了三个英语句子。再如:

[例 8.45]①中央决定将农民人均收入 2300 元(2010 年不变价)作为新的国家扶贫标准,②比 2009 年提高 92%,③把更多农村低收入人口纳入扶贫范围,④这是社会的巨大进步。

The central government set the new poverty line at 2,300 yuan, which was the per capita net income in rural areas at 2010 prices, an increase of 92% over 2009. This resulted in more low-income people being covered by the government's poverty reduction program, which constitutes tremendous social progress. (《2012 年政府工作报告》官方译文)

原文复句包含四个分句,分句①是全句的主题,②是解释主题,③④是前述内容会产生的结果。译者从第二个分句后将原文复句切分成两个部分,用定语从句将两个部分各自合成一个独立的句子。原文译成两个单句构成的因果关系句群,原本相对隐晦的逻辑关系更加清晰了。

第三,复句包含举例小句时,为了便于区分,通常需要采用分译。如:

[例 8.46]①我们要随时随刻倾听人民呼声、回应人民期待,保证人民平等参与、平等发展权利,维护社会公平正义,②在学有所教、劳有所得、病有所医、老有所养、住有所居上持续取得新进展,不断实现好、维护好、发展好最广大人民根本利益,③使发展成果更多更公平惠及全体人民,在经济社会不断发展的基础上,朝着共同富裕方向稳步前进。

We should always bear the people's aspirations in mind and be responsive to their expectations, ensure their equal rights to participate in governance and develop themselves, and uphold social fairness and justice. We should make steady progress in ensuring that all the people enjoy the rights to education, employment, medical and old-age care, and housing; and we should continue to fulfill, uphold and develop the fundamental interests of all the people. All these efforts will enable our people to share fully and fairly the benefits of development and move steadily towards shared prosperity on the basis of continued economic and social development. (习近平,2014:72)

原文为多重并列复句，分句主要由动宾短语构成，分句①②③之间形成并列关系，主要是强调政府应该为实现人民福祉而实施的相应举措。译者在句②处拆分原文，①和②分成两个以 "We should..." 开头的单句，列举政府应当采取的行动，同时将③拆分，借助 All these efforts 总结上文，承上启下，表明上文是政府应该付出的 efforts，③后半句进一步展望 efforts 的目的与意义。

第四，复句句末含表判断的小句，对其前内容评价、概括时，判断小句若不适合英译为复句的从句，则可分译为独立的小句。如：

[例 8.47]中美两国经济发展阶段、经济制度不同，存在经贸摩擦是正常的，关键是如何增进互信、促进合作、管控分歧。

China and the US are at different stages of development. They have different economic systems. Therefore, some level of trade friction is only natural. The key however lies in how to enhance mutual trust, promote cooperation, and manage differences.

原文选自《关于中美经贸摩擦的事实与中方立场》白皮书，是典型的汉语意合长句，通过语义之间的逻辑关系，将数个分词短语、小句组合成长句。译者基于理解，将原文合拢后重新拆分，用 they 指代上文 China and the US，用 therefore 表明上下文的因果关系，表达更符合译语习惯。一些语义重复的句子，译者通过连接和指代合译，变得更加简洁连贯。原文长句包含多个短句时，译者采取分译方式，增加代词，指代原文主语，并增加连接词，即可实现语义的完整连贯。又如：

[例 8.48]①全党同志一定要永远与人民同呼吸、共命运、心连心，②永远把人民对美好生活的向往作为奋斗目标，③以永不懈怠的精神状态和一往无前的奋斗姿态，继续朝着实现中华民族伟大复兴的宏伟目标奋勇前进。

In our Party, each and every one of us must always breathe the same breath as the people, share the same future, and stay truly connected to them. The aspirations of the people to live a better life must always be the focus of our efforts. We must keep on striving with endless energy toward the great goal of national rejuvenation. (《中国共产党第十九次全国代表大会报告》官方译文)

原文为包含三个分句的并列复句，旨在号召全党人民共同努力实现目标。译者采取化整为零的手段，分析了整句的三层含义及逻辑关系，将每个分句各自单译成句，原本冗长复杂的句子变成了短小简单的句群，增强了译文的可读性和层次感。

第五，数个平行小句并列时，通常需要切分。如：

[例 8.49]村里的狗腿子聋子汉国，手持着一根梧桐杆子，驱逐着不断地被挤进圈内的乡民。他嘴里喷着酒气，牙齿上沾着韭菜，瞪着螳螂眼，毫不客气地一竿子打掉了磕头虫的妹妹斜眼花头上的红绒花。

Deaf Han Guo, a crooked-legged villager, was kept busy driving township residents out of the circle with a branch from a parasol tree. His breath reeked of alcohol and bits of scallion clung to his teeth. Glaring with mantislike eyes, he swung his parasol branch mercilessly and knocked a red silk flower right off the head of the cross-eyed little sister of someone called Sleepyhead.（葛浩文　译）

原文出自莫言的《丰乳肥臀》，故事背景是：村里放电影，聋子汉国维持秩序。原文第一句是并列分句，有内在的语意层次；葛浩文将前一分句减译为方式状语，将第一句合译为单句。第二句是并列复句，包含四个分句，"喷""沾""瞪""打掉"四个动词生动形象地刻画出了原文中闲汉的醉醺醺形象。译者将前两个分句与后两个分句断开，分别译为并列句和单句，用现在分词 glaring 引出新句子，强化了原文中狗腿子的人物形象。这样，译者既保留了句子间含义的内在联系，也确保了结构的清晰，可读性更强。

第三节　合　译　论

合是认识事物发展的必要环节，观察事物要有综合的眼光，不能"头痛医头、脚痛医脚"，要用统筹的方法看问题。合译是应原文语用再现、语义传达和译语表达规范之需，将原文语形化零为整的全译方法。合译原理与分译原理异曲同工，也是基于中西传统哲学与汉英民族思维的差异以及汉英双语言结构的区别。根据不同的操作目的和需要，合译可分为语法性合译、语义性合译和语用性合译；根据具体操作的语言单位，合译可分为短语合译、小句合译、复句合译和句群合译。

一、合译界定

合译，即合并式全译，指译者根据原文语用再现和语义传达以及译文语形的需要，将原文某些单位合并为一个译语单位的全译方法。

历史上，"合译"兼含两义：一是指从事翻译的方式，即合作翻译的简称，与独自翻译（独译）相对，指两位及以上译者合作完成语言转化，如唐朝玄奘主持译场合译佛教典籍、明末清初来华传教士利玛窦与明朝学者徐光启合译西方科技著作、清末林纾与魏易合译西方文学著作；二是指一种全译方法，与分译相对，将几个原文单位整合为一个译语单位。合译的运用由来已久，但翻译界似乎重视不够。本节探讨的合译指向后者。

国内同仁先后研究过合译，最初指出合译策略包括分句内合、复句内合和句群内合，随后对合译方法进行定义，将其细化为单句合译、复句合译和句群合译的具体技巧，最后又增加短语合译这种类型，从而确立了较为完备的合译方法体系。如：

[例 8.50]人类的美好理想，都不可能唾手可得，都离不开筚路蓝缕、手胼足胝的艰苦奋斗。

Human ideals are not easy to achieve but need hard work.［《习近平谈治国理政》第一卷（英文）］

原文中"美好理想"属于偏正型短语，译者未以 good ideal 对译，而是先减后合而成 ideals，因为理想本身就是美好的。成语"筚路蓝缕"形容创业之艰，"手胼足胝"形容经常劳动之勤，两个成语与"艰苦奋斗"表达同一内容，译者据此将这三个短语合为偏正型短语 hard work。此外，译者将"人类的美好理想"和"都不可能唾手可得"译为更简的小句，以连词 but 与下文相连，强化了原文所隐的转折关系，译文更显逻辑关系。

合译与减译有相通之处：采用合译时，会不同程度地删减译语单位，如词、短语、小句等，这与减译的同效。二者不同之处：减译采取删减手段，侧重删减原文单位，但不一定合并；合译采取聚零为整的手段，侧重整合原文结构，主要运用合并法，一般是基于单位删减，致使结构更为紧凑，有时也可通过改变标点符号将原文单位合为一体（不涉及删减），有时（特别是汉译英）或需增加代词、连词等单位。如：

[例 8.51]既尽力而为，又量力而行，一件事情接着一件事情办，一年接着一年干。

We will do everything in our capacity, and work away at issue by issue, year in and year out.（《中国共产党第十九次全国代表大会报告》官网译文）

原文选自《中国共产党第十九次全国代表大会报告》，"尽力而为""量力而行"体现了典型的政府官方材料的表述，即：四字格，小短句，平行短语多。这样的词汇在英文中很难找到对应表达，如果直译，会导致语形累赘，语义重复。官方外宣文献需要保留原文一丝不苟的语言风格，因此译者将原文合译，将"尽力而为"和"量力而行"译为 do everything in our capacity，用更加平实简洁的词语表达原文，既能准确传递原意，又能体现官方严谨的风格。

合译有时与换译、移译等组合运用。合并原语单位时，有时需据译语习惯重组结构，调整语序，此时则需移译；原文句群、复句、小句、短语经过整合之后，可能分别降格为复句、小句、短语和词，此时则需换译。此外，合译有时也与分译配合，合中有分，分中有合。由此可见，译者需据不同目的，多法活用，以求译文的准确与地道。

[例 8.52]君子之道，辟如行远，必自迩；辟如登高，必自卑。

译文 A：In traveling a long way, one must set off from what is near at hand, and in climbing to a high place, one must begin from low ground: such is the proper way （*dao* 道） of exemplary persons （*junzi* 君子）.（安乐哲　译）

译文 B：The way of the superior man may be compared to what takes place in traveling, when to go to a distance we must first traverse the space that is near, and in ascending a height, when we must begin from the lower ground.（理雅各　译）

译文 C：The Way of the superior man may be compared to traveling to a distant place: one must start from the nearest point. It may be compared to ascending a height: one must start from below.（陈荣捷　译）

译文 D：The Way of the man of noble character may be likened to travelling a long distance, in that one must, of necessity, set out from what is near at hand; or it may be likened to ascending a height, to which end one must always begin from a lower position.（浦安迪　译）

原文为并列复句，采用比喻和演绎的形式阐述"君子之道"。四位译者均采用了合译，使译文流畅、达意。译文 A 采用了移译，将原文的"君子之道"用"the proper way （*dao* 道） of exemplary persons （*junzi* 君子）"译出，并移至全句末尾，从而将原文的演绎法切换成归纳法，更符合英语从具体到抽象的逻辑推理形式，便于英语读者的理解与接受。译文 B 和 D 采用了增译，译文 C 采用了分译。再看一例。

[例 8.53]①进入新时代，中国交通驶入高质量发展的快车道，②基础设施建设日新月异，③运输服务能力、品质和效率大幅提升，④科技支撑更加有力，⑤人民出行更加便捷，⑥货物运输更加高效，⑦中国正在从交通大国向交通强国迈进。

In the new era, China is accelerating the high-quality development of its transport industry — it is seeing consistent progress in infrastructure construction, marked improvements in transport capacity, quality and efficiency, stronger technological support, greater accessibility and convenience, and more efficient freight transport. China is building up its strength in transport.

原文选自《中国交通的可持续发展》白皮书。依照语义分割，原文属于总—分—总的结构，①总体概括，②③④⑤⑥举例论证，⑦总体判断。译者将由②③④⑤⑥构成的复句合译为单句，并用破折号与①连贯起来。鉴于判断小句前面的信息量过于密集，译者将⑦单独提出，分译为单句，使句子结构更加明朗，同时起到强调的作用。本例是分译与合译相结合、以合译为主的典型案例。

二、合译理据

据内涵与外延可知，合译的原因与分译相同，也是基于汉英双语类型的差异，即句法结构的区别以及汉外民族不同的思维方式。

合译符合逻辑思维转换的规律，旨在完整地再现原文语用、准确传达原文语义，同时确保译文语句简练，行文清畅。正因为汉英双语句法结构相异，分译、合译的语言方向与操作程序正好相反：分译旨在化整为零，将原语中数量较少的、紧密结合的较小单位逐一切分为译语数量较多、更加分散的较大单位，可以避免译句冗长繁复，缓解受众理解长龙句式的压力；合译旨在化零为整，将原语众多零散的较小单位逐渐融合为紧凑的较大译语单位，可以避免译句重复拖沓松散，确保译文重点突出，表意连贯。将英语句群或复句合译为汉语复句或单句，也是为了满足汉语受众求简的审美期待。汉译英多用合译，译者必须针对汉语短小句、流水句的层次语义关系，结合英语的造句规范，进行恰当的结构整合，译成英语的长句、复句运用较多的形式标记是句内连接词。英译汉偶尔采用合译，将英语小句整合为汉语短语或词，然后加以重组。

三、合译过程

合译采取聚零为整的手段，将较大的原文单位（如短语、小句、复句、句群等）融合、压缩为较小的译语单位（如词、短语、小句、复句），从而将短小、零散的原文结构整合为繁长、紧凑的译文句子，使译文表意严谨集中，形式简洁洗练、地道规范。

这种融合并非随心所欲，无章可循，必须保证原文在形式整合过程中不出现内容遗漏，表达的信息在译文中的安排主次分明、结构清晰、语义连贯、文字精简。有时孤立地看，原文的有些句群、复句可以分别合译为译语的复句、单句，但合并之后，尤其是就汉译英而言，可能出现译文偏离译语的语法规范（如运用了悬垂结构，整个句子头重脚轻），也可能无法再现原文短小、精悍的写作风格

（如海明威的电报式短句），译者必须慎重运用合译。因此，合译的操作原则是：合形不漏义不变值，即合并原文语形，但不遗漏其语义，不变动其语用价值，应根据原文语法、风格需要谨慎选择。

合译的操作过程包括三个阶段和七个步骤。

（1）原文理解阶段，包括三个步骤：把握全句的总体轮廓和脉络；弄清小句成分之间的深层语义关系、复句的层次及其分句之间的逻辑关系（尤其是无标记的汉语多重复句）；基于对原文深层结构的理解和重新分析，将形式分散、结构疏松的语言单位进行语内的初步压缩和整合。

（2）语际转化阶段，包括两个步骤：将整合之后的语言单位如词、短语、小句、复句等转换为思维单位中对应的简单概念、复合概念、简单判断、复合判断；这些概念和判断外化为词、短语、小句和复句等译语单位。

（3）译文表达阶段，包括两个步骤：按照译语表达规范和习惯重新调整译文的顺序和结构；比读译文和原文，从语值的有效性、语义的完整性、语法的正确性审视和校改译文。

四、合译方法体系

合译类型与分译相同，可从语法、语义和语用层面探讨，但其操作方法则与分译相反。合译法的最小语言单位从短语开始，可分为短语合译、小句合译、复句合译和句群合译四种类型。大单位合译以小单位合译为前提和基础，短语合译、小句合译多见于小句内部，复句合译以复句中小句和短语的合译为前提，同时原语句群中单句、复句的合译最终会导致整个句群的合译。

（一）短语合译

短语合译，指将原语短语整合为译语的词，或者将原语中几个同义、近义短语压缩为一个译语短语，包括短语合为词或几个短语合为一个短语甚至词。

1. 原文短语合译为译语词

原文短语表达的语义常常可用译语词替换。如汉语四字成语可由英语词语替换，英语固定短语也可由汉语词语替换，以精简原文内容，让译文更符合译语行文规则。请看三则实例：

[例 8.54]我过去所受的那些委屈和刺激，比起他来，也只是小巫见大巫，算不得什么。

What little pain and adversity I've experienced so far are simply nothing compared to what he's gone through.（连淑能　译）

原文用成语"小巫见大巫"形容说话者所受委屈远远比不上"他"的不幸经

历。英译并未固守语形，将其直译为"A 见到 B"或加以解释，而是将其与下文"算不得什么"整合成一个单词 nothing，与上文程度副词 simply 组合，这样更符合译语的行文习惯，准确表达原文作者的情感态度。

[例 8.55]中国新冠疫苗研发完成并投入使用后，将作为全球公共产品，为实现疫苗在发展中国家的可及性和可担负性做出中国贡献。

COVID-19 vaccine development and deployment in China, when available, will be made a global public good. This will be China's contribution to ensuring vaccine accessibility and affordability in developing countries. （中国日报英文网）

原文中"做出中国贡献"是典型的中式表达。汉语常用"为……做出贡献"的表达式，而对应的英文是 contribute to。译者采取更为灵活的处理方式，将这一动宾短语合译为单词 contribution，虽然单位层级与词的容量有变，但语义未变，依然传递了"中国做出贡献"的信息。此外，译者将 contribution 揉化入句，几个相对独立的汉语短句合译成英语长句，更符合英文书面语的行文方式。

[例 8.56]铺子和铺子是那样的挤密，以至一家煮狗肉，满街闻香气；以至谁家娃儿跌跤碰脱牙、打了碗，街坊邻里心中都有数；以至妹娃家的私房话，年轻夫妇的打情骂俏，都常常被隔壁邻居听了去，传为一镇的秘闻趣事、笑料谈资。

These buildings were so packed together that if one shop stew dog meat, the aroma filled the whole street; if some children fell and knocked out a tooth or smashed a bowl, the whole street knew of it; neighbors often overheard the secrets girls confided to each other and the jokes between young married couples, then regaled the whole town with these titbits.（戴乃迭 译）

原文为并列复句，用连词"以至"串联起来。该例含有两处合译。其一，译者将短语"打情骂俏"合译为单词 jokes，而未还原成原文较烦琐的短语结构，表意明了、简洁。其二，译者将原文两个近义短语"秘闻趣事""笑料谈资"整合为 titbits（"趣谈"），避免了多个英语单词的堆砌，使译语读者一看即明原作所指的是茶余饭后的"八卦（新闻）"。不妨再看两例涉及言简义丰的广告：

[例 8.57]Love at first, second, third, fourth, fifth and sixth sight.
机译：一见钟情，第二眼，第三眼，第四眼，第五眼和第六眼。
官网译文：一见倾心，现有六次机会。

原文来自苹果手机文案，它作为单句，是英文谚语 love at first sight 的创造

— 198 —

性运用。苹果官网译者使用了"一见倾心"这一广为人知的中文四字成语，夺人眼球，确保了广告语真正广而告之。机译的"一见钟情，第二眼、第三……"似乎在给不同颜色的机型排名，而"六次机会"把六种颜色的机型放了平等选择的位置上。相比于机译的数字罗列，译者用"现有六次机会"对原文六个序数词进行了概括性合译，并配上六种颜色机型图片（图 8.1），以多模态的形式明确地告知消费者，有六种颜色可选，细化了"六次机会"的内涵。

一见倾心，现有六次机会

图 8.1　苹果官网六种颜色机型图片

[例 8.58]Tastes like Gold. Not much more we can say.

金般口感，无需多言。（郭薇用例）

本例采自第 16 届中国—东盟博览会进出口食品推介会的现场口译，原文是斯洛伐克名酒 Gold 介绍语。Gold 既是双关，也是比喻，指出酒的名称，表明酒的口感非常好，还隐含"珍贵"之意。直译"尝起来像金子一样。我们只能说这么多了"缺乏意境，翻译腔很重，不宜作广告词；合译"金般口感，无需多言"便有了汉语特色的四字格并列，缩短了句长，"感""言"押韵，更符合广告词朗朗上口的特征。但是两个句子联系不大，较为突兀，因此译员改变语序，结合汉语的意合特点，使广告词表达更加自然、地道。

2. 多个原文短语合译为一个译语短语或词

为了加强语气、突出表达效果，原文有时将几个同义或近义的短语组构成一个短语群，语义相当于其中某一短语，或用更抽象的一个短语加以概括。为简洁起见，翻译时需要合译为一个译语短语甚至词。如：

[例 8.59]鹤汀凫渚，穷岛屿之萦回；桂殿兰宫，即冈峦之体势。

Circling around the numerous islets on which the cranes rest on the sandy beaches and the wild ducks on the sand-bars. Cassia-wood courts and orchid-wood halls rise and fall like mountain ranges.（罗经国　译）

原文出自著名骈文《滕王阁序》，包含典故以及四字格、对偶等中文写作手法和修辞。若直译为英文，会让读者不知所云。译者首先采用分译，将原文短小句的关键信息提取出来，再将其扩为带从句结构的英语复杂长句，并且改变原文句序，颠倒"鹤汀凫渚"和"穷岛屿之萦回"的顺序，译文虽长，但完整传达了原文信息。将后两句的"桂殿兰宫"译为 cassia-wood courts and orchid-wood halls，用 rise and fall like mountain ranges 巧译"即冈峦之体势"，体现了华丽辉煌的宫殿依山峦起伏而建的雄浑场景。译文准确地将四个汉语短句合译为两个英文长句，舍形似，得神似！又如：

[例 8.60]中国特色大国外交奋楫破浪、坚毅前行。

China pursued major-country diplomacy with Chinese characteristics and made solid progress.（中国日报官网译文）

本例原文两个四字格"奋楫破浪、坚毅前行"共同构成表动作的短语结构。其中"奋楫破浪"字面意为"奋力划桨以破浪而行"，可引申理解为"努力向上、不畏困难前进"，与下文"坚毅前行"的语义有重。此外，"奋楫破浪、坚毅前行"具拟人色彩，与"中国特色外交"这一主语搭配，实际意义是"中国特色外交进展良好"。译者将汉语两个四字格合译成短语 made solid progress，符合英语规范，更是准确传达了原义。再看两例：

[例 8.61]有的不认真学习党的理论和做好工作所需要的知识，学了也是为了应付场面，蜻蜓点水，浅尝辄止，不求甚解，无心也无力在实践中认真应用。

Some party officials stop studying Party theory or learning information which they need in performing their duties, while others content themselves with the most superficial understanding, which they can use as window-dressing instead of applying it in real work.［《习近平谈治国理政》第一卷（英文）］

原文通过连续使用"蜻蜓点水""浅尝辄止""不求甚解"三个成语强化了批判语气，突出了语义。三个成语共筑意思相近的短语群，一并喻指做事肤浅、不够深入。在此语境，具体指"理论知识不够深入，只停留在肤浅的表面"。译者对汉语叠床架屋式的含义进行完全性归纳，合译为 content themselves with the most superficial understanding，译文表达更为简明。

[例 8.62]守业的君主须敬天爱民，执政公允，永保四海太平，九州澄清。

So, the emperor who guards the nation should respect the Heaven and love people, govern the nation justly, and guarantee the nation's peace and harmony.（纪录片《故宫100》，第十七集）

中国古代的"四海"指夷、狄、戎、蛮四个地区，泛指中国统治内的疆域，"九州"也是对中国疆土的划分方式。原文"四海太平，九州澄清"两个主谓短语基本同义，都指国家安定与太平。因此，"四海""九州"不必分别译出，可合译为 nation。

（二）小句合译

小句合译，指将原文小句整合为译语短语或词，包括小句部分合译和小句整体合译。

1. 小句部分合译

小句部分合译，指小句中某个词或短语的语义压缩为一个词，再与其他成分重组，从而简练译句的合译。如：

[例 8.63] I made my way along in what I thought was the direction of the road. I was not sure, because I had been turned around so many times.

我转身朝路那边走去，我不能确定自己选择的方向对不对，因为我被转来转去那么多次，都给转糊涂了。（李育超 译）

整体看，译者把两个英语小句合译为一个汉语复句。原文意思关联性很强，后一句补充说明前一句。且中文句子相对松散，可以使用逗号连接多个句子，因此可以合译为一个句子。译者将前一句的 in what I thought was the direction of the road 与后一句的主干 I was not sure 合译为小句"我不能确定自己选择的方向对不对"。原文前一句语法结构较为复杂，出现较长的修饰语，若将两句分开翻译，前一句译为"我沿着我认为是道路的方向前进"翻译腔较浓，而后一句的"我不确定"也缺乏宾语，表意不明。通过合译将两部分有机结合，既符合汉语表达方式，又能让译文更加通顺。合译之外，译者末尾增译了小句"都给转糊涂了"，点明"不能确定"的缘由，也能助力读者更好地理解。又如：

[例 8.64]①如果周末工作完成了，②天气又好，③我们就去野餐。

We'll go for a picnic on the weekend, the job finished and weather permitting.（李侠 译）

原文①②句为并列的条件状语，主句③是条件产生的结果。英译时无需硬将①②句转化为条件状语 if the job is finished and weather permits，只需用独立主格结构将其译成 the job finished and weather permitting。采用合译，产出的译文更为简洁、凝练。再如：

[例 8.65]经济全球化遭遇波折，多边主义受到冲击，国际金融市场震荡，特别是中美经贸摩擦给一些企业生产经营、市场预期带来不利影响。

Setbacks in economic globalization, challenges to multilateralism, shocks in the international financial market, and especially the China-US economic and trade frictions, had an adverse effect on the production and business operations of some companies and on market expectations.（《2019 年政府工作报告》官方译文）

原文动宾结构短语"遭遇波折""受到冲击"，英译时省略，分别用名词 setbacks 和 challenges 表示，汉语两个小分句化成了英译主语的两个名词词组，译文避免了过度使用动词，结构更加紧凑，更合英语行文习惯。同理可见：

[例 8.66]劳动是财富的源泉，也是幸福的源泉。
Work is the source of wealth and happiness.［《习近平谈治国理政》（第一卷）英文］

译者采用合译，将原文两个并列小句中"谓语＋定语＋宾语"部分提取共用的谓语（be 动词）is 与宾语 source，并将原文定语的英译 wealth 与 happiness 并置，从而减少词语复用，精简译文结构，使意义更加显豁。下一例可能更为精当：

[例 8.67]①花园里是人间乐园,②有的是吃不了的大米白面，③穿不完的绫罗绸缎，④花不完的金银财宝。

The garden was a paradise on earth, with more food and clothes than could be consumed and more money than could be spent.（许建平 译）

原文是二重并列复句：①与②③④构成总—分关系，②③④则是省略主语的平行关系并列复句。译者将②③④汉语分句合译成介词短语 with more food and clothes and more money，将充当定语的"的"字短语"吃不了的""穿不完的"换译为比较状语从句，即"多于吃得了的、穿得完的……"，并将"吃得了的""穿得完的"合译为一个定语"可消耗的"。译者在对原文去表存里的基础上，进一步浓缩，使得译文精炼，堪称合译的典范。

2. 小句整体合译

小句整体合译，是将原文小句整体融合为一个译语短语甚至单词。汉语句法结构属于竹节型，结构短小，句式简单，语义关系清晰，多流水句；英语句法结构属于葡萄型，一环套一环，每个限定小句都有固定的主谓结构，限定小句之间必须有连接词。因此，汉译英时，为了简化句子结构，确保语义更为明确，常需将某些汉语小句整体融合为某一英语短语甚至单词。如：

[例 8.68]①这 5 个光点正常的运行轨迹是自东向西的，②但有时却会自西向东运行，③然后再循原路返回。

They would sometimes wander off from a regular east-west path and then double back.（范武邱 译）

原文①②③三个小句共用一个主语"这 5 个光点"，因此英译时仍然共同。小句②③中，③是对②的补充说明，所要表达的语义与②无异。抓住这一点，译者仅用动词短语 double back 便整合了两个小句。译文简洁利落，堪称神来之笔。又如：

[例 8.69]①全力以赴救治患者，②不遗漏每一个感染者，③不放弃每一位病患者

China did everything possible to treat all patients.

本例选自《全面建成小康社会：中国人权事业发展的光辉篇章》白皮书，原文由三个小句构成，小句①表明中国会尽全力救治患者的决心，小句②③则是对该决心的补充说明，②③语义相近，都表现出中国救治每位新冠患者的决心与信心，这又与①的意义有所重合，因此译者将小句三合一，以减少信息赘余，避免语形重复。再如：

[例 8.70]海老老的呻吟一阵轻，一阵响。

The old eunuch's groans came in waves.（闵福德 译）

汉语小句使用重复的修辞手法"一阵，一阵"，小句之间为线性组合。英译过程中，为减少重复的句子结构，译者将一组动态变化合译为短语 in waves，把时高时低的呻吟声比喻成波浪，既生动形象，方便英语读者理解，又保证结构紧凑，符合英文表达习惯。请再看两例。

[例 8.71]It seems to me that there are two causes, of which one goes much deeper than the other.

原译：我认为原因有二，而两者之间又有深浅之分（连淑能 译）

试译：我认为原因有二，有深浅之分。

原文从句含有完整句子结构 one goes much deeper than the other，试译者未将其对译为"一个深似另一个"，而是减译句子结构，主语承前省，只用动宾结构"有深浅之分"，正合汉语流水句表达习惯，读起来更加通顺。

[例 8.72]世界贸易组织所提倡的互惠互利原则，考虑了各国发展阶段的差别。在世界贸易组织框架下，发展中成员享有差别和更优惠待遇。

The principle of reciprocity of the WTO takes into consideration different development stages by granting special and differential and more favorable treatment to developing members.

本例选自《关于中美经贸摩擦的事实与中方立场》白皮书，原文"考虑了各国发展阶段的差别""在世界贸易组织框架下，发展中成员享有差别和更优惠待遇"是两个分开独立的小句。译者采用合译，将两个小句合并，同时省略了第二句的重复成分。用介词 by 将前后两句衔接，译文浑然一体，整合成了有主次结构、紧凑的完整句。通过合译，译者实现了语义的完整连贯和信息的准确传达，并且通过代词、介词和连词，使译语表达更加体现译文的连贯性。下一例同理可循：

[例 8.73]①他出其不意地把一头牛买好，②牵回家来，③给两位老人家一种难以形容的惊喜，④正跟他昨日傍晚出其不意走进了家门一样。

He had managed to buy an ox and had brought it home. The unexpected gift had occasioned the same indescribable look of surprise and joy on his parents' faces as had his unannounced arrival the day before.（王际真 译）

汉语多用流水句，小句之间线性组合，语义关系清晰，读者能够通过意会理解句间的逻辑关系。原文中，"他"买的这头牛对两位老人是一份意外的礼物，让他们惊喜。但是，英语小句要求必有自己的主谓结构，原文流水句不符合英语的句法结构，"给两位老人家一种难以形容的惊喜"和"正跟他昨日傍晚出其不意走进了家门一样"没有主语。于译文读者而言，原文几个小句之间的逻辑关系是隐性的。为使英译语义更加显豁，译者先得将①和②通过连词 and 合译成单句，再增译偏正型短语 the unexpected gift 以代指前文，最后将③④两个小句合译成单句。与其相应，如何做到译出文气且具文采？请再看一例：

[例 8.74]The Hand of the King was the second-most powerful man in the Seven Kingdoms. He spoke with the king's voice, commanded the king's armies, drafted the king's laws.

御前首相是七大王国中一人之下、万人之上的显赫要职，他将代表国王发号施令、统御三军、执掌司法。（谭光磊、屈畅 译）

原文是电视剧《权力的游戏》台词，译者将原文小句 spoke with the king's voice、commanded the king's armies 和 drafted the king's laws 各自合译为相应的汉语并列短语"发号施令"以及动宾短语"统御三军""执掌司法"。连续运用这一系列四字成语构成了排比，使译文简洁、地道，意义鲜明，且句式工整对仗、抑扬顿挫，富有音律美感。此外，译者还将 second-most powerful 分译为"一人之下、万人之上"，不但准确地表达出了原文的意思，而且与后文四字格的运用相照应，增强原文气势，行文更具文采。

（三）复句合译

复句合译，指原文复句中的分句压缩为译语的短语或词之后，原语复句融合为译语单句，或原语的多重复句融合为译语的少重复句。合译过程中，有时需据分句间的逻辑关系，重新安排译文顺序。

1. 原文复句合译为译语单句

原文复句合译为译语单句，指原文复句中的分句整体融合为译语的短语或词之后，原文复句合并为译语单句。这时要打破原文的语形束缚，发挥译语语言特色，准确传达原文语义。如：

[例 8.75]①顷刻之间，液滚的浊水像堵墙一般压了下来，②一古脑儿连人带车都给冲走了，③这情景，直到现在还印在我的脑海里。

The image of a sudden wall of dark water carrying the man and his car away in an instant is still imprinted on my mind.（连淑能用例）

原文为并列复句：①②与③之间构成递进式并列复句（第一重），①与②构成连贯式并列复句（第二重），而③的主语"这情景"即是①②描述的内容。译者将"情景"作为英译句子的主语 image，其中描写的动作名物化用作后置定语，将"压"的动作通过 sudden wall 表现出来，将"冲走"译为 carrying ... away，充当 dark water 的定语，从而巧妙地将原文复句整合为译语单句。又如：

[例 8.76]艰难方显勇毅，磨砺始得玉成。

Only in hard times can courage and perseverance be manifested.（习近平 2021 年新年贺词官方译文）

原文两个小句都强调困境之下才能彰显品质，二者意思相近。英译不拘于原文语形，而是将两个小句进行整合，将"艰难""磨砺"合并，充当状语的介词短语 in hard times，将历练出的品质"勇毅""玉成"作为句子主语，"显""得"整合为动词短语 be manifested，从而将原文并列复句合译为译语单句，译文更简洁，表意更清晰。

2. 原文多重复句合译为译语少重复句

原文多重复句合译为译语少重复句，指原文某一复句整体融合为译语单句甚至短语之后，原来错综复杂的多重复句合并、简化为译语中结构简单的少重或单重复句。原文常出现从句嵌套从句的叠床架屋现象，译者不应拘泥于原文表象，而应结合从句之间的语义关系，将从句融合为短语或词，将原文零散的多层次复句压缩成译语中紧凑的少层次复句，使译文更简洁凝练。如：

[例 8.77]老金的废品收购站，用石膏板圈起了一大片土地，废品分门别类，酒瓶子垒成令人眼花缭乱的长城，碎玻璃堆成光芒四射的小山，旧轮胎摞得重重叠叠，废旧塑料比屋脊还高，破铜烂铁里，竟然有一门卸掉了轮子的榴弹大炮。

Old Jin's recycling station was spread out over a large area, behind a plaster board fence. The scrap was separated by type: empty bottles formed a great wall that dazzled the eyes, a mountainous prism of broken glass; old tires were stacked in heaps; a mound of old plastic rose higher than a rooftop; smack in the middle of discarded metal stood a howitzer minus its wheels.
（葛浩文 译）

原文出自莫言作品《丰乳肥臀》。废品包括酒瓶子、碎玻璃、旧轮胎、废旧塑料和破铜烂铁，破铜烂铁里有一门卸掉了轮子的榴弹大炮。译文把酒瓶子和碎玻璃合二为一了。译者在翻译时整合各要素，用 the scrap was separated by type 作为统领性表达，然后将原文结构松散的六个小分句整合成名词开头的系列短语短句，随统领性表述鱼贯而出，结构显得更加工整。句子数量虽未明显生变，但译者通过合译巧妙减少了不必要的语义重复，让读者更直观感受到了老金废品回收站的样貌。

（四）句群合译

句群合译，指在原文小句合译为译语短语或词、原文复句合译为译语单句或短语的基础上，将原文句群压缩、整合为译语单句或复句。

1. 原文句群合译为译语单句

原文句群合译为译语单句，指根据原文句群中单句与单句（或简短复句）之间的语义关系，将其中一个单句或复句表达的信息整合为译语的短语或词。如：

[例 8.78]①两小时的面试起初定在 6 月 2 日，但后来推迟了举行。②这次面试组织得很好，让人满意。

译文 A: The two-hour interview was originally scheduled for June 2, but later was postponed. It was well and satisfactorily organized.

译文 B: The two-hour interview, originally scheduled for June 2, but later postponed, was satisfactorily organized.（王爱琴、高万隆用例）

原文为两个复句构成的并列句群，句①说明事实，句②简单评价。译文 A 基本采取直译，虽能达意，但无法准确再现两句之间的逻辑关联。译文 B 考虑到原文两个句子共用主语"面试"，将前一复句压缩，处理为充当后置定语的过去分词短语，合译为英语单句，更加连贯、紧凑，语义简洁明了。又如：

[例 8.79]前些日子，为了寻找四十年前的旧作剪报，在箧底的隐蔽角落里，竟把一些远年陈迹也翻了出来。其中年代最久的是一本既厚且大的古老影集。

The other day, in rummaging a suitcase for newspaper clippings of my essays written over forty years ago, I came upon some old objects, among them an old and enormously bulky album.（张培基　译）

原文为两个句子组成的并列句群，后一句较为短小，且与前一句语义关系密切，前一句的宾语是后一句的主语。若将中间的句号改为逗号，句群就可降为复句，语义不变，语流反而更显连贯。译者把后一句译作前一句的成分，很自然地插在句末，使译文更显连贯、紧凑，保留了原文的散文风格。

2. 原文句群合译为译语复句

原文句群合译为译语复句，指根据原文单句之间的语义关系，将其中一个换译为独立小句或主句，另外一个或多个单句压缩、简化为非独立小句，从而将原文由两个或多个单句组成的句群合并为译语复句。如：

[例 8.80]①The first sign of it is usually a heart attack or stroke, at which time it is often too late. ②The coin toss has gone against you.

（冠心病）初期表现通常是心脏病发作或中风，到这时通常已无力回天。（范武邱　译）

原文是由两个单句构成的句群，句②是对句①的评述，同时也是对句①定语从句的强调。从语义上理解，at which time it is often too late 与 the coin toss has gone against you 所表达的含义分别是"为时已晚""情况对你不利"，包含相同的观点倾向，而译者选取"无力回天"一词将这两重含义充分整合，用简洁、地道的一句合译了原文两句，译文言简意赅，清新爽丽。又如：

[例 8.81]①即便条件如此恶劣，挖藕的人还是喜欢天气寒冷。②这不是因为天冷好挖藕，而是天气冷买藕吃藕汤的人就多一些，藕的价格就会涨。

Even though the hard condition, the workers like cold weather, not only because the cold weather makes lotus easy to harvest, but also for the reason that on cold days, more people cook lotus root soup, which consequently causes the price of lotus root rising.（《舌尖上的中国》纪录片海外版）

原文是由两个复句构成的句群，句①为条件复句，句②为因果复句。其中原因分句又包含一个并列复句，因而层次稍显夹缠，语义关系较为复杂。译者先采用合译，将汉语句群合译为英语复句，用 not only because 和 but also for the reason 将两个并列原因关联起来。处理条件复句时，译者则用 even though 进行关联，体现挖藕人辛劳；又用 which 引导的非限制性定语从句阐述藕价上涨的原因。至此，译者将原文三层语义联成一个完整长句，顺应了汉语的表达惯例与行文特征，准确地传达了原文语义及其内在逻辑关系。与之相比，下一例处理得既合逻辑又紧凑无比。

[例 8.82]①我常常在这条长长的石径上散步。②走着走着，③来到一座宽阔的台子上，④在这里可以看到迷人的晚霞与夕照，⑤偶尔也能看到冒着浓烟呜呜南去的列车。

Along the long path I often took a stroll which would take me to a wide terrace, where I could watch the enchanting glow of sunset, and occasionally catch the sight of a train puffing and hooting on its way southward.（乔萍、瞿淑蓉、宋洪玮　译）

原文是由两个句子组成的并列句群，其中句①为单句，主语显化，②③④⑤构成并列复句，主语承前省略。英译时合并了两个句子，鉴于后一句有点繁长，不适合一直使用并列句，译者充分发挥了英语复合句的优势，整合"这条长长的石径通往宽阔的台子"的语义关系，用 which 引导的定语从句将二者串联，并将④⑤处理为英译句中 where 引导的定语从句，借助从句显化了汉语句中的结构关系，化流水式汉语句群为一个凝练的英语复句。译文因此结构紧凑，语言连贯，彰显了合译的妙用。同本例相照应，最后一例英译则显得严谨而灵活。

[例 8.83]中方支持通过一揽子成果方案。希望通过该方案为解决难点问题增加政治动力，推动谈判在领导人会议前取得更大突破。

China supports the adoption of a package solution which hopefully will provide more political impetus to the resolution of difficult issues and greater breakthrough before the leaders' meeting.

本例选自《关于中美经贸磋商的中方立场》白皮书，译文将原文句群合译成英语复句，未另起一句翻译"希望"所引的内容，而是通过 which hopefully 灵活整合原文"希望"的具体内容与前述"一揽子成果方案"。译文语言连贯自然，结构紧凑，保留了原文严谨朴实的风格。翻译政论文献时，可借鉴本例译法，通过巧借前后逻辑关系，提高语言质量，保留原文风格。

参 考 文 献

阿兰·德波顿. 2020. 哲学的慰藉[M]. 资中筠译. 上海：上海译文出版社.
艾米莉·勃朗特. 1990. 呼啸山庄[M]. 杨苡译. 南京：译林出版社.
安乐哲. 2017. 儒家角色伦理学———套特色伦理学词汇[M]. 孟巍隆译，田辰山等校译. 济南：山东人民出版社.
巴罗哈. 1953. 山民牧唱[M]. 鲁迅译. 北京：人民文学出版社.
保罗·奥斯特. 2004. 美国短篇故事125篇（英汉对照）[M]. 巫和雄译. 南京：译林出版社.
勃朗特. 2012. 简·爱[M]. 张承滨译. 哈尔滨：北方文艺出版社.
曹明伦. 2019. 关于对外文化传播与对外翻译的思考——兼论"自扬其声"需要"借帆出海"[J]. 外语研究，（5）：77-84.
查尔斯·狄更斯. 2011. 双城记[M]. 张玲，张扬译. 上海：上海译文出版社.
查尔斯·兰姆. 2020. 兰姆经典散文选[Z]. 刘炳善译. 北京：外语教学与研究出版社.
查尔斯·韦特，迪·拉·瓦尔德拉. 2021. 活着回来：一名二战被俘英国士兵的战争记忆[M]. 濮阳荣译. 北京：中国画报出版社.
陈德彰. 2007. 翻译辨误[M]. 北京：外语教学与研究出版社.
陈鼓应. 2005. 周易今注今译[M]. 赵建伟，注译. 北京：商务印书馆.
陈洁，高少萍. 2009. 语序与翻译[J]. 俄语语言文学研究，（4）：81-89.
戴维·亨利，亨克·舒尔特·诺德霍尔特. 2019. 长期视角下的东南亚环境、贸易与社会[M]. 蒋洪新，王佳娣译. 长沙：湖南人民出版社.
道安. 1984. 道行经序[A]//罗新璋编. 翻译论集[C]. 北京：商务印书馆：25.
狄更斯. 2011. 远大前程[M]. 王科一译. 上海：上海译文出版社.
笛福. 1997. 鲁滨孙飘流记[M]. 徐霞村译. 北京：人民文学出版社.
董晓波. 2019. 实用文体翻译教程（英汉双向）[Z]. 2版. 北京：对外经济贸易大学出版社.
范武邱. 2012. 英汉—汉英科技翻译教程[Z]. 杭州：浙江大学出版社.
方梦之. 2004. 译学辞典[Z]. 上海：上海外语教育出版社.
方梦之. 2019. 翻译学辞典[Z]. 北京：商务印书馆.
方维规. 2014. 思想与方法——全球化时代中西对话的可能[C]. 北京：北京大学出版社.
菲茨杰拉德. 2004. 了不起的盖茨比[M]. 姚乃强译. 北京：人民文学出版社.
费孝通. 2012. 乡土中国：汉英对照[M]. 韩格理，王政译. 北京：外语教学与研究出版社.
傅钰琳. 2015. 外国广告中译的语境顺应分析——以奢侈品广告为例[D]. 北京外国语大学硕士

学位论文

葛传椝. 2013. 葛传椝英语写作[M]. 上海：上海译文出版社.
管新平. 2020. 初心[M]. 广州：华南理工大学出版社.
郭晓燕. 2017. 商务英语翻译[M]. 北京：对外经济贸易大学出版社.
哈代. 2017. 德伯家的苔丝[M]. 2版. 张谷若译. 北京：人民文学出版社.
哈珀·李. 2017. 杀死一只知更鸟[M]. 李育超译. 南京：译林出版社.
哈珀·李. 2018. 杀死一只知更鸟（纪念版）[M]. 高红梅译. 南京：译林出版社.
何三宁. 2009. 实用英汉翻译教程（修订版）[Z]. 2版. 南京：东南大学出版社.
洪应明. 2003. 菜根谭[M]. 保罗·怀特英译，姜汉忠今译. 北京：新世界出版社.
胡适. 2016. 四十自述：汉英对照[M]. 乔志高译. 北京：外语教学与研究出版社.
华先发，邵毅. 2004. 新编大学英译汉教程[Z]. 上海：上海外语教育出版社.
黄源深. 1996. 英国散文选读[Z]. 北京：外语教学与研究出版社.
黄忠廉. 2000a. 翻译本质论[M]. 武汉：华中师范大学出版社.
黄忠廉. 2000b. 翻译变体研究[M]. 北京：中国对外翻译出版公司.
黄忠廉. 2002. 变译理论[M]. 北京：中国对外翻译出版公司.
黄忠廉. 2006. 两个三角的译评体系[J]. 外语学刊，（5）：91-95.
黄忠廉. 2008. 小句中枢全译说[M]. 武汉：华中师范大学出版社.
黄忠廉. 2010. 小句全译语气转化研析[J]. 外国语（上海外国语大学学报），（6）：70-75.
黄忠廉. 2012. "翻译"新解——兼答周领顺先生论"变译"[J]. 外语研究，（1）：81-84，112.
黄忠廉，等. 2009. 翻译方法论[M]. 北京：中国社会科学出版社.
黄忠廉，等. 2019. 翻译方法论（修订本）[M]. 上海：华东师范大学出版社.
黄忠廉，方梦之，李亚舒，等. 2013. 应用翻译学[M]. 北京：国防工业出版社.
黄忠廉，贾明秀. 2013. 释"对译"[J]. 上海翻译，（2）：12-14.
黄忠廉，李亚舒. 2004. 科学翻译学[M]. 北京：中国对外翻译出版公司.
黄忠廉，余承法. 2012. 英汉笔译全译实践教程[Z]. 北京：国防工业出版社.
黄忠廉，袁湘生. 2017. 翻译观认识论过程例话[J]. 外国语言与文化，（1）：108-118.
J. M. 巴里. 2011. 彼得·潘[M]. 马爱农译. 南京：译林出版社.
简·奥斯汀. 2018. 傲慢与偏见[M]. 孙致礼译. 南京：译林出版社.
蒋向勇. 2017. 现代汉语缩略语的认知研究[M]. 北京：中国社会科学出版社.
金岳霖. 2006. 形式逻辑[M]. 2版. 北京：人民出版社.
来知德. 1990. 周易集注[M]. 上海：上海古籍出版社.
黎靖德. 1997. 朱子语类（第3册）[M]. 杨绳其，周娴君校点. 长沙：岳麓书社.
李海军，陈勇. 2009. 术语俗化的认知阐释及其俗化术语翻译的语境关照[J]. 外语学刊，
　　（3）：136-138.
李河. 2014. 走向"解构论的解释学"[M]. 北京：社会科学文献出版社.
李士坤. 2017. 历史认识论研究[M]. 北京：中国社会科学出版社.
李侠. 2019. 英语合译法转译汉语小句策略探析[J]. 海军工程大学学报（综合版），（2）：70-73.
连淑能. 1993. 英汉对比研究[M]. 北京：高等教育出版社.
连淑能. 2010. 英汉对比研究（增订本）[M]. 北京：高等教育出版社.
廖永清，丁蕙. 2014. 英语演讲理论与实践[M]. 长沙：湖南师范大学出版社.

林语堂. 1984. 论翻译[A]//罗新璋编. 翻译论集[C]. 北京：商务印书馆：417-432.
刘华文. 2006. 言意之辨与象意之合——试论汉诗英译中的言象意关系[J]. 中国翻译，（3）：21-24.
刘士聪. 2007. 英汉·汉英美文翻译与鉴赏（新编版）[Z]. 南京：译林出版社.
鲁迅. 2000. 呐喊（汉英对照）[M]. 杨宪益，戴乃迭译. 北京：外文出版社.
鲁迅. 2003. 阿Q正传（汉英对照）[M]. 杨宪益，戴乃迭译. 北京：外文出版社.
鲁迅. 2003. 鲁迅小说选（汉英对照）[M]. 杨宪益，戴乃迭译. 北京：外文出版社.
鲁迅. 2006. 域外小说集[M]. 周作人，鲁迅译. 北京：新星出版社.
陆谷孙. 2000. 人间尽秋[J]. 中国翻译，（1）：73.
陆谷孙. 2015. 中华汉英大词典（上）[Z]. 上海：复旦大学出版社.
罗嘉昌. 1996. 从物质实体到关系实在[M]. 北京：中国社会科学出版社.
罗经国译. 2005. 古文观止精选（汉英对照）[Z]. 北京：外语教学与研究出版社.
吕和发，蒋璐，等. 2011. 公示语翻译[M]. 北京：外文出版社.
吕瑞昌，喻云根，张复星，等. 1983. 汉英翻译教程[Z]. 西安：陕西人民出版社.
马红军. 2000. 翻译批评散论[M]. 北京：中国对外翻译出版公司.
毛姆. 2006. 月亮和六便士[M]. 傅惟慈译. 上海：上海译文出版社.
莫言. 2007. 红高粱家族[M]. 北京：人民文学出版社.
莫言. 2020. 丰乳肥臀[M]. 杭州：浙江文艺出版社.
倪璐璐. 2021. 形象换译之转化路径符号观[J]. 解放军外国语学院学报，（6）：127-134.
诺姆·乔姆斯基. 1986. 句法理论的若干问题[M]. 黄长著，林书武，沈家煊译. 北京：中国社会科学出版社.
普纳姆·亚达夫. 2019. 尼泊尔冲突后的社会转型：性别视角[M]. 尹飞舟，李颖译. 长沙：湖南人民出版社.
钱歌川. 1980. 翻译漫谈[M]. 北京：中国对外翻译出版公司.
钱歌川. 2011. 翻译的技巧[M]. 北京：世界图书出版公司.
钱冠连. 1997. 汉语文化语用学[M]. 北京：清华大学出版社.
钱锺书. 1984. 谈艺录（补订本）[M]. 北京：中华书局.
钱锺书. 1986. 管锥编（第2册）[M]. 2版. 北京：中华书局.
钱锺书. 1986. 管锥编（第3册）[M]. 2版. 北京：中华书局.
钱锺书. 2002. 七缀集[M]. 北京：生活·读书·新知三联书店.
钱钟书. 2003. 围城[M]. 珍妮·凯利，茅国权译. 北京：人民出版社.
乔萍，瞿淑蓉，宋洪玮. 2011. 散文佳作108篇：汉英·英汉对照[Z]. 南京：译林出版社.
乔治 R. R. 马丁. 2005. 冰与火之歌——卷一 权力的游戏（上、下）[M]. 谭光磊，屈畅译. 重庆：重庆出版社.
切斯特菲尔德勋爵. 1995. 矫情[A]. 汪义群译//杨自伍. 英国散文名篇欣赏[Z]. 上海：上海外语教育出版社：27-36.
任东升，郎希萌. 2019. 波澜壮阔不显惊——沙博理英文自传印象[J]. 英语世界，（12）：61-64.
塞缪尔·约翰逊. 2000. 致切斯菲尔德伯爵书[J]. 辜正坤译. 中国翻译，（3）：72-75.
邵志洪，张大群. 2007. 汉英语言类型对比与翻译——TEM8（2006）汉译英试卷评析[J]. 中国翻译，（1）：78-81.

申雨平，戴宁. 2002. 实用英汉翻译教程[Z]. 北京：外语教学与研究出版社.

沈从文. 2015. 边城[M]. 杨宪益，戴乃迭译. 南京：译林出版社.

施燕华. 2013. 我的外交翻译生涯[M]. 北京：中国青年出版社.

思果. 2001. 翻译新究[M]. 北京：中国对外翻译出版公司.

孙大雨译. 1997. 古诗文英译集[M]. 上海：上海外语教育出版社.

谭恩美. 2017. 喜福会[M]. 李军，章力译. 北京：外语教学与研究出版社.

汪福祥，伏力. 2008. 英美文化与英汉翻译（修订本）[M]. 北京：外文出版社.

王爱琴，高万隆. 2011. 英汉互译理论与实务[Z]. 南京：南京大学出版社.

王弼. 2011. 周易注（附周易略例）[M]. 楼宇烈校释. 北京：中华书局.

王斌撰. 2008. 论翻译中的"言象意"[J]. 外语教学，（6）：83-86.

王滨滨. 2006. 德汉—汉德综合翻译教程[Z]. 上海：东华大学出版社.

王夫之. 1975. 张子正蒙注[M]. 北京：中华书局.

王夫之著，王孝鱼点校. 1964. 庄子解[M]. 北京：中华书局.

王国轩译注. 2016. 大学·中庸[M]. 北京：中华书局.

王华树. 2019. 计算机辅助翻译概论[Z]. 北京：知识产权出版社.

王克非. 1997. 关于翻译本质的认识[J]. 外语与外语教学，（4）：45-48.

王文斌. 2005. 英语词法概论[Z]. 上海：上海外语教育出版社.

王先谦撰，沈啸寰，王星贤点校. 1988. 荀子集解[M]. 北京：中华书局.

王颖，吕和发. 2007. 公示语汉英翻译[Z]. 北京：中国对外翻译出版公司.

王佐良. 2015. 并非舞文弄墨：英国散文名篇新选[M]. 北京：生活·读书·新知三联书店.

威廉·萨克雷. 1957. 名利场[M]. 杨必译. 北京：人民文学出版社.

吴敬梓. 2011. 儒林外史（大中华文库：汉英对照）[M]. 杨宪益，戴乃迭译. 长沙：湖南人民出版社.

武峰. 2017. 考研英语翻译新说[Z]. 2版. 北京：北京大学出版社.

习近平. 2017. 习近平谈治国理政. 第二卷：英文[M]. 外文出版社英文翻译组译. 北京：外文出版社.

习近平. 2017. 习近平谈治国理政. 第二卷[M]. 北京：外文出版社.

习近平. 2018. 习近平谈治国理政. 第一卷（再版）[M]. 北京：外文出版社.

习近平. 2018. 习近平谈治国理政. 第一卷：英文[M]. 外文出版社英文翻译组译. 北京：外文出版社.

习近平. 2020. 习近平谈治国理政. 第三卷：英文[M]. 外文出版社英文翻译组译. 北京：外文出版社.

习近平. 2020. 习近平谈治国理政. 第三卷[M]. 北京：外文出版社.

习近平. 2022. 习近平谈治国理政. 第四卷：英文[M]. 外文出版社英文翻译组译. 北京：外文出版社.

习近平. 2022. 习近平谈治国理政. 第四卷[M]. 北京：外文出版社.

邢福义. 1996. 汉语语法学[M]. 长春：东北师范大学出版社.

邢福义. 2003. 邢福义学术论著选[C]. 武汉：华中师范大学出版社.

邢福义，汪国胜. 2010. 现代汉语[Z]. 北京：高等教育出版社.

邢福义，吴振国. 2002. 语言学概论[Z]. 武汉：华中师范大学出版社.

徐德荣，江建利. 2017. 论图画书翻译中的风格再造[J]. 中国翻译，（1）：109-114.
徐德荣，姜泽珣. 2018. 论儿童文学翻译风格再造的新思路[J]. 中国翻译，（1）：97-103.
徐灏. 1992. 说文解字注笺（二）[M]. 上海：上海古籍出版社.
许建平. 2012. 英汉互译实践与技巧[Z]. 4 版. 北京：清华大学出版社.
许慎. 1963. 说文解字：附检字[M]. 2 版. 北京：中华书局.
许慎撰，段玉裁注. 1998. 说文解字注[M]. 杭州：浙江古籍出版社.
许渊冲. 1993. 文学翻译是两种语言的竞赛——《红与黑》新译本前言[J]. 外国语（上海外国语学院学报），（3）：25-30，82.
杨绛译. 1962. 小癞子[M]. 北京：人民文学出版社.
杨绛译. 1978. 小癞子[M]. 北京：人民文学出版社.
杨平. 2003. 名作精译[C]. 青岛：青岛出版社.
杨自伍. 2010a. 英国散文名篇欣赏[Z]. 2 版. 上海：上海外语教育出版社.
杨自伍. 2010b. 美国文化选本（上：英汉对照）[Z]. 上海：上海外语教育出版社.
杨自伍. 2010c. 英国文化读本（下：英汉对照）[Z]. 上海：上海外语教育出版社.
叶子南. 2011. 灵活与变通——英汉翻译案例讲评[Z]. 北京：外文出版社.
叶子南，施晓菁. 2011. 汉英翻译指要：核心概念与技巧[Z]. 北京：外语教学与研究出版社.
余承法. 2014. 全译方法论[M]. 北京：中国社会科学出版社.
余承法. 2022. 全译求化机制论——基于钱锺书"化境"译论与译艺的考察[M]. 北京：商务印书馆.
余承法，黄忠廉. 2006. 化——全译转换的精髓[J]. 华中科技大学学报（社会科学版），（2）：89-93.
约瑟夫·阿狄生. 2003. 伦敦的叫卖声：英国随笔选译[Z]. 刘炳善译. 北京：生活·读书·新知三联书店.
詹姆斯·罗斯. 2017. 太阳依然升起[J]. 张国君，肖文译. 英语世界，（4）：54-59.
詹姆斯·马修·巴利. 2011. 彼得潘[M]. 蔡蕙忆绘. 北京：中国水利水电出版社.
张爱玲. 2003. 张爱玲典藏全集：散文卷二 1939—1947 年作品[M]. 哈尔滨：哈尔滨出版社.
张楚廷. 1997. 一分为二与合二为一[J]. 益阳师专学报，（6）：1-5.
张岱年，成中英，等. 1991. 中国思维偏向[M]. 北京：中国社会科学出版社.
张道真. 2000. 现代英语用法词典（重排本）[Z]. 北京：外语教学与研究出版社.
张法连. 2016. 法律英语翻译教程[Z]. 北京：北京大学出版社.
张立文. 1988. 中国哲学范畴发展史（天道篇）[M]. 北京：中国人民大学出版社.
张培基，喻云根，李宗杰，等. 2008. 英汉翻译教程[Z]. 上海：上海外语教育出版社.
张培基译注. 2007a. 英译中国现代散文选（一）[Z]. 上海：上海外语教育出版社.
张培基译注. 2007b. 英译中国现代散文选（二）[Z]. 上海：上海外语教育出版社.
张培基译注. 2007c. 英译中国现代散文选（三）[Z]. 上海：上海外语教育出版社.
张培基译注. 2012. 英译中国现代散文选（四）[Z]. 上海：上海外语教育出版社.
张载著，章锡琛点校. 1978. 张载集[M]. 北京：中华书局.
张作功，裘姬新. 2011. 实用英语翻译教程[Z]. 杭州：浙江大学出版社.
郑树棠，等. 2017. 新视野大学英语（第三版）读写教程 2（智慧版）[Z]. 北京：外语教学与研究出版社.
中国外文出版发行事业局，当代中国与世界研究院，中国翻译研究院. 2019. 中国关键词：

"一带一路"篇(汉英对照)[Z]. 2 版. 韩清月,蔡力坚译. 北京:新世界出版社.

中国外文出版发行事业局,中国翻译研究院. 2016. 中国关键词. 第一辑:汉英对照[M]. 韩清月,徐明强,蔡力坚译. 北京:新世界出版社.

朱明炬,谢少华,吴万伟. 2007. 英汉名篇名译[Z]. 南京:译林出版社.

朱永生. 2013. 综合教程 4 学生用书[Z]. 2 版. 上海:上海外语教育出版社.

Ames, R. T. & Hall, D. L. 2001. *Focusing the Familiar: A Translation and Philosophical Interpretation of the Zhongyong*[M]. Honolulu: University of Hawaii Press.

Bell, R. T. 1991. *Translation and Translating: Theory and Practice*[M]. London: Longman.

Chan, W.-T. 1963. *A Source Book in Chinese Philosophy*[M]. Princeton : Princeton University Press.

Chang, E. 1943. Demons and fairies[J]. *The XXth Century*, (12): 421-429.

Djamasbi, S., Siegel, M. & Tullis, T. 2010. Generation Y, web design, and eye tracking[J]. *International Journal of Human-Computer Studies*, 68(5): 307-323.

Giles, H. A. 1880. *Strange Stories from a Chinese Studio*[M]. London: Thos. de la Rue & Co.

Grice, H. P. 1975. Logic and conversation [A]. In P. Cole, & J. Morgan (Eds.), *Syntax and Semantics* (pp. 41-58)[C]. New York: Academic Press.

Gu, H. 1983. *A Small Town Called Hibiscus* [M]. Trans. by Gladys Yang. Beijing: Panda Books.

Jin, Y. 1998. *The Deer and the Cauldron*[M]. Trans. by John Minford. New York: Oxford University Press.

Legge, J. 1861. T*he Chinese Classics: Confucian Analects, the Great Learning and the Doctrine of the Mean (Vol I)*[M]. London: Trübner & Co., Ltd.

Lorente, M. J.(Trans.) 1924. *Lazarillo of Tormes: His Life, Fortunes, Misadventures*[M]. Boston: John W. Luce & Co., Ltd.

Mao, T-T. 1960. *On the Tactics of Fighting Japanese Imperialism*[M]. 2nd edn. Beijing: Foreign Languages Press.

Mo, Y. 2004. *Big Breast and Wide Hips*[M]. Trans. by Howard Goldblatt. New York: Arcade Publishing.

Nida, E. A. & Taber, C. R. 2004. *The Theory and Practice of Translation*[M]. Shanghai: Shanghai Foreign Language Education Press.

Plaks, A. 2003. *Ta Hsueh and Chung Yung:The Highest Order of Cultivation and on the Practice of the Mean*[M]. London: Penguin Books.

Pu, S. 2006. *Strange Tales from a Chinese Studio*[Z]. Trans. by John Minford. London: Penguin Books Ltd.

Samuelson, S. 2015. *The Deepest Human Life: An Introduction to Philosophy for Everyone*[M]. Chicago: University of Chicago Press.

Sunzi. 1996. *Die Kunst des Krieges*[M]. Trans. by James Clavell. Müchen: Droemer Knaur.

Sunzi. 2014. *The Art of War*[M]. Trans. by Lionel Giles. New York: Open Road Integrated Media.

Suojanen, T., Koskinen, K. & Tuominen, T. 2014. *User-Centered Translation*[M]. London/New York: Routledge.

Wang, C. C. 1994. *Contemporary Chinese Stories*[M]. New York: Columbia University Press.

Whitehead, A. N. 1968. *Modes of Thought*[M]. New York: The Free Press.

全译方法，论法全译

尊师黄忠廉、师兄余承法两位教授联袂译学同仁合著的《全译实践方法论》付梓在即，有幸先睹为快，领命作跋，诚惶诚恐。当日拜入师门，持岐黄译技以求研译之术、谋译道。译学研究曾以理论为上，技法不足为道。然黄师常言，翻译实践乃译学研究之基础、起点，收例、析例为日常必修功课。是故，译技、译法、策略等，研译者须掌握并熟练使用。

译法立于中观，向上为策略统摄，向下由技巧实施。全译力求完整保留原作信息，是解决形义矛盾的同义选择过程。方法论是指导翻译实践、解决翻译问题的一系列方法的总和，是成体系的译法系统。翻译实践方法论解决"如何译"的基本问题，全译方法论是根本性方法论，是翻译实践方法论的基石。

全译实践，方法为本。言"论"，系统性学说，既为译事之本，须有体系构建，规律、机制、策略、方法技巧，层层相扣。方法为译事根本，全译实践起始于方法、归结于方法，其工具性凸显。方法论为译事范本，普遍、通用，便于效仿借鉴。

系统性 全书构建全译实践方法的五级体系，含一条规律、两类策略、四个机制、七种方法、若干技巧。以全译极似律为总则，贯穿始终。译文对原文的绝对忠实是幻想，相等律亦不存在，追求意、形、风格的极似才是全译实践的目标和优先级顺序。遵循此律，全译实践之下，直译、意译两分，对应、增减、移换、分合机制四类，对、增、减、移、换、分、合译法七种，构架完整，层次分明。每类机制下摄译法，机制、关系条清理析，译法界定、理据、过程、体系层层推进，井然有序。

工具性 方法是翻译的根本，方法论源于翻译实践，又指导实践。全译方法是译者为处理译语与原作形义矛盾而选择的方式或手段，是全译实践的核心。以译符为矛，攻原作之盾，矛与盾之间，即译语与原语之间，于形、义、用三方面协调，最终保留原作完整信息。方法论，是解决符际或符内形义矛盾的工具的集合。其工具性承载转与化的功能，转移原作信息，消解形义矛盾，化为译符，了无痕迹。抽象的信息转化过程由具体技法完成，可呈现、剖析于人前，易操作，实用性强。维护语义，不增、不减、不易、不换、不损，语用相当，语形灵活，达到形、义、用的平衡。译法为全译实践之本，通过若干，译文尽可能完整保留原文信息。技巧数种，书中一法一技一例，各有不同，阐释清晰，予理于例。

普遍性 方法论，论方法，论全译实践的一般方法，解决各领域翻译活动中普遍存在的形义矛盾。与变译的求变通不同，全译力求语义精准传递、语用完整再现，其方法论更具普遍性。文史哲法、医理工农，不同学科门类，拨开各类文本表面的特殊性，直抵其普遍规律，构建方法论体系。翻译过程涉策略、方法和技巧，内化于译者思考决策，隐于笔纸、藏于唇舌，待信息转化完成，读者可见译文成品。学科领域、文本类型相异，一般规律、方法技巧趋同，是放之四海皆准的工具。由技及艺、入道，其普遍性逐层上升，从践行译事的技法，到抽象思考的译艺，再到哲学层面的译道，从具体到抽象，从特殊到一般。

译术众法，择其适者用之，疏通异质文化障碍，如同除病显效之本草。全译实践方法论集一般全译方法总和，是译者之实践工具、研译者之基础、教译者之参照。习全译方法、研译之术，方能入译艺、谋译道。是为跋。

陈　嫒

壬寅芒种

于广州中医药大学药王山下